Ernst Meckelburg

Aus dem Jenseits zurück

Ernst Meckelburg

Aus dem Jenseits zurück

Beweise für das Leben danach

Mit 26 Abbildungen

LangenMüller

Vor- und Nachsatz:

Im so genannten *Minilab* – einem verschlossenen, verplombten aquariumsähnlichen Glasbehälter, der in Rolla, Missouri, in einem Isolationsraum aufgestellt und ständig kameraüberwacht war – spielten sich jahrelang konventionell-physikalisch völlig unerklärliche Phänomene ab. Der Parapsychologe und Konstrukteur des *Minilab* Ed Cox (†) bei der Begutachtung einsatzbereiter Anlagen (vgl. Kapitel 7.3).

Bildnachweis:

Paul Stonehill: 1–3; Archiv Autor: 5–9, 11–14, 18–19, 26; Ernst Senkowski: 10; Paul Devereux: 15; Hans Schaer: 16; Montaque Keen: 17; Hans Naegeli-Osjord: 20; Th. Richards und Harvey Martin: 21–25. Bildbearbeitung: Dr. Otto Beyer.

Besuchen Sie uns im Internet unter
http://www.langen-mueller-verlag.de

Schutzumschlag: Wolfgang Heinzel
Umschlagfoto: Corbis, Düsseldorf
Satz: C. Schaber Datentechnik, Wels
Gesetzt aus der 11/13,94 Punkt Stempel-Garamond
Druck und Binden: GGP Media GmbH, Pößneck
Printed in Germany
ISBN 3-7844-3000-7

Inhalt

Dieses Buch widme ich all jenen …

… die der unerträglichen Illusion vom absoluten Tod, vom angeblich unwiderruflichen Versinken in einem ewigen Nichts, energisch widersprechen;
… die sich redlich bemühen, die Überlebensfrage mit den Bewusstsein-integrierenden Erkenntnissen einer Neuen Physik zu klären, um unseriöse Spekulationen über unser nachtodliches Fortbestehen abzuwehren;
… die mit ehrlichen Absichten antreten, überlieferte, mehr bildlich zu verstehende Darstellungen der Theologen vom Tod und dem Danach in eine für jeden verständliche Sprache umzusetzen, um sie für uns alle glaubhafter erscheinen zu lassen und den Menschen von seiner kreatürlichen Todesfurcht zu befreien;
… die unermüdlich am theoretischen und experimentellen Nachweis des tatsächlichen Überlebens unseres Bewusstseins als wichtigstem Teil der menschlichen Existenz in einem unzerstörbaren virtuellen Universum, dem »Paradies« der Wissenden, arbeiten.

Denn: Der Tod ist kein neuer Anfang, sondern eine völlig andere körperfreie Existenzform, deren Qualität und unbegrenztes Sinnesspektrum alles übertrifft, was wir uns vorstellen können, was sich niemals an irdischen Maßstäben messen lässt.

Ernst Meckelburg

1 »Ghosts« – Wanderer durch Raum und Zeit

Glauben Sie wirklich all das, was neunmalkluge »Lehrbuch-Wissenschaftler« und scheinbar unfehlbare »Skalpell-Mediziner« über den Zustand des Menschen nach dessen Körpertod herausgefunden haben wollen? Dass nämlich mit dem Erlöschen der Gehirnfunktionen das Leben absolut und unwiderruflich zu Ende sei, dass danach der Mensch auch als geistiges Wesen zu existieren aufhört, weil nun einmal das Gehirn als »Sitz« von Geist und Bewusstsein – Produkte elektrochemischer Prozesse – dann doch tot sei. Glauben Sie wirklich die Mär vom Fall ins dunkle Loch ... aus und vorbei? (Zwischenfrage: Was war dann vor unserer Geburt, waren wir da nicht auch schon mal »tot« und war dies ein so schrecklicher Zustand?) Oder glauben Sie womöglich den meist fragwürdigen Verheißungen der Weltreligionen und deren Propheten, die eine nachtodliche Fortexistenz in jenseitigen Gefilden versprechen: einen sorgenfreien »Himmel« (wo immer der auch sein mag) für alle Guten, Frommen und Folgsamen und eine qualvolle ewige Verdammnis, die Hölle, für alle Bösen, Ungläubigen und Abspenstigen?

Der Haken an diesen äußerst primitiven, mehr allegorisch zu wertenden Darstellungen des »Nachlebens« ist die meist recht unterschiedliche Auffassung der Weltreligionen von dem, was gut und was böse ist. Was für die eine Glaubensrichtung gut und erstrebenswert ist, dürfte für manch andere grundschlecht und verwerflich sein. Auch besteht über das, was Gott als höchste Autorität und Schöpfer des Universums, gefällig und was ihm zutiefst zuwider ist, keine einhellige Meinung. Jede Kultur scheint ihre eigene Gottesvorstellung hervorzubringen, und die mutet in der Regel recht menschlich an.

Oder haben Sie zu dem, was nach Beendigung Ihrer eigenen irdischen, körperlichen Existenz wohl folgt, überhaupt keine Meinung, ist Ihnen völlig egal, was mit Ihrem Ego, Ihrer Persönlichkeit einmal geschehen wird, da Sie ja ohnehin nichts an Ihrem Schicksalsverlauf ändern können? Diese mehr fatalistische Haltung dürfte aufgrund der großen Verunsicherung des modernen Menschen seitens der Funk- und Printmedien am weitesten verbreitet sein. Mit diesem Buch möchte der Autor gerade diesen Personenkreis ansprechen, Menschen, die, fernab irreführender wissenschaftlicher oder theologischer Ideologien, nach wahrer Erkenntnis suchen.

Zieht man angesichts der vielfältigen Informationen, die für ein tatsächliches Überleben unseres eigentlichen Ichs, unseres unzerstörbaren Bewusstseins in einer geistig neutralen virtuellen Welt sprechen, eine kritische Bilanz, so erscheinen die Standpunkte der drei zuvor erwähnten Meinungsgruppen ausgesprochen töricht, dem forschenden Geist eines wissenschaftlich aufgeschlossenen Menschen des 21. Jahrhunderts höchst unwürdig. Wir scheinen, was die Kernfrage unserer geistigen Fortexistenz nach dem biologischen Tod anbelangt, immer noch im tiefsten Mittelalter zu leben, mit allen hieraus erwachsenden »Kollateralschäden«.

In Anbetracht dieser konfliktreichen Situation besteht nachgerade eine zwingende Notwendigkeit, die jüngsten Erkenntnisse einer Bewusstsein-gestützten Physik zu bemühen, um die missverständlichen Behauptungen irreal argumentierender Wissenschaftler, Ärzte und Theologen zurechtzurücken, um die im Kern richtigen, durch dümmliche Allegorien leider verzerrt dargestellten »Jenseits«-Beschreibungen für jeden Menschen verständlich und glaubhaft zu machen. Sie verdienen es, nicht länger im Unklaren, in Angst und Schrecken gehalten zu werden, sondern sollen endlich die ganze Wahrheit über ihr geistiges »Danach« – ihr ewiges Leben – erfahren, um ihrem Tod und dem Übergang in eine völlig neue geistige Existenz gelassener entgegenzusehen.

1.1 Wenn die Realität kippt

Region Boumerdès (Algerien) am 21. Mai 2003 gegen 20 Uhr. Gerade will sich Abdaziz Sessi aus der Küche ein Glas Wasser holen, da vernimmt er mit einem Mal ein dumpfes Grollen, und schon schwankt der Boden unter seinen Füßen. Die Erde bebt. Sessi verliert das Gleichgewicht und stürzt, wird von den zentnerschweren Trümmerteilen des einstürzenden Hauses getroffen. Schwer lasten die großen Brocken der Deckenelemente auf seiner Brust. Er kann nicht mehr atmen, seine Lunge versagt.

Vor seinen weit aufgerissenen Augen verschwindet langsam die gewohnte Realität: der wie durch ein Wunder erhalten gebliebene Esstisch, der massive Herd in der Ecke, das Mobiliar, das sich jetzt schräg vor ihm auftürmt. Ein komischer Anblick. All das, was er aus einer unmöglichen Perspektive beobachten kann, scheint sich allmählich in Luft aufzulösen.

Irgendwie empfindet Abdaziz die Situation als unwirklich … so als ob die Zeit stillstehen würde. Es herrscht Totenstille. Das Gerede seiner Frau mit der Nachbarin vor deren Haus, das Schreien der Kinder auf der Straße und das Bellen seines Hundes. Eben hatte er die vertrauten Geräusche noch vernommen, und dann war dies alles plötzlich verstummt …

Abdaziz weiß nicht, wie lange er so dalag. Der furchtbare Schmerz, den er gespürt hatte, als ihm die schweren Trümmer unbarmherzig den Brustkorb eindrückten, ihm die Luft abschnürten, war auf einmal wie weggeblasen. Jedes Zeitempfinden war aus seinem Bewusstsein gewichen. Hatte ihn eine wohltuende Ohnmacht oder der Schlaf übermannt? Träumte er dies alles nur? Oder war er gar …? Abdaziz wagte es kaum zu denken: War er womöglich tot? Konnte man tot sein denn so realistisch lebendig empfinden? Tot ist doch tot. Tot bedeutet seines Wissens, nichts mehr denken, nichts mehr empfinden, gar nichts mehr sehen und hören zu können. In der Schule hatte er gehört, der Tod sei die Abwesenheit aller Sinne, das absolute Nichts. Wie kam es dann, dass er immer noch über Empfindungen verfügte, dass er nach dem ersten Schreck wieder sehen und auch hören konnte, und das sogar noch klarer, kontrastreicher als je zuvor? War er etwa einer der Glücklichen, die Allah in seiner unendlichen Barmherzigkeit zu sich geholt hatte? Sah so das Paradies aus, wie man es ihm in der Koranschule geschildert hatte?

Abdaziz dachte, dass es an der Zeit sei, aufzustehen, um nach seiner Familie Ausschau zu halten, ob sie das Erdbeben – um ein solches musste es sich wohl gehandelt haben – überstanden hatte. Er fühlte sich jetzt so unendlich leicht, so unbeschwert. Kein Trümmerteil, nichts hinderte ihn nun am Aufstehen. Mit unglaublicher Leichtigkeit glitt er unter den schweren Gesteinsbrocken hervor, aus denen er sich zuvor nicht zu befreien vermochte. Sie schienen jetzt kein Hindernis mehr zu sein. Behände glitt er aus einer Öffnung in der Wand, die einmal das Wohnzimmerfenster war.

Zwischen den Rauchschwaden, die sich über die Straße vor ihm hinzogen, sah er seine Frau und seine drei Kinder stehen. Sie schienen, da sie sich während des Bebens zufällig im Freien aufgehalten hatten, unversehrt zu sein und diskutierten aufgeregt mit den Nachbarn, die weinend und händeringend nach Überlebenden suchten. Seine Frau schrie verzweifelt auf einen der herbeieilenden Hilfskräfte ein, man möge doch um Himmels willen ihren Mann aus den Trümmern ihres Hauses bergen. Vielleicht sei Abdaziz noch am Leben. Achselzuckend bedauerte der Angesprochene nicht helfen, ohne schweres Räumgerät nichts ausrichten zu können.

Merkwürdig das alles, wo er sich doch nur ein paar Meter von seiner Frau entfernt aufhielt. Sie hätte ihn doch längst gesehen haben müssen. Warum bemerkte ihn denn niemand? Abdaziz brüllte so laut er konnte. Doch, obwohl er aus Leibeskräften schrie, schien ihn niemand zu hören. Von Panik ergriffen, versuchte er seine Frau anzustoßen, sie auf seine Anwesenheit aufmerksam zu machen. Er erschrak. Seine Hände glitten einfach durch sie hindurch, so als ob sie aus einer weichen Masse bestünde.

Niemand schien ihn zu sehen, zu hören. Was war nur los mit ihm? In welchem Zustand befand er sich mit einem Mal? War er etwa ein *Djinn*, eines jener Geistwesen, von denen er seinen Kindern öfter erzählt hatte, um ihnen ein bisschen Angst zu machen. Unsinn, Geister gibt es doch gar nicht oder …?

Plötzlich bemerkt er sie. Die vielen Gestalten neben dem alten Brunnen am Ende der Straße, ihre Körper in ein überirdisches Licht getaucht. Warum waren sie ihm nicht schon früher aufgefallen? Zu sehr war er mit seiner Familie beschäftigt, mit der Frage, warum diese ihn nicht erkannte, seine verzweifelten Rufe nicht vernahm. Jetzt, wo er die Ansammlung der Lichtgestalten vor sich sah, fühlte er sich auf seltsame Weise zu diesen hingezogen. Freudig schritt er auf die Gruppe zu. Sie jedenfalls schienen ihn zu erkennen, zu verstehen. Endlich.

Bei Aufräumungsarbeiten, die mangels geeignetem Gerät erst Wochen nach der furchtbaren Katastrophe anliefen, fand man unter den Trümmern des Hauses den Leichnam von Abdaziz Sessi. Ein schwerer Brocken der Küchendecke hatte ihm den Brustkorb eingedrückt. Er hatte nicht die geringste Chance gehabt …

1.2 Nachhall – Die ruhelosen Toten von Shanksville

Die Weltliteratur ist randvoll mit mehr oder weniger glaubhaften Geschichten über Geistwesen, die, wie viele andere Indizien, darauf hindeuten könnten, dass irgendetwas vom Menschen den biologischen Tod überdauert, ihm gewissermaßen Unsterblichkeit verleiht. Geister, wie diese spektralen Erscheinungsformen Verstorbener im Volksmund heißen, sind Gegenstand zahlreicher Romane selbst renommierter Schriftsteller, aber auch von Sachbüchern, die sich durchaus seriös mit Manifestationen aus »jenseitigen« Gefilden auseinander setzen.

In diesem Buch wurde vom Autor – gewissermaßen als Beweis für das Überleben des menschlichen Bewusstseins auf einer übergeordneten (soll heißen: virtuellen) Ebene – eine mehr sachliche Darstellung des Erscheinungsphänomens gewählt, da nur diese für sich in Anspruch nehmen kann, einschlägige Fallschilderungen auf ihre Substanz, ihren Wahrheitsgehalt zu überprüfen.

Solche Manifestationen aus »jenseitigen« Bereichen, die wir zusammenfassend fortan nur *Erscheinungen* nennen wollen, können sich durch ganz unterschiedliche, para-normale Sinneswahrnehmungen äußern. Am häufigsten wird über visuelle Erscheinungen berichtet, über spukhafte Gestalten, die meist nächtens in alten Herrenhäusern, Schlössern, Burgruinen, Kirchen oder in gottverlassenen Gegenden einherwandeln sowie über das bloße Gefühl der Anwesenheit eines unsichtbaren Etwas, das im Angelsächsischen als *presence* bezeichnet wird und von uns in der Folge »Präsenz« genannt werden soll.

Weniger häufig kommt es zu realistisch wirkenden visuellen Erscheinungen bei Tageslicht, zu akustischen, haptischen (mit dem Tastsinn erfassbaren) und olfaktorischen (mit dem Geruchssinn wahrnehmbaren) Erscheinungen. Auf deren Charakteristika werden wir in einem späteren Kapitel zurückkommen, wenn wir uns mit dem diesen paranormalen Phänomenen und dem ihnen zugrundeliegenden Auslöser – dem menschlichen Bewusstsein und dessen nachtodlichen »Standort« – vertraut gemacht haben.

Aktuelle Ereignisse aus neuerer Zeit sollen dem Einstieg in eines der spannendsten Themen unserer nicht gerade ereignisarmen Zeit dienen und zeigen, dass Berichte über spektrale Erscheinungen keinesfalls in die Mottenkiste spiritistisch angehauchter Zeitgenossen gehören. Beginnen wir mit den dramatischen Ereignissen in den USA am 11. September 2001, in deren Verlauf insgesamt vier Verkehrsflugzeuge von Terroristen entführt und als Waffe zur Zerstörung des New Yorker *World Trade Center* (WTC) sowie des amerikanischen Verteidigungsministeriums *Pentagon* eingesetzt wurden.

09.35 Uhr Eastern Standard Time: Beide Türme des World Trade Center stehen in Flammen, nachdem sie innerhalb von 17 Minuten von zwei durch Luftpiraten entführten Maschinen der *American Airlines* bzw. *United Airlines* gerammt worden waren. Just zur gleichen Zeit stürzt eine Maschine des gleichen Typs, Flug 77 von Los Angeles nach Dulles, nach einer erzwungenen Kehrtwendung über Kentucky auf das Pentagon bei Arlington (Virginia) und verursacht dort schwere Personen- und Sachschäden.

Gerade hört die Luftverkehrskontrolle in Cleveland/Ohio den Funkverkehr mit dem Cockpit von Flug 93 ab. Die Boeing 757 von New York nach San Francisco hat 38 Passagiere, zwei Piloten und fünf Flugbegleiter an Bord. Plötzlich vernehmen die Männer im Kontrollturm Schreie. Dann 40 Sekunden bange Stille, gefolgt von erneuten Schreien. Eine kaum verständliche Stimme sagt etwas wie »Bombe an Bord«. Verzweifelt versucht die Flugkontrolle den Chefpiloten Capt. Jason Dahl zu erreichen. Doch das Cockpit bleibt stumm. Minuten später schwenkt die Maschine südlich Cleveland in eine scharfe Kurve ein und nimmt Kurs auf Washington. Die Besatzung scheint die Absicht der Entführer zu ahnen: das Weiße Haus. Der Operator des Cleveland-Tower vernimmt jetzt klar und deutlich die Stimme eines Entführers, der mit einem schweren englischen Akzent die Anweisung gibt: »... das ist Ihr Kapitän. Wir haben eine Bombe an Bord und kehren zum Airport zurück.«

Um 09.16 Uhr Ortszeit, knapp 50 Minuten vor dem Absturz, hatten die militärischen Kommandostellen Gewissheit, dass sich die Boeing 757 als viertes Passagierflugzeug in der Hand von Terroristen befindet. In deren Kabine spielen sich indes dramatische Szenen ab. Die vier Flugzeugentführer – der Libanese Ziad Jarrah, die Saudis Ahmed Al Hazwani und Ahmed Al Nami sowie ein weiterer Araber, Saeed al Ghamdi – haben sich von ihren Sitzen erhoben und rote Tücher um den Kopf gebunden. Zwei von ihnen erzwingen den Zutritt zum Cockpit. Einer der Luftpiraten ergreift das Mikrofon des Bordlautsprechers ohne zu wissen, dass die Luftverkehrskontrolle mithören kann. Er teilt den Passagieren mit, dass sich eine Bombe an Bord befindet und man nun zum Flughafen zurückkehren würde.

Liste der Passagiere (ohne Entführer)		*Liste der Besatzung*
Christian Adams	Todd Beamer	Jason Dahl, Flugzeugführer
Alan Beaven	Mark Bingham	LeRoy Homer jr.
Deora Bodley	Marion Britton	Lorraine Bay
Thomas E. Burnett jr.	William Cashman	Sandra Bradshaw
Georgine Rose Corrigan	Patricia Cushing	Cee Cee Lyles
Joseph DeLuca	Patrick »Joe« Driscoll	Deborah Anne Jacobs Welsh
Edward Border Felt	Jane Folger	Wanda Green
Colleen L. Frazer	Andrew Garcia	
Jeremy Glick	Lauren Grandcolas	
Donald F. Greene	Linda Grolund	
Richard Guadagno	Toshiya Kuge	
Hilda Marcin	Waleska Martinez	
Nicole Miller	Louis J. Nacke II	
Donald & Jean Peterson	Mark »Mickey« Rothenberg	
Christine Snyder	John Talignani	
Honor Elizabeth Wainio	Kristin Golud White	

Einigen der Passagiere gelingt es, mit ihren Handys Angehörige und Freunde zu Hause anzurufen, sie zu bitten, das FBI zu verständigen.

Nach dem, was über Handy nach draußen durchsickerte, bemühten sich einige beherzte Passagiere, die Kidnapper zu überwältigen, die Maschine wieder in ihre Gewalt zu bringen, wobei es zu einer Messerstecherei gekommen sein muss.

Um 10.03 Uhr Ortszeit reißt der Funkverkehr mit Flug 93 jäh ab, verschwindet die Maschine vom Bildschirm der Radarleitstelle. Die 757 hatte sich drei Meilen außerhalb der kleinen Landgemeinde Shanksville, südöstlich von Philadelphia, mit einer Geschwindigkeit von nahezu 1000 km/h in den Boden gebohrt.

Wochenlange Untersuchungen an der Absturzstelle sowie eine sorgfältige Analyse des Funk- und Telefonverkehrs sollen, so die regierungsamtliche Verlautbarung, ergeben haben, dass die Maschine beim Versuch einiger Passagiere, die Täter zu überwältigen, abgestürzt sei. Nicht ohne Grund wurde seitens der mit dem tragischen Absturz befassten Behörden an einem Heldenepos »gestrickt«, passte dieses doch exakt in Präsident Bushs Strategie.

Die offizielle Verlautbarung über den Hergang der Katastrophe – der Autor hatte keine andere erwartet – weist allerdings zahlreiche Ungereimtheiten auf, lässt die Vermutung aufkommen, dass beim Absturz der glücklosen Maschine seitens der *US Airforce* ein wenig nachgeholfen wurde.

Mindestens sechs Augenzeugen wollen zum fraglichen Zeitpunkt einen kleinen weißen Militärjet ohne Kennzeichen beobachtet haben, der dort vor und nach dem Crash herumkurvte. War es einer jener drei Abfangjäger F-16, die um 09.35 Uhr von der Langley Air Force Base in Hampton, Virginia, zum Schutz des Weißen Hauses mit Höchstgeschwindigkeit entsandt worden waren? Die Anwesenheit von Kampfflugzeugen im dortigen Luftraum wurde vom FBI später vehement bestritten. Warum wohl?

Wurde die Unglücksmaschine womöglich von der Rakete eines eigenen Kampfflugzeuges heruntergeholt und durfte eine solche Meldung niemals die Öffentlichkeit erreichen? Wer denkt da nicht sofort an die zynische Formulierung »friendly fire«, die während des Irakkrieges für den oft verlustreichen Beschuss amerikanischer bzw. englischer Truppenverbände durch eigene Einheiten gebraucht wurde?

Oder, unglaublicher noch: Wurde die 757 von einer C-130, die sich nach einer Verlautbarung des Verteidigungsministeriums am gleichen Morgen in der dortigen Gegend aufhielt, mit einer Hochleistungs-Mikrowellenwaffe zum Absturz gebracht? So genannte HPM-Waffen (High-Power Microwave = Hochleistungsmikrowelle) unterbrechen schon innerhalb von Nanosekunden elektrische Bordsysteme, löschen Chipdaten, zeichnen fehlerhafte Daten auf und neutralisieren alle Einrichtungen, deren Betrieb von elektrischen Impulsen abhängt, wie z. B. der Autopilot. Dass es solche im Nahbereich wirkenden HPM-Waffen schon lange gibt, wurde von amerikanischen und russischen Wissenschaftlern in zahlreichen Fachpublikationen ausführlich erörtert. Mit der Shanksville-Tragödie befasste Fachleute wollen inzwischen herausgefunden haben, dass es an Bord des Airliners zu einem Totalausfall der elektrischen Systeme gekommen war. Und womöglich ist durch den Einsatz einer HPM-Waffe auch der stundenlange Ausfall des Stromnetzes von Shanksville zum Zeitpunkt des Absturzes zu erklären.

Kurz nach dem Absturz tauchten in dem kleinen, verschlafenen Ort FBI-Beamte und Mitarbeiter anderer Bundesbehörden auf, nahmen die Gegend rund um den 15 Meter tiefen Krater in Augenschein, kümmerten sich um die Identifizierung der bis zur Unkenntlichkeit zerstückelten Körper und den Abtransport der aufgefundenen Habseligkeiten der Toten.

Am Ort des grauenhaften Geschehens, Wochen nach der Katastrophe:

Die Behörden hatten mit der Bewachung der unmittelbaren Absturzstelle den privaten Wachdienst *RAC Rent-A-Cop* aus dem nahe gelegenen Johnstown beauftragt, der von einem früheren Polizeioffizier und einem Instruktor der lokalen Polizeiakademie geleitet wurde.

Anfangs nur gerüchtweise, hinter vorgehaltener Hand, dann aber immer ungezwungener, begannen die mit der Nachtschicht betrauten Männer von RAC über unerklärliche Vorkommnisse in unmittelbarer Nähe der Einschlagstelle zu berichten, über merkwürdige Klopfgeräusche an der Tür ihres Wohntrailers, spukhaft im Freien herumhuschende Schatten und die spektrale Gestalt einer jungen Frau, die sich beim Näherkommen in Nichts auflöste. Einer der Wachmänner, Robert Wagstaff, der den Dienst bei RAC am 9. November, etwa zwei Monate nach der Katastrophe, angetreten hatte, äußerte sich gegenüber der Reporterin einer lokalen TV-Station, Renee Kluck, über seine eigenen Erlebnisse vor Ort recht freimütig.

Als er am zweiten Tag seinen Kollegen in dem an der Absturzstelle aufgestellten Wohntrailer aufsuchte, um sich über seine künftigen Aufgaben in dem inzwischen zum Sperrgebiet erklärten Gelände zu informieren, wurden die Männer durch deutlich vernehmbares Klopfen an der Tür aufgeschreckt. Als sie draußen nachschauten, war niemand zu sehen. Bis Wagstaff den Trailer wieder betrat, waren gerade einmal fünf Sekunden vergangen. Die aber hatten genügt, um einen kleinen Hocker, der zuvor in der Ecke gestanden hatte, auf unerklärliche Weise einige Meter in Richtung Ausgang vor den Kaffeeautomaten zu rücken.

Das Klopfen an der Trailertür setzte sich auch in den nächsten Monaten fort. Zufällig anwesende Reporter konnten sich von dem spukhaften Geschehen persönlich überzeugen. Trotz sofortiger Türkontrolle wurde nie ein Verursacher jener mysteriösen Klopfgeräusche entdeckt. Als es dann einmal über Nacht geschneit hatte, ließen sich rund um den Trailer auch keine Spuren im Schnee feststellen.

In den frühen Morgenstunden wollen Wagstaff und seine Kollegen mitunter »kleine Schatten« beobachtet haben, die sich dort erratisch durch die Gegend bewegten. Wagstaff wörtlich: »Ich saß da herum und löste Kreuzworträtsel, um mir die Zeit zu vertreiben, als ich flüchtig kleine Schatten wahrnahm, die über den Platz (vor dem Trailer) huschten. Wissen Sie, sie versuchen diese (die Schatten) mit Ihren Augen zu erfassen, aber meist waren sie viel zu schnell. Einmal erwischte ich einen mit dem Lichtstrahl meines Scheinwerfers, aber er verschwand urplötzlich. Es war drei Uhr früh. Was wirft da schon einen Schatten, wenn nicht gerade der Mond herauskommt? Die meiste Zeit über schien ja kein Mond … und dennoch konnte ich die Schatten sehen.«

Auf die Nacht angesprochen, in der Wagstaff die spektrale Gestalt einer Frau auf sich zukommen sah, erinnerte dieser sich: »Es war am frühen Morgen des 30. Dezember so gegen 04.00 Uhr und es hatte geschneit. Diesmal saß ich in meinem Auto. Ich schaute dem Schneetreiben zu und bemerkte mit einem Mal auf dem Zufahrtsweg vor mir, wie eine Frau auf mich zukam.

Ich konnte sie klar und deutlich erkennen. Sie trug ein bläuliches Baseball-Trikot mit einem knöpfbaren Vorderteil und weißen Besatz. Sie hatte blaue Jeans an und trug eine Brille. Mit ihren langen braunen Haaren erschien sie mir wie eine Mittvierzigerin. Die Frau kam direkt auf meinen Wagen zu, und zuerst dachte ich: ›Was zur Hölle tut die Lady hier draußen im Winter und dazu noch ohne Mantel.‹ Ich legte meine Hand auf den Türgriff, um zu öffnen, sie hereinzulassen, als sie plötzlich verschwand, sich in Luft auflöste.« Auf die Frage eines Reporters, wie lange Wagstaff die Erscheinung beobachtet habe, bis sie verschwunden sei, meinte dieser, es wären »gerade einmal sieben Schritte gewesen«. Die Frau habe ihm geradewegs ins Gesicht geschaut, als ob sie mit ihm habe reden wollen. Wagstaff gab an, nach dem Zwischenfall auf der etwa zehn Zentimeter dicken Schneedecke keine Fußabdrücke gefunden zu haben. Er schätzte, dass sich die Erscheinung seinem Wagen bis auf etwa sechs Meter genähert habe.

Wachmann A. W., der vor Wagstaffs Dienstantritt die Mitternachtsschicht innehatte, berichtete ebenfalls über das Klopfphänomen und die kleinen herumhuschenden Schatten, die er einmal mit einer Videokamera aufzuzeichnen versucht hatte. Er glaubte schließlich, wegen der unerklärlichen Vorkommnisse seinen Verstand zu verlieren und war froh, als er erfuhr, dass auch andere ähnliche Beobachtungen gemacht hatten.

Wagstaffs Vorgesetzte halten dessen Darstellung von den Ereignissen am Ort des tragischen Geschehens für durchaus glaubhaft, nahmen ihn gegen Unterstellungen seitens gewisser Kritiker in Schutz, bescheinigten ihm und seinen Kollegen ein untadeliges Verhalten. Später wurden die Sicherungsaufgaben bis zum Abschluss der Ermittlungen vom Sheriff des Somerset Counties übernommen.

Robert Wagstaff – ein unkomplizierter Zeitgenosse – hatte sich alles von der Seele geredet, was er und andere während ihres Dienstes am Absturzort erlebt hatten. Er äußerte sich zurückhaltend, in einfachen Worten, ohne Pathos.

Heute erinnern ein schlichtes Denkmal, die amerikanische und die Pennsylvania-Flagge an den Ort der schrecklichen Ereignisse, an die dort sinnlos zu Tode gekommenen unschuldigen Opfer eines unerklärten erbarmungslosen Krieges.

1.3 »Halloween« auf Zypern

Zypern im September 1968. Ort des Geschehens: die Hauptkaserne der britischen Interventionsarmee im gebirgigen Teil der Insel, strategisch ideal gelegen, fernab der unruhigen Küstenregion, wo es immer wieder zu terroristischen Aktivitäten kommt.

Das zweistöckige Gebäude verfügt über einen linken und einen rechten Seitenflügel. Lieutenant Ken Smith (Pseudonym) ist für die Sicherheit im oberen Stockwerk des linken Flügels zuständig, hat dort eine eigene Unterkunft mit Blick auf die Treppe, die zum Untergeschoss führt. Sein Büro dient ihm gleichzeitig als Schlafstätte. Im Nebenraum hat er seinen türkischen Wolfshund untergebracht, ein besonders großes, wildes Exemplar – ein perfekter Wachhund. Nach Smiths eigenen Worten fürchtet sich das Tier vor nichts, vor keiner Bedrohung. Bis zu jener schrecklichen Nacht im September 1968 …

Irgendetwas muss den Hund ganz erheblich gestört haben. Er knurrt mehrmals unüberhörbar, woraufhin Ken Smith sofort wach wird. Es ist gegen drei Uhr. Der Offizier erinnert sich der jüngsten Anschläge auf militärische Einrichtungen der Briten. Höchste Wachsamkeit ist geboten. Smith befiehlt den Hund zu sich, aber das Tier verweigert ihm den Gehorsam. Sein Fell sträubt sich. Nie zuvor hatte der junge Offizier eine solche Situation erlebt. Selbst Streicheleinheiten können das aufgeregte Tier nicht beruhigen. Der Hund reagiert offenbar auf etwas, das jenseits von Smiths Wahrnehmungsvermögen liegt. Das Tier jault zum Erbarmen, es schüttelt sich und kriecht schließlich verängstigt unter Smiths Bett. Spätestens ab diesem Zeitpunkt wird der Wachoffizier hellhörig, beginnt er nach den Ursachen des ungewöhnlichen Verhaltens seines vierbeinigen Begleiters zu forschen. Vielleicht ist es jener schrille, durchdringende Pfeifton, der dem Tier zu schaffen macht, den er zuerst nur ganz schwach, dann aber immer stärker vernimmt. Da Hunde selbst solche Geräusche hören, die außerhalb des menschlichen Hörbereichs liegen, muss man davon ausgehen, dass das merkwürdige Verhalten des Tieres vordergründig akustische Ursachen hatte. Die Frequenz des nun auch von Smith vernommenen Pfeiftones muss demzufolge jenseits von 18 000 Hertz gelegen haben. Der Vierbeiner hatte der Geräuschplage durch seine rasche Flucht unter das Bett zu entkommen geglaubt.

Neugierig öffnet Lt. Smith die Zimmertür, um herauszufinden, woher das Geräusch kommt. Er war aufgrund seiner militärischen Ausbildung durchaus darauf vorbereitet, irgendwann einmal einem Saboteur gegenüberzustehen, einen terroristischen Angriff abzuwehren. Die Szene aber, die sich ihm im Treppenhaus bietet, verschlägt ihm fast den Atem: »Zu meinem Entsetzen sah ich etwas die Treppe hochkommen, das nichts Menschliches an sich hatte. Das ›Ding‹ (Smith fand für die Erscheinung keine andere Bezeichnung) kam für mich in Sicht, als es die Treppe etwa zur Hälfte bewältigt hatte. Seinen Kopf konnte ich durch die Gitterstäbe des Treppengeländers gut erkennen. Sein wirres rotes Haar, etwa zehn Zentimeter lang, stand nach allen Seiten vom Schädel ab. Als es höher kam und ich es besser sehen konnte, bemerkte ich, dass es sich gar nicht normal fortbewegte. Es nahm nicht Stufe um Stufe, sondern schien sich schwebend nach oben zu bewegen. Kopf und Hals des Wesens ›rotierten‹ in meine Richtung. Dabei konnte es seinen Kopf seitlich viel weiter (als ein Mensch) verdrehen und diesen dabei perfekt waagrecht halten. Schließlich glitt sein Kinn bis über die linke Schulter – ein irrer Anblick.«

Beim Näherkommen des Wesens erkennt Smith weitere erschreckende Details: »Ich blickte in ein flaches, orangefarbenes Gesicht mit extrem großen roten Augen, die mich unentwegt anstarrten.« Kurz bevor Lt. Smith in panischer Angst die Tür verriegelt, kann er gerade noch sehen, dass das »Ding« so etwas wie einen hellblauen Trainingsanzug trägt.

Der nervtötende Pfeifton, der beim Näherkommen der Erscheinung weiter anschwillt, scheint jetzt seinen Höhepunkt erreicht zu haben. Smith zittert am ganzen Körper. Geistesgegenwärtig verschließt er die Tür, um sich blitzschnell ins Innere des Wachraumes zurückzuziehen. Der Hund liegt immer noch wimmernd und zitternd unter dem Bett. Entnervt lässt sich Smith auf das Bett fallen, wobei er unentwegt die Tür im Auge behält. Dann vernimmt er mit einem Mal ein schleifendes Geräusch, das sich der Tür zu nähern scheint …

Halb wahnsinnig vor Angst rollt sich Smith in Richtung Schrankwand zur Seite, in der seine Taucherausrüstung untergebracht ist. Er ergreift seine dort aufbewahrte Harpune, mit der er in seiner Freizeit auf Unterwasserjagd geht. Als gut ausgebildeter Soldat weiß er, dass er eine Waffe im geladenen Zustand niemals in seiner Unterkunft aufbewahren darf. Die schreckliche Angst, die er empfindet – der hierdurch ausgelöste Adrenalinstoß – verleihen ihm Bärenkräfte, lassen ihn den Speer der Harpune mit nur einer Hand spannen, ohne ein Widerlager benutzen zu müssen. Mit dieser Waffe allein fühlt er sich vor jenem unheimlichen Wesen noch nicht ausreichend geschützt. Er greift nach seinem Tauchermesser, entschlossen, sich mit allen Mitteln gegen einen möglich Angriff seitens der monströsen Erscheinung zur Wehr zu setzen.

Minuten ziehen sich endlos dahin. Smith verspürt den Drang, die Harpune einfach abzufeuern. Gewiss würde der Speer die Tür wie ein Stück Papier durchdringen. Im Nachhinein wunderte er sich über seine Gelassenheit, nicht blindlings auf die Tür gefeuert zu haben. Noch als er darüber sinniert, was er da soeben gesehen hat, hört er, wie das Schleifgeräusch an der Tür vorbeizieht und dann immer schwächer wird, um schließlich ganz zu verstummen. Und mit dem Abzug der Erscheinung wird auch der schrille Pfeifton immer schwächer. Smith entriegelt die Tür und lässt sich erschöpft auf sein Bett fallen. In dieser Position findet ihn der Wachposten eine Stunde später. Lt. Smith fragt ihn, ohne sein eigenes Erlebnis preiszugeben, ob ihm etwas Außergewöhnliches aufgefallen sei. Der Mann schüttelt verneinend den Kopf und misst seinen Vorgesetzten mit einem vielsagenden Blick. Er ist beim Anblick der gespannten Harpune und des Tauchermessers neben dem Offizier sichtlich verwirrt. Eine solche Sicherheitsmaßnahme wird nur bei höchster Gefahr angeordnet, und eine solche gab es ja offenbar nicht.

Smith aber wusste nur zu gut, dass die griffbereiten Waffen neben sich der beste Beweis dafür waren, dies alles nicht geträumt zu haben. Er erkannte jetzt auch, wie richtig es war, dass er die Harpune nicht auf die Tür abgefeuert hatte, denn dann hätte er sein irreales Handeln begründen müssen. Und wer in aller Welt hätte ihm schon ein solch bizarres Erlebnis geglaubt?

Über den Wolfshund wusste der Offizier zu berichten, dass dieser sich von dem unheimlichen Geschehen nie ganz erholt hatte. Bei der kleinsten Bedrohung legte er sich auf den Rücken und streckte seine Beine in die Luft – ein Zeichen für totale Unterwerfung. Als Wachhund war er nicht länger zu gebrauchen.

Während nie geklärt werden konnte, um wen oder was es sich bei der von Smith wahrgenommenen Wesenheit gehandelt hatte, die in jener Septembernacht am Sicherheitsposten des Haupttores vorbei in die Kaserne geschwebt war, ist Smiths Schilderung des Schreckens, den das »Ding« auf ihn und den Hund ausübte, durchaus überzeugend. Man kann sich nur schwer vorstellen, dass sich jemand ein derart »verrücktes« Szenarium ausdenkt, um sich wichtig zu machen, vor allem kein Offizier, der Außenstehende doch durch besonderen Mut und Tapferkeit zu beeindrucken trachtet.

Wir sind es gewohnt, dass Alltägliches normal, nach logischen Gesichtspunkten abläuft. Und unter dieser Prämisse darf es auch keine schwebenden Erscheinungen geben, die nächtens in einsamen Gegenden Mensch und Tier zu Tode erschrecken.

Situationen wie diese, denen die Smiths und Tausende anderer Zeitgenossen unverhofft begegnen, passen nicht so recht in unser scheinbar festgefügtes Weltbild. Dennoch gibt es sie, und die fortschrittlichsten Naturwissenschaftler unserer Zeit glauben auch zu wissen, warum das so ist, wie solche Manifestationen zustande kommen. Lassen wir uns überraschen, befassen wir uns zunächst ein wenig mit der Qualität dessen, was uns für gewöhnlich als *Realität* angeboten wird.

1.4 Welten hinter der unsrigen – Das Realitätsdilemma

> *»Wir leben in einer Phantasiewelt,*
> *einer Welt aus Illusionen.*
> *Die größte Herausforderung in unserem*
> *Leben ist es, die Realität zu finden.«*
>
> Iris Murdoch, in einem Interview
> mit der *London Times*

Was ist Realität und was nicht? Gibt es eine solche überhaupt und woran erkennt man sie?

Ernüchternd meinte einmal die englische Autorin Jenny Randles, Realität sei eine *kollektive Meinung*, die durch gegenseitige Absprache zustande komme. Wenn wir das Universum auf einer mikroskopischen und statistischen Ebene neu ordneten, würden sich die Dinge nur deshalb so wie sie uns erscheinen verhalten, weil wir übereingekommen sind, sie so zu sehen. Als menschliche Rasse hätten wir uns auf einen bestimmten Standpunkt geeinigt, den wir beibehielten, und wir würden selbst unseren Nachfahren beibringen, die Dinge so und nicht anders zu sehen. Indem wir dies tun, würden wir die allgemein akzeptierte Version der Realität nur noch weiter verstärken.

Randles, die das gegenwärtige Weltbild der Teilchenphysik mit dem Realitätsgedanken in Verbindung bringt, argwöhnt: »Diese verrückte Welt der herumhüpfenden Teilchen, der geisterhaften Sub-Partikel, der statistischen Wahrscheinlichkeiten und interagierenden Felder – und dies alles im Nullzeit-Zustand –, ist der Webstuhl, auf dem die Realität zustande kommt.«

Wissenschaftler behaupten von sich, nur was konstant, d. h. immer wieder und mit gleichbleibenden Resultaten mess- und verifizierbar sei, könne als real bezeichnet werden. Dabei wissen wir doch seit Einführung der Quantentheorie, dass es eine echte, absolute Realität gar nicht geben kann, dass alles, was wir mit dem Brustton der Überzeugung als *Wirklichkeit* anpreisen, ausschließlich auf Beobachten und Messen einer Ansammlung ständig vibrierender Atomhaufen beruht. Komplizierter noch: Was ist dieses Beobachtete und Gemessene wert, wenn es auch nur wieder an einer Projektion einer weiteren Projektion ad infinitum – einfacher ausgedrückt: am Schatten eines Schattens usw. – gemessen wurde? Tatsächlich, etwas *absolut Reales* gibt es nicht, hat es nie gegeben!

Was aber hat es dann mit all dem Geschehen auf sich, das es – unter Zugrundelegung der »reinen« naturwissenschaftlichen Lehre – gar nicht geben darf ... und das es, von aufmerksamen unabhängigen Beobachtern immer wieder bestätigt, dennoch gibt? Ist es in solchen Fällen womöglich so, dass alle unabhängigen Zeugen völlig falsche Beobachtungen machten oder dass sie allesamt die Unwahrheit sagten? Oder könnte es gar sein, dass unsere ansonsten bewährten Naturgesetze unter gewissen Umständen doch nicht so ganz stimmen? Weder – noch.

Missverständnisse in der Interpretation anomal erscheinender Ereignisse beruhen vorwiegend darauf, dass seit René Descartes' (1596–1650) unglückseliger Trennung von Geist und Stoff (*res cogitans – res extensa*) konservative Naturwissenschaftler physikalisches Geschehen und geistige, d. h. Bewusstseinseinflüsse, unzulässig streng auseinander halten, obwohl doch Werner Heisenbergs Quantenphilosophie gerade Gegenteiliges besagt. Und mit genau dieser Haltung verbauen sich die Anhänger der behaupteten unverfälschten Wissenschaftslehre den Zugang zu einer tieferen, umfassenderen Realität.

Die Buchautorin Serena Roney-Dougal (*Where Science And*

Magic Meet) geht davon aus, dass die Synapsen im Hirn nach dem Quantenprinzip funktionieren, dass sie uns unter gewissen Umständen vielleicht den Zutritt zu Realitäten jenseits der normalen Raum-Zeit verschaffen. Bei diesen Realitäten könnte es sich durchaus um Parallelwelten oder den virtuellen Bereich des Bewusstseins Verstorbener handeln.

Alle hier geschilderten merkwürdigen Vorkommnisse – das Erscheinungsphänomen insbesondere – lassen erkennen, dass es tatsächlich andere Wirklichkeiten hinter unserer scheinbar festgefügten materiellen Realität gibt. Hinter ihr verbergen sich fremde Welten mit einer Fülle phantastisch anmutender Szenarien, in die ein angepasstes Bewusstsein mitunter kurzzeitig hineinzuschauen vermag. Erfahrene Naturwissenschaftler wissen um die Existenz solcher Realitäten, versuchen, sie auf Umwegen nachzuweisen, das Virtuelle sich materialisieren zu lassen, es für uns sichtbar zu machen. Der berühmte englische Physiker Prof. David Bohm war einer von ihnen. Seine Theorien und Philosophien gemahnen uns, dem Unglaublichen – auch den Manifestationen aus *jenseitigen*, andersdimensionalen Bereichen – akribisch nachzugehen, um herauszufinden, was es mit Phänomenen wie *Erscheinungen, Spuk, Besessenheit* und vielen anderen, nur scheinbar anomalen Formen bewusstseinsgesteuerter Eingriffe in unsere materielle Alltagswelt auf sich hat. Genau dieses Ziel verfolgt der Autor auch mit diesem Buch.

2 Unser Bewusstsein – Geistkörper ohne Verfallsdatum

»Alles um uns herum ist zeitlich, ja, wir beschreiben unser ganzes Leben als Zeitlichkeit und den Tod als den Übergang in die Ewigkeit, ohne uns die Funktion der Zeit für alles Existente bewusst zu machen.«

DR. REINMAR CUNIS, ARD, in seinem Werk: *Heinrich Odenheimers Einführung in die Allgemeine Dilatationstheorie*

Für Joicey Hurth, eine biedere Hausfrau aus Madison im US-Bundesstaat Wisconsin, begann jener Nachmittag im Jahre 1995 wie jeder andere auch. Nach dem gemeinsamen Mittagessen – ihre Tochter war gerade auf dem Weg ins Kino – machte sich Joicey an den Abwasch. Plötzlich, ohne erklärbare Ursache, überkam sie panische Angst. Der Teller, den sie gerade abtrocknen wollte, glitt ihr aus der Hand, fiel zu Boden und zerbrach. Wie geistesabwesend murmelte die Frau vor sich hin: »Bitte, lieber Gott, lass sie nicht sterben!«

Im gleichen Augenblick muss es passiert sein, war Joiceys Tochter auf der Straße unmittelbar vor dem Kino in ein Auto gelaufen und zu Boden geschleudert worden. Wenig später erhielt der Kassierer des Lichtspielhauses einen Telefonanruf. Es war Joicey, die sich mit zitternder Stimme erkundigte, ob mit ihrer Tochter alles in Ordnung sei. Der Kassierer, der zufällig den Hergang des Unfalls beobachtet hatte, konnte die Mutter beruhigen, ihr versichern, dass ihre Tochter unverletzt sei.

Dass Joicey just in dem Augenblick das Gefühl einer unmittelbaren Bedrohung verspürte, als das Mädchen vors Auto lief, lässt sich nicht rational, nicht konventionell-wissenschaftlich, sondern nur telepathisch erklären. Hierunter versteht man heute – vereinfacht ausgedrückt – die Kommunikation zwischen einander nahe stehenden Bewusstseinen ohne Vermittlung durch die uns bekannten Sinne, wobei Entfernungen zwischen den Kommunikatoren keine Rolle spielen. Man bezeichnet sie daher gelegentlich auch als »außersinnlich«. Den Begriff »Telepathie« prägte der englische Philosoph und Parapsychologe Frederic William Henry Myers (1843–1901), Gründungsmitglied der »Society for Psychic Research« (S.P.R.: Gesellschaft für paranormale Forschung). Dieses Kunstwort kommt aus dem Griechischen und bedeutet so viel wie »Fernerleiden« oder »Fernerfahren«.

Bereits in den Dreißigerjahren führte der amerikanische Biologe und Parapsychologe Professor J. B. Rhine von der Duke University in Durham, North Carolina (USA), groß angelegte, systematische Labor-Telepathieexperimente durch. Seine Testpersonen versuchten Bildsymbole mental zu »senden« bzw. zu »empfangen«. Rhine gab ihnen dazu einen Satz von fünf Karten (sog. Zener-Karten, benannt nach Rhines Assistenten Karl Zener), auf denen jeweils ein bestimmtes Symbol dargestellt war. Die Tatsache, dass zahlreiche Versuchspersonen – meist Studenten – bei diesen Experimenten die richtigen Symbole nannten, d. h. positive Trefferquoten erzielten, die stets über der Zufallswahrscheinlichkeit lagen, führten Rhine zu dem Schluss, dass Telepathie eine Realität sei.

In den Siebzigerjahren wurden zum Nachweis von Telepathie und anderen paranormalen Phänomenen (wie z. B. Hellsehen/Fernwahrnehmung) exaktere Testmethoden entwickelt, so u. a. das so genannte Ganzfeldexperiment. Hierbei konzentriert sich ein »Sender« auf die mentale Übermittlung einer Botschaft an einen »Empfänger«, der von allen äußeren Einflüssen abgeschirmt ist. Die Augen der Empfangsperson, die einen Kopfhörer trägt, aus dem nur monotones Rauschen dringt, sind mit halbierten Tennisbällen abgedeckt. Nach dieser Methode konnten in den USA Charles Honorton und in Cambridge (England) Dr. Carl Sargent aussagekräftige Telepathieeffekte nachweisen.

Während der unseligen Epoche des Kalten Krieges versuchten amerikanische und russische Wissenschaftler Telepathie und Hellsehen (engl. remote viewing: Fernwahrnehmung) für militärische und nachrichtendienstliche Zwecke zu nutzen, und sie führten auf ihren jeweiligen Territorien aufwendige Experimente durch. Viele dieser Telepathie-/Fernwahrnehmungsexperimente, auch solche von Tauchbooten und Raumfahrzeugen aus, verliefen äußerst erfolgreich. Hierüber berichtet der Autor ausführlich in seinem 1994 erschienenen Standardwerk PSI-Agenten – Die Manipulation unseres Bewusstseins, das in zahlreichen Fremdsprachen europaweit erschienen ist (LangenMüller; ISBN 3-7844-2513-5).

Natürlich haben sich zahlreiche ideenoffene Wissenschaftler über das Zustandekommen des ungewöhnlichen Phänomens »Telepathie« Gedanken gemacht, wobei auch unkonventionelle Funktionsmodelle vorgestellt wurden. Denkoperationen, Vorgänge im Unbewussten sowie jene hier erwähnten »außersinnlichen« Wahrnehmungen sind ausschließlich geistige (mentale) Prozesse, die sich weniger energetisch, sondern mehr informatorisch erklären lassen. Auf der Suche nach einem informatorisch konzipierten Funktionsmodell für Telepathie und ähnliche biokommunikative Phänomene (PSI), hat sich das von russischen Forschern vorgestellte Bioplasmafeld für einschlägige Überlegungen als tragfähige Grundlage erwiesen. Dieses nicht-physikalische Feld könnte sich nach Meinung namhafter Wissenschaftler beim mentalen Informationsaustausch zwischen Lebewesen – zwischen Menschen, aber auch zwischen Mensch und Tier – durchaus als eigentlicher Übertragungsmechanismus herausstellen. Der amerikanische Mediziner und Parapsychologe Dr. Andrija Puharich geht bei seiner bioplasmatischen Feldhypothese davon aus, dass es bei der telepathischen Kommunikation so etwas wie Sender und Empfänger überhaupt nicht gibt. Er hält den fälschlicherweise als Sender bezeichneten Teilnehmer eines *telepathischen Aktes mehr für eine Art »psychisches Anziehungszentrum«. Danach würde der als Sender Bezeichnete um sich herum ein mit Vorstellungen getränktes »mentales Vakuum« aufbauen, welches das Bewusstsein des eingestimmten Quasi-Empfängers auf sich lenkt, dieses anzieht.*

Puharich argumentiert, dass der aktive Teilnehmer eines bioinformatorischen Aktes (der so genannte Sender) durch gewisse Notwendigkeiten und Wünsche einen »mentalen Zustand« schaffe, den dann der so genannte Empfänger mit seinen eigenen Symbolen und Eindrücken ausstatte. Einfacher ausgedrückt: Ein im Sender (der besseren Verständlichkeit wegen sollen die gewohnten Begriffe beibehalten werden) entstehender Gedanken verlässt diesen in Wirklichkeit gar nicht. Die Information (Gedankeninhalt) wird vielmehr vom Empfänger im Gehirn des Senders abgefragt oder abgetastet. Der Empfänger vergleicht nun die eingeholten Gedankeninhalte mit seinen eigenen im Unbewussten gespeicherten Erfahrungen und Vorstellungen, ähnlich wie bei einem Puzzle – ein Vorgang, der sich wegen des offenbar holographischen Aufbaus des mentalen Informationsspeichers quasi in Nullzeit abspielen dürfte. Sobald dann das beim Sender unbewusst eingeholte Informationsmuster mit einem im Unbewussten des Empfängers gespeicherten ähnlichen Muster übereinstimmt, dringt dieses automatisch in dessen Wachbewusstsein vor.

Bei diesem Telepathie-Modell wäre der aktivere Teil tatsächlich der Empfänger. Die telepathische Erfolgsquote hängt – so Puharich – letztlich von der Genauigkeit der mentalen Assoziationsbereitschaft ab, von der Fähigkeit des Empfängers, seine aus dem eigenen Unbewussten hervorgebrachten verbalen oder (bei der Fernwahrnehmung) bildhaften Vorstellungen möglichst genau an das vom Sender »abgenommene« Gedankenmuster anzugleichen. Es wird hierbei zwischen Sender und Empfänger nichts bewegt, nichts gesendet. Der Empfänger holt sich vom so genannten Sender eigentlich nur Anregungen zur Beschaffung adäquater Vorstellungen aus dem eigenen holographisch funktio-

nierenden Informationsreservoir. Er greift (bildlich gesprochen) mit den Tentakeln seines Bioplasmafeldes nach den Bewusstseinsinhalten des Senders, was über eine übergeordnete Dimension (Hyperraum) in Nullzeit geschieht. Der telepathische Vorgang soll nach Puharich durch das Zusammenspiel zwischen bestimmten Körperwirkstoffen (Adrenalin und Acetylcholin), gravitativen Kräften und Bioplasmafeldern zustande kommen.

Orthodoxe Wissenschaftler tun sich heute immer noch schwer mit der Akzeptanz solch fortschrittlicher Hypothesen, versuchen unter Leugnung modernster quantenphysikalischer Fakten, die Existenz eines körperunabhängigen Bewusstseins zu bestreiten. Ihre antiquierten Vorstellungen sollen der Vollständigkeit halber im Folgekapitel kurz dargelegt werden.

2.1 Das geistige Universum in uns

Die meisten Neurophysiologen glauben aufgrund ihrer akribischen Untersuchungen an menschlichen Gehirnen herausgefunden zu haben, was Bewusstsein ist, wie es entsteht, welche Funktionen es innehat und was mit ihm geschieht, wenn der biologische Tod einsetzt. Sie hofieren auch heute noch das so genannte reduktionistische Modell und gehen davon aus, dass das Bewusstsein den Aktivitäten der Hirnzellen (Neuronen) entspringt und, nicht umgekehrt, diese das Ergebnis eines in Aktion befindlichen Bewusstseins sind. Beim Reduktionismus wird die Beschreibung des Universums auf immer kleinere, überschaubare Wissenschaftsgebiete verteilt. Jedes Phänomen wird in seine isolierten Einzelteile zerlegt. Jegliche Art Form gebende Entwicklungskraft wird ignoriert, auch die beobachteten zusammenwirkenden Effekte (Synergieeffekte), wonach das Ganze mehr ist als die Summe der Teile. Dieses Vorgehen hat zwar entscheidend zum wissenschaftlichen Fortschritt beigetragen, blockiert jedoch eine ganzheitliche (holistische) Betrachtung des Universums.

In der Quantenmechanik hat sich der reduktionistische Denkansatz sogar als vollkommen nutzlos erwiesen. Um das Universum wieder zu einem »Ganzen« zusammenzufügen, ist eine gänzlich neue wissenschaftliche Methodik erforderlich. Die ganzheitliche Betrachtungsweise unserer Welt überschreitet die Grenzen zur Mystik, die mit diesem Konzept schon seit Urzeiten vertraut ist.

Nach heutiger orthodox-wissenschaftlicher Lehrmeinung gibt es eigentlich keine rein mentale Kommunikation, keine Telepathie, ja nicht einmal suggestive Beeinflussung, Hypnose. Das individuelle menschliche Bewusstsein kommt nach Auffassung jener Orthodoxen ausschließlich durch elektrochemische Hirnaktivitäten zustande. Deshalb können ihrer Meinung nach

Impulse von außerhalb des Gehirns den Geist – das Bewusstsein – unmöglich direkt beeinflussen.

Dieser völlig falsche Denkansatz geht auf die späten Sechzigerjahre des vorigen Jahrhunderts zurück, als der Neuropsychologe Donald Hebb die *neuralkonnektionistische Hypothese* postulierte. Hebb glaubte nämlich zu wissen, dass Bewusstsein und intelligentes Verhalten durch Verschalten von Nervenzellen, die sich zu Neuronennetzwerken zusammenschließen, entstehen. Diese Zellverbände – so die Hypothese – können durch sinnliche Wahrnehmungserfahrungen aktiviert und verändert werden; sie bildeten die Grundlage für unser Gedächtnis.

Entsprechend dieser ziemlich oberflächlichen Hypothese stellt das Bewusstsein einer Person nicht etwa eine besondere Form von Energie dar. Sie wäre somit lediglich ein Nebenprodukt elektrochemischer Prozesse im Gehirn. Hieraus ließe sich ableiten, dass es weder Telepathie noch eine Fortexistenz der geistigen Komponenten nach dem biologischen Tod gäbe. Beim Sterben des Gehirns (Hirntod) würde das Bewusstsein für immer ausgelöscht sein.

Ausgehend von der neuralkonnektionistischen Hypothese, die im Mittelpunkt der modernen Bewusstseinsforschung steht, sind Wissenschaftler wie Francis Crick auf der Suche nach so genannten *Bewusstseinsneuronen.* Sie glauben, die Entdeckung solcher Neuronen würde uns den Schlüssel zum besseren Verständnis der chemischen Funktionsweise des Bewusstseins liefern. Crick, der gemeinsam mit John Watson 1953 die Struktur der DNS entdeckte, versuchte aufgrund der synchronen Schwingungen mehrerer Neuronen – d. h. hirnphysiologische Aktivitätsmuster, wie sie bei Denkvorgängen zu beobachten sind – seine Bewusstseinstheorie zu entwickeln. Ihr zufolge liegen jedem Denkprozess ungeheuer komplexe Vorgänge zugrunde. Bei jedem Gedanken sind Millionen einzelner Neuronen gleichzeitig »in Betrieb«. Je mehr miteinander verschachtelte Gehirnzellen jemand besitzt, desto größer ist sein Denkvermögen. Wenn sich mittels dieser Theorie alle geistigen Funktionen (auch die anormalen) nachvollziehen ließen, wären grenzwissenschaftliche (paranormale) Erklärungen überflüssig. Sollte aber unser Geist tatsächlich nur das Produkt gehirninterner Strukturen und Prozesse sein, könnte von außen nichts in uns eindringen, d. h., es dürfte dann auch keine Telepathie geben.

Doch so einfach verhält es sich keinesfalls, und die Existenz von Telepathie gilt inzwischen auch als erwiesen. Der amerikanische Neurologe Stuart Hameroff, der von den Fähigkeiten einzelliger Mikroorganismen fasziniert war, hat anhand verschiedener Experimente nachzuweisen versucht, dass diese sogar kognitive Fähigkeiten besitzen. Mit anderen Worten: Er fand heraus, dass selbst ein so einfach strukturiertes Lebewesen wie das Pantoffeltierchen imstande ist, sich in einem komplizierten Labyrinth zurechtzufinden. Um diese Leistung zu vollbringen, benötigen Einzeller ein Erinnerungsvermögen. Wenn jedoch das Gedächtnis auf der Kommunikation zwischen Zellen beruht, muss man sich fragen, wie ein einzelliger Organismus Inhalte erlernen und speichern kann. Hameroff vermutet, dass so genannte *Mikrotubuli* hierauf eine Antwort geben können. Bei diesen handelt es sich um röhrenförmige Proteinstrukturen, die in jeder Zelle vorhanden sind, die für deren Ausformung und Stabilität sorgen. Hameroff geht davon aus, dass diese Winzlinge gewissermaßen mikroskopische »Biocomputer« mit simplen Ein- und Ausschaltfunktionen darstellen, die den Einzellern primitive kognitive Fähigkeiten verleihen.

Hierzu meint der bekannte Physiktheoretiker und Mathematiker Roger Penrose, dass diese Mikrotubuli genau die richtige Größe besäßen, um subatomare Effekte auf quantenmechanischer Ebene zu verstärken. Viele Forscher haben schon beobachtet, dass zwischen Psi-Phänomenen (Telepathie, Fernwahrnehmung, Psychokinese usw.) und Quantenfeldeffekten ein Zusammenhang besteht. So können sich subatomare Partikel, die ursprünglich einmal miteinander verbunden waren, unabhängig von räumlichen Distanzen, weiterhin gegenseitig beeinflussen, ohne dass dabei eine erkennbare Zeitspanne verstreicht. Bei dieser Vorstellung denkt man unwillkürlich an Telepathie. Auch hier laufen Prozesse ab, bei denen Informationen »übermittelt« werden, ähnlich wie im Vorspann beschrieben.

Der geniale Physiktheoretiker Professor David Bohm, Universität London, meinte einmal, dass Quanteneffekte darauf hindeuten, dass unser gesamtes Universum *holistisch* organisiert sei, was bedeutet, dass es aus Teilen besteht, von denen jedes einzelne die Information über die Gesamtheit enthält. Überträgt man diese Vorstellung auf das menschliche Bewusstsein, das ja im Universum existiert und ein Teil von ihm ist, so hätte unser Gehirn Zugang zu universalen Informationen, die von außerhalb kommen. Dies würde auch die Genialität mancher Menschen – ein umfassendes Wissen, das sie nicht durch Studien, durch langjähriges Lernen erworben haben – erklären. In späteren Kapiteln werden uns Zeitgenossen vorgestellt werden, die in primitivsten Verhältnissen aufwuchsen, kaum eine Schulbildung genossen und uns dennoch aufsehenerregende Entdeckungen bescherten. Ihr Wissen scheint ihnen förmlich »zugeflogen« zu sein.

Entsprechend diesem holistischen Modell ist unser Bewusstsein nicht so sehr an unser Gehirn gebunden, sondern es wäre Teil jeder einzelnen menschlichen Zelle, die die universellen Eigenschaften des Quantenfeldes weiter verstärken könnten. Die neuronale Bewusstseinstheorie wäre dadurch zwar arg in Frage gestellt, jedoch nicht total widerlegt. Einige Zellen würden zweifellos besonders eng miteinander kommunizieren und sich zu »Schaltkreisen« zusammenschließen, die imstande wären, eine so komplexe Lebensform, wie es ein Mensch ist, zu koordinieren.

Verunsichert stellen sich heute viele Neurologen die Frage, ob denn neuronale Netze die Ursache des Bewusstseins oder nur die Auswirkung eines funktionierenden Bewusstseins sind. Sollte letztere zutreffen, hätten sie vergleichsweise das Auto, nicht aber den lenkenden Fahrer entdeckt.

Alles scheint darauf hinzudeuten, dass es tatsächlich nur die Auswirkungen und nicht die Ursachen des Bewusstseins sind, die von Neurophysiologen entdeckt wurden. In diesem Zusammenhang sei an ein legendäres Zitat des amerikanischen Wissenschaftlers Keith Floyd erinnert, der einmal scherzhaft vermerkt haben soll, dass Neurophysiologen niemals das finden könnten, was sie außerhalb ihres eigenen Bewusstseins suchten, denn wonach sie Ausschau hielten, sei genau das, was sucht. Eigentlich logisch, nämlich, wie sollte etwas – besagtes Bewusstsein – sich selbst, also wiederum das Bewusstsein, erkennen? Es ist in etwa so, als ob jemand, der vor einem Spiegel steht, der also nur seine materielle Vorderseite erblickt, seinen eigenen Rücken (hier: sein immaterielles Bewusstsein) beschreiben möchte. Selbst wenn der Betrachter mit Hilfe eines zweiten Spiegels das Bild seines Rückens im ersten Spiegel eingeblendet sehen würde, wäre dies wiederum auch nur ein Spiegelbild in einem Spiegel und nicht das Original, die Realität. Beide Spiegelbilder würden niemals Rückschlüsse auf die eigentliche Beschaffenheit des Rückens zulassen. Nur eine andere Person, die hinter uns steht, würde unseren eigenen Rücken so wahrnehmen, wie er tatsächlich ist.

Machen wir, bevor wir uns erneut dem wichtigsten »Organ« des Menschen – dem Bewusstsein und seinen bizarr anmutenden Fähigkeiten – zuwenden, zunächst einen kleinen Abstecher in die geradezu unheimlich anmutende »Werkstatt« des renommierten amerikanischen Wissenschaftlers und Roboter-Spezialisten Dr. Hans Moravec, der durch »mind uploading« das menschliche Bewusstsein zeitlebens speichern will, um es über den biologischen Tod hinaus funktionsfähig zu halten, zu »konservieren«. Dadurch möchte er dem materiell Sterblichen geistige Unsterblichkeit verleihen. Der Autor konnte sich mit ihm vor einigen Jahren nicht nur über die Entwicklung auf dem Gebiet der Robotik, sondern auch über den Aspekt der Sicherung wertvoller Bewusstseinsinhalte mittels »mind uploading« (Hochladen von Bewusstseinsimpulsen) unterhalten.

2.2 Digitale Unsterblichkeit des Bewusstseins

Im Verlauf eines aufschlussreichen Gesprächs fragte ich Hans Moravec, Direktor des Mobile Robot Lab am Robotic Institute der Carnegie Mellon University in Pittsburgh, Pennsylvania (USA), ob er es für möglich halte, dass weit fortgeschrittene Roboter vielleicht einmal so etwas wie ein Eigenbewusstsein – ein regungsfreies Maschinenbewusstsein – entwickeln könnten, was für die menschliche Gesellschaft im ungünstigsten Fall ein nicht unerhebliches Gefahrenpotenzial darstellen dürfte. Seine Überlegungen hinsichtlich der Entwicklung eines autonomen Roboterbewusstseins waren damals offensichtlich noch nicht ganz ausgereift. Er antwortete ausweichend, dass der Mensch in die Welt, die er (technisch) entwickelt habe, nicht mehr hineinpasse. Wörtlich: »In naher Zukunft werden Maschinen diese Aufgaben besser bewältigen können. Wir haben keine Zukunft. Eine Ausbreitung im All ist ohnehin nur mit Robotern möglich. Vielleicht werden intelligente Roboter später einmal das gesamte Universum übernehmen.« Die Antwort auf meine Frage nach einem künstlichen Bewusstsein findet man erst viel später in seinem aufsehenerregenden Buch *Mind Children* (Bewusstseins-Kinder).

Trotz des äußerst komplexen Aufbaus des gewaltigen Neuronennetzwerkes unseres Gehirns halten es angesehene Wissenschaftler wie Professor Marvin Minsky vom Massachusetts Institute of Technology (MIT) und Dr. Hans Moravec für möglich, dass alle Gehirnaktivitäten aufgezeichnet, gespeichert und dadurch künstliche menschliche Persönlichkeiten geschaffen werden können. Auf diese Weise möchten die Forscher eine *digitale Unsterblichkeit* des Individuums erreichen, seine geistige Fortexistenz in einer virtuellen Welt sichern.

Während die Aussicht auf geklontes Leben noch die Gemüter erhitzt, haben nur einige wenige von einer Technologie Kenntnis, die ein unvorstellbar brisantes Potenzial aufweist: die Idee, menschliches Bewusstsein von einem Computer aufzeichnen, konservieren und sogar replizieren zu lassen. Hans Moravec bezeichnet diesen ungeheuer komplizierten Vorgang als *mind uploading*, als Hochladen von Bewusstseinsinhalten. Auf diese Weise ließen sich unzählige Kopien eines idealen Bewusstseins herstellen (Fachausdruck: replizieren) und – in Verbindung mit einer weit fortgeschrittenen Robotertechnologie – künstliche Superwesen schaffen, die mit den aus der Science-Fiction-Literatur hinlänglich bekannten plumpen Androiden so gar nichts gemein hätten.

Folgt man Hans Moravecs Gedankengängen, müssten sich all unsere Gedanken, Erinnerungen, Emotionen und andere geistige Aktivitäten eines Tages Neuron für Neuron aufzeichnen und anschließend kopieren lassen. Moravec, international anerkannter Experte auf dem Gebiet der artifiziellen Intelligenz, bezeichnet in seinem vielbeachteten Buch *Mind Children* den Vorgang des Aufzeichnens geistiger und emotionaler Aktivitäten als *Robot Bush*. Seinen Überlegungen folgend ist die Intelligenz des personalisierten *Robot Bush* auf Billionen winziger »Härchen« verteilt, mit denen er seine Umgebung »abtastet«. Während eine Person ruhig dasitzt, durchziehen, bildlich gesprochen, diese feinen Härchen den menschlichen Schädel. Sie verzweigen sich im Gehirn und zeichnen jede Verbindung und Strömung des Bewusstseins auf. Mit der so gewonnenen »Landkarte des Gehirns« erstellt *Robot Bush* eine zweite, von jeglichen physischen Einschränkungen befreite Identität einer Person. »Mind uploading« und *Robot Bush* sind heute zwar noch fiktionale Vorstellungen eines zukunftsorientierten Wissenschaftlers, enthalten aber eine Menge konkreter, logischer Ansätze für eine spätere Verwirklichung.

Wir können heute unsere Gedanken und Werke für die Nachwelt in Wort und Bild festhalten, aber wir haben bislang noch keine Möglichkeit gefunden, um die Lebensdauer unseres Bewusstseins künstlich zu verlängern, um es womöglich für ewig zu »konservieren«. Nach der heute in medizinischen Kreisen immer noch vertretenen Auffassung, dass unser Bewusstsein mit dem Körpertod endet, da es mit der Physis eng verzahnt ist, kann man verstehen, dass orthodoxe, materialistisch eingestellte Wissenschaftler nach »technischen« Möglichkeiten der Konservierung des menschlichen Bewusstseins suchen, um so eine künstliche, digitale Unsterblichkeit herbeizuführen.

Man geht davon aus, dass die »natürliche Selektion« – der Prozess, dem unsere Evolution zugrunde liegt – dafür sorgt, dass wir keine Aussicht auf ein extrem langes Leben haben. Unsere biologische Pflicht besteht in der Fortpflanzung. Diejenigen, die länger leben, als dies zur Fortpflanzung und Erziehung des Nachwuchses notwendig ist, werden zur Last für die anderen, Jüngeren. Wir erleben dies heute mit der Überalterung unserer Gesellschaft, dem Unwirksamwerden des Generationenvertrags, geradezu hautnah. Ein Heer egoistisch gesonnener, kinderloser Jungen steht einer rapide ansteigenden Zahl immer länger lebenden Alten gegenüber. Doch sind die Grenzen dieser unnatürlichen Entwicklung erkennbar. Unsere Gene sind so beschaffen, dass durch sie sichergestellt ist, dass der Nachwuchs mit den alternden Eltern nicht um Ressourcen kämpfen muss. Der »getimete« Tod wäre somit eine von der Natur gerecht geregelte Angelegenheit, zumal er Arme und Reiche gleichermaßen trifft.

Viele Menschen, für die der Tod eine unvorstellbare, schreckliche Einrichtung ist, hoffen darauf, dass man mit neuen »Überlebens-Technologien« die Diktatur der Gene überwinden und unserem Körper eine unbegrenzte Lebensdauer bescheren kann. Zwar versucht man durch Bestrahlen, Einbalsamieren, Lagern des Leichnams in Kryoanlagen usw. der Verwesung des Körpers entgegenzuwirken, ihn so lange zu konservieren, bis der Stand der Medizintechnik eine erfolgversprechende Wiederbelebung erlaubt, eine wesentliche Lebensverlängerung lässt sich aber mit diesen Methoden nicht erreichen. Auch das Klonen ist keine geeignete Methode, dem Tod ein Schnippchen zu schlagen, da ein Klon im Prinzip nichts weiter als ein identischer Zwilling ist. Er hat den wesentlichen Nachteil, dass er weder über die Erinnerungen noch die Erfahrungen seines Originals verfügt, die die individuelle Identität überhaupt erst ausmachen.

Das »mind uploading« verspricht hingegen der Empfangsperson eine völlig neue Version der Unsterblichkeit. Das Bewusstsein wäre dann nicht länger vom krankheitsanfälligen, zum Sterben verurteilten Körper abhängig, sondern könnte völlig unabhängig von diesem existieren. In einer neuen, haltbareren Computer- oder Roboterhülle, der »Hardware«, würde es über alle Bewusstseinsattribute – Gedächtnis, Erinnerungen, Denkvermögen, Erfahrungen, Emotionen usw. – verfügen. Es wäre durchaus so etwas wie Leben.

Hans Moravec meint, dass das »mind uploading« sicher mit sehr großen Schwierigkeiten verbunden sei. Er gibt aber zu bedenken, dass die ersten Computer, die in den Vierzigerjahren des vorigen Jahrhunderts entwickelt wurden, die so genannten »Elektronengehirne«, trotz ihrer gewaltigen Abmessungen weniger Informationen speichern konnten als ein einziger DNS-Strang eines Virus. Neueste Desktop-PCs hätten hingegen etwa dieselbe Prozessorleistung wie eine Biene. Die Herstellung einer Maschine, die etwa der menschlichen Bewusstseinskapazität entspräche, dürfte heute schätzungsweise eine Milliarde Dollar kosten. Moravec spekuliert, dass sich bis zum Jahre 2030 die Kosten für eine solche »Unsterblichkeitsmaschine« auf nur wenige tausend Dollar senken ließen. Hierzu könnte die rasante Entwicklung auch auf den Gebieten der Nanotechnik, Bionik und Biomimetik ganz erheblich beitragen.

Einige Wissenschaftler sind der Ansicht, ein weiterer großer Evolutionssprung könnte unmittelbar bevorstehen. Hans Moravec beschrieb solche Maschinen als unsere »Bewusstseins-Kinder« – eine völlig neue Generation, die ihren eigenen Weg sucht und sich schließlich von uns trennt, wie wir uns einst von unseren äffischen Vorfahren. Nach Moravec können wir heute schon eine Maschine bauen, die ebenso viele Informationen wie ein menschliches Gehirn zu speichern und diese auch ebenso schnell zu transportieren vermag. Wir hätten jedoch keine Ahnung, wie wir diese Informationen miteinander verbinden und ebenso vielseitig machen sollen wie ein auf biologischer Grundlage funktionierendes Bewusstsein. Selbst das komplizierteste künstliche neurale Netzwerk erreiche nicht einmal annähernd dessen Kapazität. Denn: Das menschliche Gehirn besäße eine lebenslange Plastizität, die es ihm immer wieder gestatte, sich neu zu formen ähnlich wie eine lernfähige Maschine, die sich von selbst neu verdrahtet, um ihre Leistung zu optimieren. Mit Hilfe der Nanotechnik sollte es jedoch möglich sein, solch selbstreplizierende Netzwerke zu entwickeln.

Nach dem biologischen Tod könnte ein Gehirn z. B. in flüssigem Stickstoff eingefroren und dann in einem Mikrotom in mikroskopisch dünne Scheiben fein zerteilt werden. Jede dieser hauchdünnen Scheiben ließe sich unter dem Elektronenmikroskop scannen, um die zahllosen Neuralverbindungen, die sie enthält, aufzuzeichnen.

Man könnte eventuell auch einen Nano-Roboter in ein noch funktionsfähiges Gehirn einführen – eine winzige selbstkopierende Hardware in atomarer Größenordnung –, welche die Neuronen durch eine robustere Mikromaschine ersetzt. Nach dieser Methode ließe sich zumindest die vorhandene Gehirnstruktur replizieren. Um die darin enthaltenen Gedanken, Erinnerungen und Empfindungen einzufangen – gewissermaßen die »Software der Seele« –, bedarf es allerdings einer viel subtileren Technik. Hierfür dürften sich die bereits projektierten *Quantencomputer* – Computer, die selbstständig für uns optimale Entscheidungen treffen können – eignen. Einschlägig forschende Wissenschaftler sind der Ansicht, dass eine solche »Himmelsmaschine« (Fachjargon), die durch Anwendung der besonderen Eigenschaften subatomarer Partikel funktioniert, eine ähnliche Hardware wie das menschliche Bewusstsein benutzt. Der amerikanische Experimental-Physiker Dr. Nick Herbert fragt denn auch in seinem Buch *Quantum Reality* (Quantenrealität), ob Bewusstsein nicht eine Art Quanteneffekt sein könnte.

Neben dem »Einfangen« menschlicher Gedanken hoffen Wissenschaftler, durch »mind uploading« auch unseren Lebensraum nachahmen zu können. Durch den Einsatz weit fortentwickelter Software jenseits unserer heutigen rudimentären Systeme der virtuellen Realität träumen wissenschaftlich arbeitende Tüftler davon, jeden materiellen Aspekt der Erde, ja des gesamten Universums, im Computer nachahmen zu können, angefangen von den Parametern, die das Geheimnis von Licht und Molekülen erklären, bis hin zu den Phänomenen Gravitation, Masse und Energie. Sobald sich das menschliche Bewusstsein durch »mind uploading« kopieren ließe, könnten wir durchaus in einer künstlichen Realität leben (vgl. Nachwort, Seite 249).

In seinem Roman *Neuromancer* versetzt der Science-Fiction-Autor William Gibson den Leser in ein Szenarium, das genau der zuvor beschriebenen Situation entspricht. Hier verlassen die Protagonisten der Handlung regelmäßig ihren materiellen Körper und verbringen eine gewisse Zeit als Daten in einem riesigen Computernetzwerk, das Gibson als »Matrix« bezeichnet, eine (von unserer vierdimensionalen Welt aus gesehen) immaterielle Matrizen-Welt, die vielleicht einmal der bekannten Filmtrilogie Pate gestanden hat. Entsprechend Gibsons Vorstellung schließen sich die *User* (Benutzer) an ein Computerterminal an und verschaffen sich so ungehinderten Zugang zu einer virtuellen Realität, in der sie keinerlei körperlichen Behinderungen unterliegen. Diese virtuelle Welt ließe sich noch am zutreffendsten mit einem Wachtraumzustand vergleichen.

Verfolgt man diese Idee bis zur letzten Konsequenz, dürften wir eine Zukunft erwarten, in der sich körperlose, bewusste Intelligenzen frei und ungebunden in von Computern erzeugten »Räumen/Welten« bewegen. Diese virtuelle Realität könnte sogar eine idealisierte Version unserer heutigen Welt sein – eine Welt, in der es weder Tag noch Nacht gäbe, in der z. B. immer die Sonne scheinen würde und die Pflanzen bunter als je zuvor wären. Würde man den Wunsch verspüren zu reisen, müsste man lediglich eine neue Realität »hochladen« oder sich selbst per E-Mail an eine andere Maschine – eine andere Realität – versenden. Unserer Phantasie wären keine Grenzen gesetzt. Wir könnten, anders als in einem Traum, unser Leben *in der Maschine* bewusst steuern und benötigten beim ständigen Aufenthalt in der virtuellen Realität weder Nahrung noch Medizin. Genau wie durch die Bildbearbeitung mittels Computer könnten wir dann auch eine verbesserte Version unseres bisherigen Ichs erzeugen. Als rein geistige Wesen wüsste jeder von uns z. B. sämtliche Werke Goethes auswendig, verstünden wir alle Details der Mathematik und Naturwissenschaften, wären wir in der Lage, fortan auch telepathisch miteinander zu kommunizieren usw.

Die Autoren Lynn Margulis und Dorian Sagan sind davon überzeugt, dass hochgeladene Bewusstseine selbst dann noch auf der Erde leben könnten, wenn diese für die Menschen längst unbewohnbar geworden ist. In ihrem futuristischen Werk *Microcosmos* vertreten sie die Ansicht, dass ein in die virtuelle Welt versetztes Bewusstsein in einem aus der dichten Masse eines Neutronensterns hergestellten Mammut-Computer überleben könnte.

Zugegeben: Die hier gestreiften phantastischen Zukunftsvisionen mögen, was das Überleben des biologischen Todes – die Unsterblichkeit des Bewusstseins – anbelangt, alle eher materialistisch eingestellten Zeitgenossen durchaus befriedigen. Indes blieb bislang unerwähnt, dass es gar nicht einmal dieses monströsen Aufwands bedarf, um beim Ableben unser Bewusstsein – unser geistiges Gut – in die Ewigkeit einer virtuellen Realität hinüber zu retten. Gemeint ist das Loslösen von Bewusstsein, Geist und Seele beim Körpertod und das Hineingleiten dieser wichtigsten Komponenten des Menschen in eine dimensional anders strukturierte *Überwelt*, in der Unvergänglichkeit vorprogrammiert ist – in ein virtuelles Eldorado, das von gläubigen Menschen allegorisch als Paradies oder Himmel umschrieben wird.

Da hat die Natur – wen oder was man dahinter auch vermuten möchte – ein unglaublich kompliziertes Neuronennetzwerk mit zahllosen unterschiedlichen Funktionen geschaffen, Grundlage für Intelligenz und Bewusstsein. Der amerikanische Physiker Michio Kaku will errechnet haben, dass 500 Gramm DNA-Moleküle eine größere Speicherfähigkeit hätten als alle Computer der Welt, die je gebaut wurden. Auch wird die Speicherkapazität unseres Gehirns von diesen Molekülen um das Hundertbillionenfache übertroffen und nur 30 Gramm dieser Moleküle würden hunderttausendmal schneller als die schnellsten Computer unserer Zeit arbeiten. Und dieses Kunstwerk, das bislang von keinem noch so raffiniert konstruierten Computer getoppt wurde, soll bei unserem biologischen Tod dem Zerfall, dem Vergehen anheimfallen? Es ist kaum anzunehmen, dass das intelligente Prinzip, das sich als »Macher« hinter diesem wunderbaren Gebilde *Bewusstsein* mit all seinem Wissen, seinen Erinnerungen und Erfahrungen verbirgt, eine solche Verschwendung zulässt. Eine Schöpfung, die auf natürlichem Wege ein solches Meisterwerk zuwege bringt, wird mit Sicherheit Wege gefunden haben, den »Bio-Computer« Mensch für die Ewigkeit zu konservieren.

2.3 Biocomputer Mensch

Nach diesem kurzen Abstecher in eine zukünftige virtuelle Welt digitaler Möglichkeiten unseres Bewusstseins erscheint es dringend geboten, dass wir uns etwas ausführlicher mit der mehrdimensionalen Wesenheit »Mensch« befassen, um die Dominanz seiner unzerstörbaren geistigen Komponente »Bewusstsein« deutlich zu machen.

Wenn wir uns in einer besinnlichen Stunde einmal fragen, aus was denn der Mensch besteht, werden die meisten von uns an seinen Körperbau, seine biologische Beschaffenheit – an Haut, Organe, Gliedmaßen usw. –, allenfalls noch an seine biologisch-chemische Zusammensetzung denken. Zu wichtig erscheinen uns diese Attribute des Menschseins. Doch niemand macht sich offenbar darüber Gedanken, dass das äußere Erscheinungsbild des Menschen trügt, dass wir im Grunde genommen aus einer »aufgeblähten« Masse bestehen, denn das Gros unseres Körpervolumens, etwa 99,999 Prozent, wird durch Leere – Physiker sprechen vom *Vakuum* – bestimmt. Es ist dies der Raum zwischen den Atomen sowie zwischen Atomkernen und Elektronenhülle. Würde man aus der eigentlichen atomaren Materie, bestehend aus Protonen, Neutronen und Elektronen, den leeren Raum (das Vakuum) abziehen, dürfte eine ausgewachsene Person zu einem Nichts mit einer »Körpergröße« von gerade einmal 20 Millionstel Meter schrumpfen. Der Leerraum zwischen den atomaren Teilchen, der voller Energie steckt, dient nach Ansicht transzendenz-offener Physiker als gewaltiger Informationsspeicher. Der die masselosen Ladungen enthaltende Teil des Vakuums beschränkt sich nicht allein auf den menschlichen Körper, sondern erstreckt sich nahtlos in den uns umgebenden Raum, ja in das gesamte Universum. Insofern stehen wir ständig mit dem kosmischen Bereich in Verbindung.

Halten wir zunächst einmal fest: Der Mensch besteht grundsätzlich aus einem Materieraum und einem geistigen oder Informationsraum, und beide tauschen Informationen aus. Materiewelt und Energie-/Informations-/Geist-Welt stehen also wechselseitig miteinander in Verbindung.

An allen materiellen Funktionen unseres Körpers sind Elektronen beteiligt. Da sie für ihre Aktivitäten im Raum Zeit benötigen, kann man sie auch als Raum-Zeit-Muster bezeichnen. Materie (Masse) ist bei der elektromagnetischen Kommunikation an die Lichtgeschwindigkeit (rd. 300 000 km/sec) gebunden. Diese Beschränkung gilt jedoch nicht für Informationen, die sich erwiesenermaßen mit Überlichtgeschwindigkeit verbreiten.

Die atomaren Bauteile des menschlichen Körpers – der Materie schlechthin – existieren schon seit unvorstellbar langer Zeit. Dr. Ulrich Warnke von der Universität des Saarlandes meint in seinem profunden Werk *Diesseits und Jenseits der Raum-Zeit-Netze*, dass es alle diese Basisbauteile schon einmal in einer anderen Galaxie gab und dass sie vielleicht sogar eine Supernova überstanden hätten. Insofern bestünden wir aus Sternenstaub, wären aber auch bereits Bestandteil von Bäumen, Tieren und anderen Menschen gewesen, bevor diese Elementarteilchen in unseren Körpern Eingang fanden.

Dieses doch recht volatil erscheinende Bild von der stofflichen Beschaffenheit des Menschen wird durch die biologische Besonderheit weiter kompliziert, dass ein menschlicher Körper alle paar Jahre seine sämtlichen Atome austauscht. Täglich isst man, atmet man Milliarden neuer Atome ein und scheidet ebenso viele alte Atome wieder aus. Physisch hat mein heutiger Körper so gut wie nichts mehr mit dem zu tun, den ich z. B. vor zwanzig Jahren besaß. Da ich heute immer noch derselbe zu sein glaube, muss »ich« etwas anderes sein als die bloße Ansammlung der Atome, die meinen Körper bilden. Offenbar bin »ich« weniger eine Anhäufung von Atomen als vielmehr das »Muster«, zu dem meine Atome arrangiert wurden, d. h. Information, Geist oder Bewusstsein. Manche dieser Atommuster sind kodierte Erinnerungen, und der Fortbestand dieser Muster verleiht mir das Gefühl einer persönlichen Identität.

Wir selbst sind letztlich eine Zusammenballung aus Wellen und Frequenzen, aus Schwingungen und Überlagerungen derselben, die sich zu Mustern verdichten. Nichts existiert so, wie wir es auf den ersten Blick wahrnehmen – als feste Form und Gestalt. Zutreffender wäre es, unser Erscheinungsbild als eine Illusion zu bezeichnen. Der berühmte englische Physiker und Astronom Sir James Jeans (1877–1946) formulierte es in seinem Buch *Der Weltraum und seine Rätsel* einmal treffend: »Heute ist man sich ziemlich einig darüber und auf der physikalischen Seite der Wissenschaft nahezu völlig einig, dass der Wissensstrom auf eine nicht-mechanische Wirklichkeit zufließt; das Weltall sieht allmählich eher wie ein großer Gedanke als wie eine große Maschine aus.«

Jeans, der sich durch seine Beiträge zur kinetischen Theorie und statistischen Mechanik schon früh einen Namen gemacht hatte, war den physikalischen und philosophischen Aspekten der Neuen Physik sehr zugetan. Indem er unermüdlich für den Übergang von der klassischen Teilchen- zur mehr »geisterhaften« Wellen-Realität eintrat, wollte er gleichermaßen unser Bewusstsein auch in physikalische Prozesse integriert wissen. Jeans stellte in seinen Abhandlungen stets das physikalisch nicht fassbare Bewusstsein über alles Materielle. Doch damit nicht genug: Seiner Zeit weit voraus, erkannte er im Bewusstsein die Matrix des materiellen Kosmos, den Ursprung allen Seins. In seinem bedeutenden Werk *Physics and Philosophy* (Physik und Philosophie) kommt dies ganz klar zum Ausdruck: »Die Relativitätstheorie hat eindeutig gezeigt, dass elektrische und magnetische Kräfte keinen Realitätsanspruch erfüllen. Sie sind nichts mehr als unsere eigenen mentalen Konstrukte, was auf unsere zwecklosen Bemühungen, die Bewegungen der Partikel zu verstehen, zurückzuführen ist. Gleiches gilt für die Newton'sche Gravitationskraft ... Alle haben sich lediglich als mentale Konstrukte erwiesen, die nicht einmal einem Objektivitätstest standhalten.«

Wir dürfen annehmen, dass die im Verlauf eines Menschenlebens empfangenen Informationen nicht nur unmittelbar im Gehirn, sondern auch im oben beschriebenen *Vakuum* des Universums – dem »Meer aller Möglichkeiten« – gespeichert werden. Alle in diesem Vakuum »eingelagerten« geistigen Dinge können jederzeit mittels Geisteskraft (Bewusstsein) aus ihrem virtuellen Zustand in die Realität versetzt werden, was durch eine Vielzahl paraphysikalischer Phänomene wie Apporte und Teleportationen deutlich wird.

Der deutsche Physiker und Philosoph Carl Friedrich von Weizsäcker, der ähnlichen Überlegungen wie der hier zitierte James Jeans nachhing, soll einmal gesagt haben, dass Bewusstsein und Materie verschiedene Aspekte derselben Wirklichkeit seien. Mit dieser Feststellung verleiht er dem Bewusstsein Realitätsstatus. Professor Dr. Franz Moser, Graz, der sich in seinem Buch *Bewusstsein in Raum und Zeit* um eine exaktere Definition des schwer fassbaren Begriffs »Bewusstsein« bemüht, erkennt hierin ein Zusammenwirken von Energie und Information. Und die Princeton-Wissenschaftler Professor Robert Jahn und Dr. Brenda Dunne verstehen unter Bewusstsein verallgemeinernd »alles, was imstande ist, Information hervorzubringen, zu empfangen und zu verwerten«. Ihrer Meinung nach soll dies nicht nur für Menschen, sondern auch für Tiere, Pflanzen, Zellen, Bakterien, Viren, DNA und selbst für unbelebte Objekte wie z. B. Computer zutreffen.

Da unser Bewusstsein nach Meinung namhafter Wissenschaftler nach dem quantenmechanischen Prinzip hologrammähnlich funktioniert, lässt es sich auch nicht lokalisieren, auf einen bestimmten Ort festlegen. Es ist orts- und zeitungebunden. Diese Nicht-Örtlichkeit lässt sich an einer Traumsituation leicht verdeutlichen. Man stelle sich vor, der Leser träume, eine Ausstellung zu besuchen. Während er zwischen den Besuchern umhergeht und die Exponate bewundert, scheint das Bewusstsein im Kopf der Person enthalten zu sein, die der Leser im Traum repräsentiert. Der träumende Leser muss sich allerdings fragen, wo sein Bewusstsein denn nun wirklich steckt. Noch während er darüber nachdenkt, wird ihm klar, dass das Bewusstsein in allem Geträumten enthalten sein kann: in den anderen Besuchern, in den Exponaten, ja selbst in den leeren Räumen der virtuellen Traumwelt.

Im entkörperlichten Zustand, bei so genannten Astralkörperaustritten (AKEs), wird ganz deutlich, dass wir im Prinzip nur »Schwingungsmuster« darstellen, zusammengesetzt aus vielen miteinander in Wechselwirkung und Resonanz stehenden Frequenzen. Dieser Frequenzmix wird von unserem Bewusstsein in unterschiedliche holographische Formen umgesetzt. Vertreter einer Neuen Physik folgern daraus, dass unser Bewusstsein nicht so sehr im Gehirn, sondern in einem holographischen Energiefeld enthalten ist, das unseren biologischen Körper durchdringt und umgibt, jenes Vakuum also, von dem hier immer wieder die Rede ist.

Fragen wir uns jetzt, was mit diesem real existierenden Bewusstseinskörper beim Ableben geschieht. Sobald der Tod eintritt, wird die Verbindung zwischen dem Bewusstsein und den materiellen Neuronen unterbrochen, da letztere aus Energiemangel ihre Funktion einstellen. Damit ist aber keinesfalls bewiesen, dass auch unser Bewusstsein zu existieren aufhört, da sich Geistiges nicht mit Materie vergleichen lässt, zumal es ganz anders strukturiert ist und anderen Gesetzmäßigkeiten gehorcht. Beim Körpertod wird nur die biologische Materie unseres Körpers, die auf elektromagnetischer Energie und ihren Feldern aufbaut, ihre Funktionen aufgeben. Erhalten bleibt hingegen unser universelles Informationsfeld, das darüber hinaus auch noch im unermesslichen Energie-Ozean des Vakuums gespeichert ist. Nichts an Information, an Bewusstseinsinhalten geht verloren. Unser Bewusstsein ist tatsächlich unsterblich und es bleibt auch über den Tod hinaus mit den Bewusstseinen Lebender kommunikationsfähig.

2.4 Die Super-Illusion – Bewusstsein als »Konstrukteur«

Im vorangegangenen Kapitel wurde dargelegt: Der Mensch stellt in letzter Konsequenz ein »Schwingungsmuster« dar, ein Frequenzmix, dem ein Bewusstseinskörper holographisch zugeordnet ist. Und diese aus biologischer Materie und Bewusstsein (Information) bestehende Wesenheit »Mensch« ist wiederum mit dem ebenfalls holographisch aufgebauten Kosmos eng verzahnt. Um diese Zusammenhänge besser verstehen zu können, müssen wir uns mit dem in der Folge öfter erwähnten holographischen Prinzip etwas näher befassen.

Der englische Physiker ungarischer Abstammung Dennis Gabor (1900–1979) schuf im Jahre 1947 die mathematische Voraussetzung zur Entwicklung der so genannten Holographie, eine Technik, die sich Überlagerungsmuster zu Nutze macht, um an jeder beliebigen Stelle im Raum dreidimensionale (3D-)

Bilder, die dem Betrachter wie echte Objekte erscheinen, entstehen zu lassen.

Zur Herstellung eines Hologramms wird zunächst ein Laserstrahl in zwei getrennte Strahlen aufgeteilt. Der erste Strahl wird von dem abzubildenden Gegenstand zurückgeworfen. Den zweiten lässt man mit dem reflektierten ersten Strahl zusammentreffen, wobei ein so genanntes Interferenzmuster (Überlagerung) entsteht, das auf einer Filmplatte abgebildet wird. Für den Betrachter dieser Platte hat das Interferenzmuster – es gleicht einer Anordnung konzentrischer Ringe – keinerlei Ähnlichkeit mit dem fotografierten Objekt.

Sobald jedoch ein weiterer Laserstrahl (oder auch helles Licht) den Film durchdringt, erscheint ein 3D-Abbild des Originalobjekts mitten im Projektionsraum. Diese holographische Projektion kann man umrunden und aus verschiedenen Perspektiven betrachten. Fast gespenstisch mutet es an, wenn man die 3D-Projektion zu berühren versucht und feststellen muss, dass man einfach durch sie hindurchgreifen kann, dass an besagter Stelle nichts Materielles vorhanden ist. Wer nicht weiß, dass er ein Hologramm vor sich hat, wird erschrocken ins Leere greifen. Ein Vergleich mit visuellen Erscheinungen Verstorbener, über die später zu berichten sein wird, liegt nahe. Auch sie lassen sich nicht fassen, und man kann durch sie unbeschadet hindurchlaufen, da es sich bei ihnen offensichtlich um gewollte oder ungewollte Projektionen der Bewusstseinsinhalte Verstorbener aus höherdimensionalen, virtuellen Seinsbereichen handelt. Sie sind zwar in unserer materiellen Welt sichtbar, gehören ihr aber nicht an.

Eine weitere Besonderheit der Hologramme besteht darin, dass jeder Teil eines holographischen Filmes beim Anstrahlen mittels Laserlicht das vollständige 3D-Bild entstehen lässt. Jedes noch so kleine Fragment des Holo-Films enthält die gesamte Bildinformation, das ganze Szenarium. Nur werden die 3D-Bilder mit zunehmender Kleinheit der Teile immer unschärfer.

Der Neurophysiologe Professor Karl Pribram dürfte als Erster gemutmaßt haben, dass unser Bewusstsein – unsere Erinnerungen und andere geistige Aktivitäten – holographisch funktioniert. Wie anders sollte man es sich erklären, dass bei Beschädigung selbst großer Teile des menschlichen Gehirns oder bei partiellem Entfernen der Schläfenlappen manche Betroffene nach wie vor geistige Tätigkeiten ausüben und keine Gedächtnislücken haben? Hier übernehmen nach dem holographischen Prinzip die restlichen Gehirnteile die Funktion des zuvor kompletten, unversehrten Gehirns. Einen überzeugenderen Beweis für die holographische Beschaffenheit unseres Bewusstseins, unseres »Denkapparats« überhaupt, gibt es nicht.

Dass wir Menschen nach der atomaren Betrachtungsweise nichts anderes als holographisch gespeicherte Schwingungsmuster und, nach James Jeans, zu biologischer Materie erstarrtes Bewusstsein sind, erhellt aus einem Aufsehen erregenden Fall, der sich Anfang des vorigen Jahrhunderts in Island zugetragen hat. Das isländische Medium Indridi Indridason, ein einfacher Bauernbursche, dem nicht einmal bewusst war, über welch erstaunliche Fähigkeiten er verfügte, vermochte unter strenger Kontrolle anwesender Wissenschaftler im hypnotischen Tiefschlaf zeitweilig einige seiner Körperteile vollständig zu entmaterialisieren, d. h. unsichtbar zu machen. Die Wissenschaftler konnten vor Ort beobachten, wie eine Hand oder ein ganzer Arm seines Körpers unsichtbar wurde und beim Erwachen sich wieder materialisierte, die ursprüngliche Form annahm.

Die Kontrolle des Bewusstseins über alles Materielle – seine Fähigkeit, dieses verschwinden oder wieder (neu) entstehen zu lassen – tritt an einem anderen paranormalen Phänomen, der so genannten *Astralkörperprojektion* (AKE) noch deutlicher in Erscheinung. Bei Astralkörperaustritten projiziert jemand sein *feinstoffliches Double* – gemeint ist sein Geist- oder Bewusstseins-»Körper« – außerhalb seines biologischen Körpers, unternimmt mit ihm manchmal sogar »Reisen« an entfernte Orte und kann unter bestimmten Voraussetzungen gelegentlich von dort Anwesenden gesehen werden. So will sich der Engländer W. O. Herbert mit seinem Bewusstseinsleib einmal von England in das Haus seines Brieffreundes in Nairobi (Kenia) versetzt haben und dort visuell in Erscheinung getreten sein. Dieses Haus war ihm, da er hiervon kein Foto besaß, völlig fremd. Er war zuvor auch nie dort gewesen. Als er sich mit seinem Bewusstseinskörper dort aufhielt, »sahen« ihn die beiden kleinen Töchter seines Freundes. Herbert berichtet: »Nachdem ich mich dorthin versetzt hatte, konnte ich das Haus und alles, was dort gerade geschah, wahrnehmen. Als die beiden Mädchen mich aufmerksam beobachteten, wurden sie von ihrer Mutter gerufen und gefragt, was sie so intensiv anstarrten. ›Wir sehen *Nunkie* zu‹, antworteten sie. *Nunkie* ist nämlich mein Spitzname. Und sie betrachteten mich tatsächlich, sahen mich direkt an. Anscheinend konnten sie nicht begreifen, wie ich in ihr Haus gekommen war. Als ich später meinem Freund wieder einmal schrieb, schilderte ich ihm sein Haus in allen Details, auch wie mich die kleinen Mädchen gesehen hatten. Er antwortete mir, dass meine Beschreibung der Räume, die Anordnung der Fenster usw. sehr genau sei, und er schickte mir sogar das Foto eines recht ungewöhnlichen Fensters über der Veranda, das ich ihm auch so beschrieben hatte.«

In diesem Fall – sofern er richtig geschildert wurde – handelt es sich um ein beidseitiges Erkennen von zwei stofflich unterschiedlichen Wesenheiten: den materiellen Kindern und dem Feinstoff- oder Bewusstseinskörper des Engländers. Zumindest lässt sich den beiden Kindern keine arglistige Täuschung unterstellen. Die Schwingungsfrequenzen der Kinder müssen während dieser Sichtung mit denen des nur spirituell anwesenden Herbert übereingestimmt haben.

Wenn Geist oder Bewusstsein des Menschen derart massiv in das holographische System – die virtuelle Welt – einzugreifen vermag, muss man annehmen, dass sich mit ihm alle gewünschten Realitäten »konstruieren« und selbst eherne physikalische Gesetze gelegentlich umkrempeln lassen. Falls das so zutreffen sollte, würde dies unsere scheinbar festgefügte Weltordnung auf den Kopf stellen, bedeuten, dass unsere Wissenschaftler nur einen kleinen Ausschnitt einer viel größeren, universellen Realität wahrnehmen und diesen womöglich auch noch für den einzig zutreffenden halten.

Professor David Bohm, ein ehemaliger Protegé Einsteins und seinerzeit einer der weltweit angesehensten Quantenphysiker, ging sogar so weit, von einer Interaktion zwischen Bewusstsein und Materie zu sprechen. Er meinte, in einem gewissen Sinn sei der Beobachter eigentlich das Beobachtete. Ebenso sei er das Messinstrument, das Versuchsergebnis, das Laboratorium und der Wind außerhalb desselben. Bohm war der Ansicht, dass das Bewusstsein eine subtilere Form von Materie sei, und er meinte, dass es sich in unterschiedlichen Graden der Verhüllung und Enthüllung in der gesamten Materie zeige. Er sah dies durch das unerklärliche »intelligente« Verhalten mancher Plasmen bestätigt. Physiker verstehen hierunter ein hochionisiertes elektrisch leitendes Gas. Bohm: »Die Fähigkeit der Form, aktiv zu sein, ist das charakteristische Merkmal des Geistes, und bereits im Elektron haben wir etwas, das geistähnlich ist.«

Kugelblitze sind solche Plasmen, die in allen Spektralfarben, am häufigsten jedoch rötlich-gelb, orangefarben oder bläulichweiß, mit Durchmessern zwischen einem und 150 Zentimeter auftreten. Das ohnehin unheimliche Erscheinungsbild dieses Phänomens wird durch glaubhafte Berichte weiter verdüstert, denen zufolge sich diese Plasmakugeln gelegentlich so verhalten, als ob sie über einen eigenen Willen verfügten.

Im Sommer 1921 hatte der damals 24 Jahre alte amerikanische Reverend John Henry Lehn während eines heftigen Gewitters ein ungewöhnliches Erlebnis. Er sah einen Kugelblitz in sein Badezimmer eindringen, um seine Füße herumrollen und dann in das Waschbecken plumpsen, von wo aus er lautlos verschwand. Lehn später: »Er hatte die Größe einer Grapefruit, war gelblich, im Farbton ähnlich einer Natriumflamme, obwohl er mich nicht blendete. Zu keiner Zeit war auch nur der geringste Laut zu vernehmen.« Der Kugelblitz hatte auf seinem Weg durch das geöffnete Fenster die Vorhänge passiert, ohne sie zu beschädigen. Damit nicht genug. Bei seinem Abgang brachte er paradoxerweise die Befestigungskette des Verschlussstöpsels am Waschbecken zum Schmelzen, so dass diese zerbrach. Offenbar war die Plasmakugel durch das Abflussrohr nach draußen gelangt. Der unglaublich seltene Vorgang sollte sich wenige Wochen später im selben Badezimmer in gleicher Reihenfolge wiederholen, nur dass diesmal der Kugelblitz die Halterungskette am Verschlussstopfen der Badewanne schmolz.

Recht sonderbar mutet es an, dass solche Feuerkugeln bisweilen Menschen auf der Flucht regelrecht verfolgen, so, als ob sie diese erschrecken wollten. Ein solcher Fall ereignete sich 1961 in Cheltenham (Australien). Eine Frau Will hielt sich zum Zeitpunkt des Geschehens gerade in der Küche auf, als sie mit einem Mal das Gefühl hatte, dass genau hinter ihr etwas Großes schwebte. Als sie sich umdrehte, sah sie sich einer großen leuchtenden Kugel gegenüber, die ihr panische Angst einflößte. Wie von Furien gehetzt floh sie aus der Küche durch das angrenzende Esszimmer zur Treppe. Der Feuerball blieb ihr auf den Fersen und überholte sie am unteren Treppenabsatz. Vor ihr über den Flur schwebend drang er schließlich ins Schlafzimmer ein, wo Frau Wills Bruder noch im Bett lag. Von da aus entfernte er sich explosionsartig durch ein offen stehendes Fenster. Zusammenhänge zwischen Bewusstsein und Plasmaaktivitäten sowie Elementarteilchen wollen Wissenschaftler schon vor Jahren festgestellt haben.

In ihrem Beitrag *Anomalons are more and more anomalous* (Anomalone verhalten sich immer anomaler) sinnieren Princeton-Physiker über die Herkunft subatomarer Teilchen, und sie behaupten, dass diese nicht etwa entdeckt, sondern in Wirklichkeit vom Bewusstsein des Forschers »erschaffen« werden. Als Beispiel erwähnen sie ein erst in neuerer Zeit aufgespürtes Kernteilchen, das aufgrund seines merkwürdigen Verhaltens

Anomalon genannt wurde. Die Eigenschaften dieses Kernteilchens variieren nämlich in Abhängigkeit vom jeweiligen Untersuchungslabor.

Ähnlich könnte es sich mit den in den Dreißigerjahren von dem österreichischen Physiker Wolfgang Pauli (1900–1958) postulierten *Neutrinos* verhalten. Er vermutete anfänglich, dass diese zunächst hypothetischen subatomaren Teilchen weder Masse noch eine elektrische Ladung besäßen. Doch dann konnte im Jahre 1956 die Existenz solcher Teilchen experimentell direkt nachgewiesen werden. Und 1980 gelang dann der Nachweis, dass Neutrinos sogar eine äußerst geringe, aber dennoch messbare Masse besitzen. Die Besonderheit dieser schwer zu erfassenden Partikel besteht darin, dass nur in russischen Labors massehaltige Neutrinos entdeckt wurden, in amerikanischen Forschungsstätten hingegen nicht. Man fragt sich, ob die unterschiedlichen Eigenschaften der Neutrinos zumindest teilweise auf den differenten Erwartungen der hiermit beschäftigten Physiker beruhen.

Ulrich Warnke hat in seinem zuvor erwähnten Werk *Diesseits und Jenseits der Raum-Zeit-Netze* die wichtigsten Effekte zusammengefasst, die sich nachweislich mit unserem Bewusstsein bewerkstelligen lassen: »(1) Subatomare Teilchen erzeugen; (2) Spins (Eigendrehimpulse) von Quanten ausrichten; (3) die Wirkung elektronischer Geräte beeinflussen (einer der Forschungsbereiche in Princeton) und (4) die Materie innerhalb und außerhalb des eigenen Körpers verändern.«

Er sieht im Materiellen sinnlich spürbar gewordenes Geistiges und zitiert, dies bekräftigend, den Dalai Lama: »Es gibt keine vollständig objektive Sicht der Wirklichkeit oder der Teilchen. Die ganze Situation bei der Beobachtung muss einbezogen werden, also auch der Beobachter oder das Bewusstsein.«

Wie das Bewusstsein eines Menschen, der unter tragischen Umständen zu Tode kam, fortwirkt, um von »jenseitigen« Gefilden aus ein bestimmtes Ziel zu erreichen, soll im Folgekapitel Gegenstand unserer Betrachtungen sein.

2.5 Hilferuf aus der »anderen Welt«

Das Kapitel »Biocomputer Mensch« (2.3) schließt mit der Feststellung, dass Bewusstsein – das Informationsfeld des Menschen – beim Körpertod jenseits unserer vergänglichen vierdimensionalen Welt erhalten bleibt, dass es sogar über den Tod hinaus mit dem Bewusstsein Lebender bisweilen Kontakt aufzunehmen vermag (vgl. *Minilabs*, Kapitel 7.3).

Der hier geschilderte Fall, der dem Autor von seinem in Florida beheimateten Gewährsmann, einem ehemaligen klinischen Psychiater und Parapsychologen, übermittelt wurde, könnte durchaus als Beweis für das »Überleben« unseres Bewusstseins und dessen Hineinwirken in unsere materielle Welt angesehen werden.

Ein Freund des pensionierten Klinikarztes Dr. Lewis überraschte diesen eines Tages mit der lapidaren Feststellung, dass sein Haus von einer spukhaften Wesenheit heimgesucht werde. Jeder, der in einem bestimmten Zimmer des Hauses schlafe, würde mitten in der Nacht durch das Erscheinen eines ärgerlich dreinschauenden alten Mannes aufgeweckt werden. Er stehe über das Bett gebeugt und halte seine Hände drohend über dem Gesicht der dort Nächtigenden. Die Familie des Betroffenen und seine Freunde begannen sich zu fragen, ob die Erscheinung vielleicht nur aus Furcht vor dem Ungewöhnlichen, durch eine Art Erwartungshaltung ausgelöst werde. Dies wäre nicht verwunderlich, da inzwischen alle über das seltsame Geschehen in der Nacht Bescheid wussten.

Um herauszufinden, ob die Erlebnisse der Schläfer rein subjektiver Natur seien, entschloss sich die Familie, in besagtem Spukzimmer ein dreijähriges Kind, das von der Erscheinung noch nie etwas gehört hatte, schlafen zu lassen. Genau zur mitternächtlichen Stunde begann das Kind lauthals zu schreien. Die sofort herbeieilenden Erwachsenen fanden das Kind im Bett sitzend vor. Es schrie lauthals und zitterte am ganzen Körper. Schluchzend stammelte es, ein schrecklich aussehender alter Mann habe es zu holen versucht.

Als Dr. Lewis hiervon erfuhr, erbot er sich, als Nächster in dem Spukzimmer zu schlafen, da er Erscheinungen – was immer sich hinter diesen verbergen sollte – nicht fürchte. Der Hausherr willigte ein und so kam es, dass Dr. Lewis einige Tage später dort Quartier bezog.

Als er in der ersten Nacht aus tiefem Schlaf erwachte, standen ihm die Haare zu Berge. Er hatte das Gefühl, nicht allein zu sein. Schlaftrunken öffnete er die Augen und sah, wie sich ein großer alter Mann seinem Bett näherte, sich über ihn beugte und drohend beide Hände über sein Gesicht hielt, so als ob er ihn ersticken wollte.

Auf diese ungewöhnliche Situation vorbereitet, sprach Dr. Lewis den Eindringling mit fester Stimme an und fragte ihn, warum er jeden erschrecke, was er mit seinem Erscheinen bezwecke und ob er etwas für ihn tun könne. Durch sein selbstbewusstes Auftreten will Dr. Lewis von der spektralen Wesenheit erfahren haben, dass sie im gleichen Haus ermordet worden sei und man ihren materiellen Leib im Keller vergraben habe. Der Ermordete glaubte keine Ruhe finden zu können, bevor man seinen Leichnam nicht wie üblich auf dem Friedhof bestatte. Nachdem er Dr. Lewis die Stelle beschrieben hatte, wo seine Leiche verscharrt war, verschwand er. Erleichtert, jetzt den Grund für das Erscheinen des Phantoms zu kennen, entschloss sich der Hauseigentümer, die sterblichen Überreste exhumieren zu lassen.

Genau an der von dem Phantom beschriebenen Stelle fanden die mit der Exhumierung betrauten Arbeiter die Knochen eines erwachsenen Mannes. Nach seiner Bestattung blieben die Hausbewohner von den nächtlichen Besuchen der Erscheinung fortan verschont. Näheres über die Hintergründe des Mordes, über die Person des Mörders und des Ermordeten konnte nie in Erfahrung gebracht werden.

Das Verhalten des offenbar medial veranlagten Arztes Dr. Lewis wirft die Frage auf, wie der Kontakt zum zeitlos existierenden Bewusstsein des Ermordeten zustande kam. Da sich paranormale Manifestationen ausschließlich im Bewusstsein der Menschen abspielen, darf man auch in diesem Fall annehmen, dass die Phantomgestalt Dr. Lewis in einer hypnagogen, d. h. schlafähnlichen Phase erreichte, auch wenn dieser behauptet, sie mit geöffneten Augen wahrgenommen zu haben. Das Öffnen der Augen könnte ebenfalls Teil des Traumgeschehens gewesen sein, während dem der Kontakt zwischen den Bewusstseinen der beiden zustande kam.

Interessant an diesem Fall ist allein die Tatsache, dass ein unwissendes Kleinkind und auch andere, ausgesprochen skeptisch eingestellte Personen, dort immer wieder durch die spukhafte Erscheinung in gleicher Weise belästigt wurden, dass man aufgrund des offenbar telepathisch geführten »Gesprächs«, das Dr. Lewis mit der immateriellen Wesenheit gehabt haben will, schließlich die sterblichen Überreste tatsächlich gefunden hat.

Romanhaft-naiv anmutende Berichte über das plötzliche Auftauchen phantomhafter Gestalten aus anderen Seinsbereichen – auch wenn sie von manchen Skeptikern geflissentlich belächelt werden – könnten sich bei der Erforschung übergeordneter Universen als äußerst nützlich erweisen. Sie geraten nur deshalb in Misskredit, weil orthodoxe Wissenschaftler, trotz gegenteiliger Erkenntnisse der Quantenphysik, den Einfluss des Bewusstseins auf die Materie nicht wahrhaben wollen.

3 Exkursionen im holographischen Universum

Mein Mobilheim steht am Stadtrand von Carsonville, Michigan, in einer kleinen Gemeinde, die, wie Experten für ungewöhnliches Geschehen festgestellt haben wollen, als »Fenster«-Zone zu bezeichnen ist (soll heißen: eine Schnittstelle zwischen unserer Welt und einem Universum höherer Ordnung).

Andrew F., mein Nachbar direkt nebenan, ein ausgesprochener Nachtschwärmer, bemerkte kurz vor dem Schlafengehen ein seltsames Glühen, das von einem Graben in einiger Entfernung vis-à-vis seines Hauses, kam. Neugierig betrat er die vordere Veranda, weil er dadurch einen besseren Überblick zu gewinnen hoffte. Als ihm die Ursache des Glühens dann immer noch verborgen blieb, machte er sich auf den Weg, um vor Ort nachzuschauen. Auf halbem Weg hielt er jäh inne, traute aber seinen Augen nicht bei dem, was er da sah. Inmitten der glühenden Hülle, die sich über dem Graben ausbreitete, standen nebeneinander ein Mann und eine Frau. Sie verharrten unbeweglich auf der Stelle, wirkten wie »in der Zeit eingefroren«. Nur ihre Haare und Bekleidung wurden von einer schwachen Brise ein wenig bewegt. Andrew hatte den Eindruck, dass beide hellblau gekleidet waren, wie Krankenhauspersonal. Sie erschienen ihm wie Hologramme, die von irgendjemand oder irgendetwas ins Freie projiziert wurden.

Vom bizarren Anblick des merkwürdigen Paares, das ihn unentwegt anzustarren schien, geschockt, wandte sich Andrew augenblicklich um und floh in Richtung seines Hauses, wo er sich in Sicherheit wähnte.

Viele Wochen waren vergangen, als sich eines Nachts an der bewussten Stelle erneut das Glühen bemerkbar machte. Obwohl immer noch total verängstigt, zog es Andrew zum Ort des merkwürdigen Geschehens hin. Diesmal bemerkte er beim Näherkommen, dass der Mann, wie in Trauer, die Frau horizontal in seinen Armen hielt. Ihre Augen waren geschlossen, so als ob sie tot sei. Der Mann aber starrte Andrew in gewohnter Weise unentwegt an. Panik überfiel ihn, und er rannte spornstreichs zurück in die Sicherheit seines Hauses.

Die Zeit verging und Andrew mied nach Möglichkeit den Blick durchs Frontfenster in Richtung Graben. Trotzdem wiederholte sich in der Folge das gewohnte Szenarium, wobei er beobachtet haben will, dass, wenn dort ein Wagen vorbeifuhr, die Erscheinung sofort verblasste, um sich unmittelbar danach wieder zu manifestieren.

Beim letztmaligen Erscheinen will Andrew die Frau wie tot im Graben liegen gesehen haben. Der Mann kniete neben ihr, eine Hand auf ihrem Herzen. Seine leer wirkenden Augen waren unverwandt auf meinen Nachbarn gerichtet, der wie jedes Mal zuvor sein Heil in der Flucht suchte.

Erst im Laufe der Zeit, lange nachdem die Manifestationen aufgehört hatten, informierte Andrew seine Nachbarin Suzy Driver über seine ungewöhnlichen nächtlichen Erlebnisse. Er hatte all die Zeit über geschwiegen, weil er fürchtete, für verrückt gehalten zu werden. Wer hätte ihm schon geglaubt? Könnte es sein, dass sich am Ort des Geschehens tatsächlich so etwas wie ein »Fenster« zu einer anderen, uns normalerweise verschlossenen Parallelwelt vorübergehend geöffnet hatte? Oder existierte das glücklose Paar in der glühenden Hülle nur in Andrews Phantasie? Fälle wie diese gibt es zuhauf und wir werden ihnen in den Folgekapiteln noch häufig begegnen.

3.1 Jenseits der »Matrix« – Grenzenlose Realität

Die faszinierende Endzeit-Filmtrilogie »Matrix« – von der Presse als Mythen-Mär frenetisch gefeiert – lässt uns ahnen, wie es wäre, wenn die Menschheit Opfer eines gigantischen Verschleierungsmanövers werden würde, Marionetten in den Händen einer bis ins Kleinste gesteuerten Computerverschwörung jenseits unserer gewohnten Raum-Zeit-Realität.

Matrix, Matrix Reloaded und *Matrix Revolution* gründen auf einer verzwickten Grundidee: Irgendwann im 22. Jahrhundert haben, ähnlich wie in dem Zeitreise-Knüller *Terminator,* intelligente Maschinen die Herrschaft über unseren Planeten errungen. Der Mensch beherrscht nicht länger die von ihm entwickelten Maschinen und Computer, sondern steht umgekehrt unter deren totaler Kontrolle, eben jener Matrix-Diktatur.

Menschliche Körper werden quasi am Fließband ausgebrütet, verkabelt und in Behältern an Schläuchen gehalten, um die teuflische Maschinerie mit bioelektrischer Energie zu versorgen. Gleichzeitig ist das Gehirn jedes Einzelnen an ein riesiges Computernetzwerk – besagte Matrix – angeschlossen. Und dieses monströse Gebilde hat für jedes raffiniert versklavte Individuum ein scheinbar ganz normales virtuelles Leben parat, eine digitale Traumexistenz, wie sie sich Hans Moravec (vgl. Kapitel 2.2) durchaus vorstellen kann.

Nur wenigen Menschen gelingt es in dieser spannenden Filmtrilogie, sich aus dem künstlichen Szenarium auszuklinken und in einer farblosen, gefährlichen Realität weiterzuleben. Sie haben herausgefunden, dass die Matrix nur in sich selbst bekämpft werden kann. Mit anderen Worten: Die rebellischen Protagonisten müssen nach Hackermanier in die virtuelle Welt der Matrix eindringen und die Struktur dieser universellen Simulation verstehen, um sie schließlich lahm legen zu können

Nachdem schon im ersten Teil der Trilogie der philosophische Grundkonflikt zwischen künstlicher Intelligenz und freiem Willen thematisiert wurde, kommen im zweiten Teil die Actionfans auf ihre Kosten: Endlos lange, wahnsinnig schnelle Auto- und Motorradverfolgungen, Kickboxkämpfe und andere Superman-Stunts sorgen für eine prickelnde Atmosphäre. Obwohl sich die anfänglich eingehaltene Balance zwischen Action und Tiefgründigkeit in der Folge deutlich zugunsten spektakulärer Kampfszenen verschiebt, halten die Autoren und Regisseure Andy und Larry Wachowski auch dann noch zahlreiche hintergründige Überraschungen parat: Welchen Stellenwert haben *Neos* prophetische Träume? Kann die Computerprogrammierung mehr über die Menschen wissen als diese selbst? Und wie ordnet sich ein Kuss in das Ursache-Wirkungs-Prinzip ein?

Die Idee einer computererzeugten, interaktiven Realsituation – allerdings für einen völlig anderen Zweck als bei *Matrix* – ist beileibe nicht neu. Der Physiker Professor William Tiller, Direktor der Materialforschungsstelle an der Stanford University (USA), sieht die Umsetzung der auch von ihm vertretenen holographischen Hypothese in der Science-Fiction-Serie *Star Trek: The Next Generation* anschaulich dargestellt. Das gigantische Raumschiff ist, mehr für Unterhaltungszwecke, mit einem *Holodeck* ausgestattet, einem künstlichen Lebensraum, dessen Nutzer holographische Simulationen jeder gewünschten Realität abrufen können. Sie reicht von üppigen tropischen Regenwäldern über einladende Strandszenen in der Karibik bis hin zum hektischen Großstadttreiben mit Bars, Speiserestaurants, in denen sich der *Holonaut* nach Herzenslust verwöhnen lassen kann, und gut besuchten Theatern. Die Teilnehmer des künstlichen Szenariums können »lebensecht« interaktiv in das simulierte Geschehen eingreifen, indem sie z. B. bauliche Veränderungen vornehmen oder irgendwelche Objekte einfach verschwinden lassen.

Tiller geht einen Riesenschritt weiter und überträgt die Idee vom *Holodeck* auf das gesamte Universum, das er dann folgerichtig auch *Holoversum* benennt, hervorgegangen aus der »Integration« aller Lebewesen. Er sinniert: »Wir haben es als ein Medium der Erfahrung geschaffen, und wir haben die Gesetze festgelegt, die es bestimmen. Und wenn wir an die Grenzen des Verstehens stoßen, können wir die Gesetze abändern, so dass wir gleichzeitig auch die Physik erschaffen.«

Wenn Tillers Vermutung stimmt und das Universum einem gewaltigen Hologramm – einem Holoversum – gleicht, erscheinen uns die Fähigkeiten eines Indridi Indridason, vor den Augen kritischer Wissenschaftler Körperteile verschwinden zu lassen, gar nicht einmal so abwegig. Auch paraphysikalische Phänomene wie Teleportation und Apporte – das plötzliche Verschwinden von Dingen im und Auftauchen aus dem Nichts – wären dann verständlich. Diese ausschließlich bewusstseinsgesteuerten Aktivitäten könnte man als das Umformen einer holographischen Simulation, die wir als unsere Realität empfinden, bezeichnen.

Nach Ansicht von Montague Ullman, Professor für klinische Psychiatrie und Gründer des Traumlabors am Maimonides Medical Center in Brooklyn, versucht unser Bewusstsein uns ständig Dinge beizubringen, deren wir uns im Wachzustand nicht bewusst sind. Er mutmaßt, dass dann unser Unbewusstes darauf programmiert sein könnte, uns kurze Einblicke in die wahre Beschaffenheit der Realität zu eröffnen. Damit wolle es uns zeigen, dass die Welt, die wir uns erschaffen, letztlich genau so unendlich kreativ ist wie die Realität unserer Träume. Wach- und Traumzustände scheinen sich in bestimmten Zuständen zu überlappen. Die Behauptung, dass die Realität durch die Integration aller Lebewesen zustande kommt, unterscheidet sich im Grunde genommen nicht von der These, dass das Universum aus Realitätsfeldern besteht. Es wäre dies auch eine Erklärung dafür, dass die Realität mancher subatomarer Teilchen verhältnismäßig eindeutig erscheint wie z. B. die der Elektronen, wohingegen der Realitätsstatus anderer Teilchen, z. B. der der Anomalonen, variabler ist. Womöglich sind die Realitätsfelder, die wir heute als Elektronen wahrnehmen, schon seit langem Bestandteil des kosmischen Hologramms. Sie wären so fest im Hologramm integriert, dass sie für den Einfluss des menschlichen Bewusstseins nicht mehr so empfänglich sind wie andere, neue Realitätsfelder. Vielleicht variieren die Anomalonen deshalb von Labor zu Labor, weil sie jüngere, »unerfahrene« Realitätsfelder darstellen, immer auf der Suche nach einer Identität.

Wenn das Universum tatsächlich eine Art *Holodeck* darstellt, müssten alle stabilen Gegebenheiten, von den Gesetzen der Physik bis zum Sternenstaub, als Realitätsfelder gewertet werden, die nicht mehr oder weniger real sind als die »Bühnenbilder« in einem monströsen kollektiven Traum. Alles Dauerhafte erschiene dann illusorisch. Allein das Bewusstsein des lebendigen Universums wäre ewig.

All diese ausgeklügelten Matrix-Szenarien, die das schlimme Los einer von Computern unterdrückten Menschheit widerspiegeln, aber auch all diese schönen neuen Holodeck-Welten spielen sich ausschließlich in rein hypothetischen Gefilden ab, verblassen jedoch angesichts der realen Situation, die wir heute bereits selbst interaktiv miterleben. Wer von uns hat sich nicht schon einmal gefragt, was an unserer Existenz eigentlich real, also echt, und was womöglich unwirklich, d. h. fremdgesteuert ist. Wie kommt es, dass die leistungsfähigsten Computer immer noch nicht die Kapazität des menschlichen Gehirns erreichen, obwohl dieses auf ganz »natürliche« Weise – durch Zeugung und Geburt –, also ohne technischen Schnickschnack, entstanden ist? Von wem stammt denn der Bauplan für das Leben? Wer oder was löst all die raffiniert-komplexen Wachstumsprozesse aus und steuert sie? Wer hierfür einen ohnehin unvorstellbaren *Gott* präsentiert, macht es sich zu leicht, drückt sich vor der Erforschung der wahren Existenz unseres Menschseins.

Ist es nicht merkwürdig, dass wir all diese komplizierten Prozesse in und um uns als etwas ganz Selbstverständliches betrachten: die Natur in ihrer von verschwenderischem Leben erfüllten Vielfalt, den Mensch mit seinen Sinnen, seiner Intelligenz und Begabung? Ist dies alles wirklich so selbstverständlich, rein logisch erklärbar … die natürlichste Sache der Welt?

Das Bild vom eigentlichen, universellen Menschen als selbstreplizierender, bewusstseinsgesteuerter »Biocomputer« gewinnt mit zunehmendem Wissen über Künstliche Intelligenz (KI) sowie Fortschritten in der Computer- und Robotertechnologie immer mehr an Gestalt. Wir sind nicht das, was wir zu sein glauben. Unsere äußerst subtile Realität übersteigt die der sensationell aufgemotzten Matrix-Philosophie um ein Unendlichfaches und lässt sich allenfalls vage mathematisch andeuten. Begreifen können wir sie mit Sicherheit niemals. Es darf bereits als Fortschritt gewertet werden, wenn wir bescheiden feststellen, dass wir im Prinzip nichts über uns und unsere Position im unendlichen Kosmos wissen. Das aber soll uns nicht davon abhalten, möglichst viele, nicht-alltägliche Aspekte des menschlichen Lebens auszuloten und Phänomene zu recherchieren, die von Naturwissenschaftlern meist sträflich vernachlässigt werden.

3.2 Mind-Lift – Begegnungen mit dem Ungewöhnlichen

Außerkörperlichkeit (AKE) – das Loslösen des holographisch organisierten Bewusstseinskörpers (Informationsfeldes) vom materiellen Leib – ist ein Ausnahmezustand, den nicht nur gesunde, psychisch stabile Menschen tagtäglich millionenfach erleben, sondern mehr noch Personen mit so genannten *Nahtod-Erfahrungen* (NTE), die, konfrontiert mit dem Ungewöhnlichen, plötzlich erkennen müssen, dass sie aus mehr als vergänglicher biologischer Körpermasse bestehen.

Thanatologen (Sterbeforscher) halten außerkörperliche Erfahrungen Gesunder für ungemein aussagekräftiger als die von kranken Personen in Todesnähe, weil bei ihnen körpereigene euphorisch stimmende Stoffe (z. B. Endorphine) geltend gemacht werden können, deren Freisetzung, wie uns verschiedene Mediziner glauben machen wollen, vermeintliche Nahtod-»Visionen« bescheren.

Der Kreis der Austrittserfahrenen dürfte, wie der Autor im Gespräch mit zahlreichen Menschen im Laufe der letzten Jahre feststellen konnte, viel größer sein, als gemeinhin angenommen wird. Die meisten, die irgendwann einmal solche Erlebnisse gehabt hatten und sie in Unkenntnis der wahren Zusammenhänge als psychisches Manko betrachteten, werden aus Scham, man könne sie womöglich für geistesgestört halten, schweigen, was zwangsläufig eine hohe Dunkelziffer an Betroffenen zur Folge hat.

Der erste Wissenschaftler, der außerkörperliche Erfahrungen statistisch auswertete, war der amerikanische Soziologe Hornell Hart. Er richtete schon im Jahre 1952 an 155 Studenten der Duke University in Durham (North Carolina) die Frage: »Haben Sie jemals Ihren materiellen Körper von einem Standpunkt außerhalb desselben gesehen, so als stünden Sie z. B. neben dem Bett und betrachteten sich, wie Sie im Bett liegen oder als schwebten Sie neben Ihrem Körper in der Luft?« Damals waren es 20 Prozent der Befragten, die mindestens einmal ein solches Erlebnis gehabt hatten.

Als dann 1966 die englische Wissenschaftlerin Celia Green 115 Studenten der Universität Southampton (England) eine ähnliche Frage stellte, wurde diese von 19 Prozent der Angesprochenen bejaht. An der Oxford University, wo sie 1967 350 Studenten die gleiche Frage vorlegte, waren es sogar 34 Prozent, die AKEs gehabt haben wollen. Die meisten von ihnen waren nach Austrittserlebnissen verwirrt und hatten für diese ungewöhnlichen Erfahrungen keine logische Erklärung.

Interessant ist auch die Feststellung der amerikanischen Forscher Robert Monroe und Herbert Greenhouse, die bei Vorlesungen über Außerkörperlichkeit herausfanden, dass etwa ein Viertel bis zu einem Drittel der Anwesenden AKEs erlebt hatten. Die freie Erörterung dieses für die damalige Zeit delikaten Themas in aller Öffentlichkeit scheint der Aufhellung des Phänomens dienlich gewesen zu sein und Ängste abgebaut haben.

Der Psychologe Dr. Harvey J. Irwin von der University of New England (Australien) setzt sich in seinem 1985 erschienenen Buch *Flight of Mind* (Flug des Bewusstseins) kritisch mit den Verursachern außerkörperlicher Erfahrungen auseinander. Besondere Aufmerksamkeit widmet er der Phänomenologie der AKEs, den Bedingungen, unter denen diese stattfinden, sowie dem psychischen Zustand involvierter Personen. Er will ermittelt haben, dass es keine besondere Personengruppe gibt, die für AKEs prädestiniert ist. Ihm fiel nur auf, dass sich das Bewusstsein der Betroffenen »in einem Zustand hoher bzw. geringer Erregung befand und ihre Aufmerksamkeit vom eigenen Körper abgewandt war«.

Irwin hält es für abwegig, AKEs als Halluzinationen zu bezeichnen, da seiner Meinung nach eine »Neuetikettierung« des Phänomens nichts zu dessen Deutung beitragen würde. Dies gilt natürlich auch für die simplen Erklärungen des amerikanischen Psychologen Ronald Siegel, der für Außerkörperlichkeit im komatösen Zustand biochemische Wirkfaktoren geltend machen möchte.

Ein Gutteil von Irwins Untersuchungen befasst sich mit dem bildlichen Vorstellungsvermögen sowie mit Wahrnehmungsmustern, über die bei AKEs berichtet wird. Sie zwingen ihn u. a. zu der Feststellung, dass bei Menschen mit ausgeprägter Phantasie außerkörperliche Erfahrungen nicht häufiger als bei anderen Charakteren auftreten. Schließlich mündet Irwins Hypothese in der Vorstellung, dass Austritte durch die »totale Erfahrung mentaler Absorption und Imagination« zustande kommen. Er hält es für denkbar, dass sie stattfinden, wenn die vom Körper ausgehenden Sinnessignale entweder völlig blockiert oder zumindest stark abgeschwächt werden. Diese Hypothese, so einleuchtend sie auf den ersten Blick auch erscheinen mag, erklärt allerdings nicht die fundamentalen Ursachen dieses Phänomens. Sie beschreibt allenfalls, wie jemand für AKE empfänglich wird und entkräftet keineswegs die Hypothese der Loslösung des Bewusstseinskörpers/Informationsfeldes vom materiellen Leib.

Alle diese Untersuchungen und Publikationen sagen recht wenig über den Verlauf außerkörperlicher Erfahrungen aus: Unter welchen Umständen, wann, wo und warum sie überhaupt zustande kommen, was die Ausgetretenen im Detail erleben und dabei empfinden usw.

Die meisten Austritte finden im Schlaf oder kurz vor dem Einschlafen bzw. vor dem Erwachen (im so genannten hypnagogen Zustand) statt. Der Beginn einer AKE kann in seltenen Fällen sogar im Wachzustand bei voller Zimmerbeleuchtung und in Anwesenheit Dritter stattfinden. Der Autor selbst konnte einmal während einer längeren aktiven AKE-Phase die typischen Merkmale einer Austrittseinleitung hellwach im beleuchteten Wohnzimmer sitzend bewusst erleben – eine unglaubliche Situation. Sie endete mit dem gewohnten »Flattern der Trommelfelle« kurz vor dem eigentlichen Austritt, zu dem es wegen seines Wachzustandes dann doch nicht kam. Gerade dieser extreme Vorfall hat den Autor davon überzeugt, dass Austritte etwas ganz anderes als Träume sind.

Ein typisches Merkmal für AKEs ist das Gefühl, beim Wiedereintritt in den materiellen Körper aus großer Höhe herunterzufallen. Es soll dies – vereinfacht ausgedrückt – die Anpassungsreaktion des biologischen Körpers auf das »Herunterfahren« der hyperfrequenten Schwingungen im AKE-Zustand sein. Diese so genannten hyperfrequenten Schwingungen dürften in einem dimensional anderen Bereich außerhalb des elektromagnetischen Wellenspektrums liegen und daher mit den üblichen physikalischen Messinstrumenten nicht messbar sein. Personen mit echten Austrittserlebnissen sind diese subjektiven Vibrationen durchaus bekannt. Der Autor empfand sie als Prickeln über den gesamten Körper – ein herrliches Gefühl des Losgelöstseins, der Ungebundenheit. Untersuchungen haben gezeigt, dass bei vollem Bewusstsein AKEs besonders intensiv erlebt werden. In Fällen partiell vorhandenen Bewusstseins erinnert sich der Betroffene meist nur schwach an seine Erlebnisse.

Die immaterielle Beschaffenheit des real existierenden Bewusstseins erhellt allein schon daraus, dass man mit seinen »astralen« Händen nichts anzufassen oder zu bewegen vermag, ein Zustand, der den Autor bei seinem ersten Austrittserlebnis am nachhaltigsten verblüffte. Beim Herauskippen aus dem materiellen Körper versuchte er wegen der Schräglage des Bewusstseinskörpers mit der ausgestreckten rechten Hand sich vom Boden abzustützen. Seine Finger drangen in den Fußboden wie in ein Stück Butter ein.

Der amerikanische Arzt Dr. Michael Sabom schildert den missglückten Kontaktversuch eines ausgetretenen 33-jährigen US-Soldaten, dem in Vietnam von einer Mine beide Beine und ein Arm abgerissen worden waren. Seine »Selbstschau« (Austritt) begann bereits auf dem Schlachtfeld unmittelbar nach der Explosion. Man hatte ihn mit einem Rettungshubschrauber ins nächstgelegene Lazarett transportiert, wo er im OP seiner eigenen Operation von oben »zuschaute«, die er angesichts seiner fatalen Situation verzweifelt zu unterbinden versuchte: »Ich versuchte immer wieder, die Ärzte aufzuhalten. Ich probierte sogar, sie zu packen und zu stoppen, denn ich war glücklich dort, wo ich war ... Ich weiß noch genau, dass ich den Arzt packen wollte ... Es war etwa so, als ob er überhaupt nicht mehr da wäre. Ich packte ihn, und er war überhaupt nicht anwesend oder ich griff durch ihn hindurch oder so ähnlich.«

Das Interessante an dieser Schilderung ist, dass sich der Soldat während der Operation ausschließlich mit seinem eigentlichen Selbst – seinem Ich-Bewusstsein – identifizierte. Von seinem geschundenen materiellen Körper sprach er hingegen wie von etwas Nebensächlichem, einem Fremdobjekt, das er wegen dessen desolaten Zustands erst gar nicht mehr in Besitz nehmen wollte. Dieses paranormale Erlebnis des Ausgetretenseins verdeutlicht einmal mehr die übergeordnete Funktion unseres Bewusstseins, seinen autonomen Status.

Ein ähnliches Erlebnis hatte eine Frau, bei der die Atmung ausgesetzt hatte. Auf der Reanimationsstation eines Krankenhauses erlebte sie – besser: ihr Bewusstseinskörper –, wie die Ärzte an ihr Wiederbelebungsversuche unternahmen: »Ich sah zu, wie ich wiederbelebt wurde. Es war wirklich eigenartig. Ich (sie meint ihr Ich-Bewusstsein) schwebte dabei nicht besonders hoch. Mir schien fast, als stünde ich auf einem Podest, aber nicht wesentlich höher als die anderen, vielleicht, dass ich so gerade eben über ihre Köpfe hinwegsah. Ich versuchte, mit ihnen zu reden, aber niemand konnte mich hören. Keiner hörte mir mehr zu ... Die Ärzte und Schwestern trommelten auf meinem Körper, um die Infusion wirken zu lassen und mich zurückzuholen, während ich ständig ihnen zu sagen versuchte: ›Lasst mich in Ruhe, hört doch endlich auf, auf mir herumzutrommeln.‹ Aber sie hörten mich nicht. Deshalb versuchte ich, ihre Hände wegzuschieben, damit sie meinen Körper nicht länger bearbeiten. Aber nichts geschah ... ich konnte ihre Hände nicht wegdrücken. Zwar sah es schon so aus, als ob ich sie berührte, und ich gab mir alle Mühe, sie wegzuschieben, doch selbst, wenn ich mit aller Kraft dagegendrückte, blieben ihre Hände (die der Ärzte) da, wo sie waren. Ich weiß nicht, ob meine Hände durch die ihren hindurch oder um sie herum gingen oder was eigentlich los war. So sehr ich sie auch zu bewegen versuchte, schien doch auf ihre Hände überhaupt kein Druck zu wirken.«

In einem anderen Fall berichtet ein nach einem schweren Unfall Reanimierter später über seine Erlebnisse im ausgetretenen Zustand: »Aus allen Richtungen kamen die Leute herbeigeströmt ... Sowie sie ganz dicht herankamen, versuchte ich jedes Mal, mich zur Seite zu wälzen, um sie vorbeizulassen ... aber sie liefen doch tatsächlich *durch mich hindurch.*« Gemeint war sein Bewusstseinskörper außerhalb seines materiellen Körpers, den die Herbeigeeilten wegen seiner immateriellen Beschaffenheit gar nicht sehen konnten.

Bewusstseinsaustritte (AKEs) und Träume werden häufig miteinander verwechselt. Um sie besser voneinander unterscheiden zu können, sollen hier zunächst die wichtigsten Merkmale der Außerkörperlichkeit kurz zusammengefasst werden:

- Der Bewusstseinskörper nimmt seine Umgebung (Personen und Objekte gleichermaßen) wahr, in der Regel, ohne von anwesenden wachen Personen gesehen zu werden;
- man kann sich selbst – seinen materiellen Leib – beobachten, wobei sein eigenes Gesicht meist nur undeutlich wahrgenommen wird;
- wache Personen können den Ausgetretenen mitunter als eine Art *Erscheinung* sehen. In der einschlägigen Literatur werden solche Phantome als *Erscheinung Lebender* bezeichnet;
- Ausgetretene können unter gewissen Umständen dem Bewusstseinskörper einer anderen lebenden Person oder dem eines Verstorbenen begegnen.

Es gibt eine Reihe von Grenzfällen, in denen zunächst unklar ist, ob die Wahrnehmung einem intensiven Traum oder einem außerkörperlichen Erlebnis zuzuordnen ist, wie im vorliegenden Fall.

In einer Augustnacht des Jahres 1974 »träumt« Frau Shirley Motsinger aus Stillwater (Oklahoma), dass sie ihren ältesten Sohn Rick Mitchell in einem Krankenhaus besucht. Ihr Sohn liegt im Krankenbett, sein Bein hängt in einer Streckvorrichtung. Der Anblick seiner Verletzung bereitet ihr Sorgen. Doch ihr Sohn tröstet sie: »Es ist nur eine Fraktur, und ich werde im Nu wieder draußen sein. Wie viel Uhr haben wir übrigens?« Frau Motsinger lässt ihren Sohn wissen, dass es genau 04.30 Uhr ist, höchste Zeit, nach Hause zu fahren. Dann wacht sie auf. Das Traumerlebnis kommt ihr derart real vor, dass sie nicht mehr einschlafen kann.

Rick war mit 18 Jahren freiwillig der Armee beigetreten und in Fort Gordon (Georgia) stationiert, weit weg von seinem Heimatort Tyron (Oklahoma). Er und seine Angehörigen hatten viele Wochen nichts voneinander gehört, was Frau Motsinger vermuten lässt, dass dies der eigentliche Anlass für ihren besorgniserregenden Traum war. Noch wundert sie sich darüber, im Traum sogar Narkotika gerochen zu haben, als mit einem Mal das Telefon läutet. Der Anruf kommt aus einem Hospital in Des Moines (Iowa). Man teilt ihr mit, dass ihr Sohn von einem Auto angefahren worden sei. Es ginge ihm aber so weit ganz gut, und er könne schon bald wieder entlassen werden. Dann meldet sich Rick selbst zu Wort, um seiner Mutter zu beweisen, dass er wohlauf sei. Schläfrig kommt es über seine Lippen: »Hallo, Mom, wieso bist du schon wieder zu Hause? Du bist doch erst um 04.30 Uhr hier weg, und wir haben jetzt gerade erst 06.00 Uhr. Wie hast du das geschafft, bist du etwa geflogen?«

Als Rick auf Erholungsurlaub nach Hause kam, erzählte er seiner Mutter, dass er vor dem Unfall per Anhalter seine Großeltern in Creston (Iowa) und anschließend seine Eltern in Tyron besuchen wollte. Nahe Des Moines war er dann von einem Auto angefahren und verletzt worden. Ein Rettungswagen hatte ihn ins städtische Krankenhaus gebracht, wo man ihm nach dem Röntgen sofort einen Streckverband anlegte.

Dann aber geschah das Unfassbare. Rick hatte »geträumt«, dass seine Mutter ihn besucht und auf der Kante des Krankenbettes gesessen hätte. Die »Traumhandlung« erschien ihm so real, dass es Tage dauerte, bis er davon überzeugt war, dies alles nicht wirklich erlebt zu haben.

Was diesen Fall so interessant macht, sind die ganzen Begleitumstände: die korrekte, realistische Wahrnehmung der Beinverletzung, die sich eigentlich nur außerkörperlich deuten lässt, das »Gespräch« mit dem Sohn, durch das sie von seiner baldigen Entlassung erfahren hatte, die zeitliche Übereinstimmung der »Besuchszeit« sowie die seltsame Geruchsempfindung der Frau Motsinger, die den Bezug zum Krankenhausmilieu herstellte. Es bestehen kaum noch Zweifel: Beider Bewusstseinskörper müssen sich kurz nach dem Unfall im städtischen Hospital von Des Moines begegnet sein.

Dr. Stephan LaBerge vom Schlafforschungszentrum der Stanford University, der sich lange Zeit mit so genannten *luziden Träumen* befasste, d. h. mit Träumen, bei denen man genau weiß, dass man träumt, ist der Auffassung, dass sich das Bewusstsein bei AKE *nicht* vom materiellen Körper abhebt und wegbewegt. In seinem 1985 veröffentlichten Buch *Lucid Dreaming* (Luzides Träumen) setzt er Bewusstseinskörper und so genannte *shared dreams* (Beteiligungsträume) luziden Träumen gleich, die seiner Meinung nach »falsch« verlaufen. LaBerge stellt fest, dass sich Menschen mit luziden Träumen oft ihres *Traumkörpers* (gemeint ist der Bewusstseinskörper) bewusst sind. Deshalb könne jemand mit einem lebhaften luziden Traum in seiner gewohnten Umgebung diesen leicht mit einer außerkörperlichen Erfahrung verwechseln. Die Tatsache, dass die Phänomenologie luzider Träume und die der Bewusstseinsaustritte einander ähneln, lassen nach LaBerge zwangsläufig auf gleiche Ursachen für beide Erfahrungsformen schließen. Sie enden, wie er vermutet, mit dem, was er als »falsches Erwachen« bezeichnet. Will heißen: Der Schläfer denkt, erwacht zu sein, befindet sich aber in einem weiteren Traum, d. h. in einer Art Anschlusstraum.

LaBerge bestreitet zwar nicht, dass einige Personen während ihres vermeintlichen Austritts korrekte Angaben über Situationen an entfernten Orten machen können, führt dies jedoch auf *außersinnliche Wahrnehmung* (ASW), also auf Telepathie, Fernwahrnehmung (Hellsehen), Präkognition (Vorauswissen) usw. zurück. Es ist dies nur ein Spiel mit Worten, denn Außerkörperlichkeit zählt ebenso zur ASW. LaBerges Hypothese hat sich nachweislich als falsch erwiesen. Man hat nämlich in Traumlabors festgestellt, dass luzide Träume, anders als AKEs, während des so genannten *REM-Schlafs* (REM = Rapid Eye Movement) auftreten. Hierunter ist eine Schlafphase zu verstehen, die durch schnelle Augenbewegungen gekennzeichnet ist, in deren Verlauf der Schläfer mit den Augen dem Traumgeschehen folgt. Psychophysiologische Studien an Ausgetretenen an den Universitäten von Virginia und Kalifornien, durchgeführt von der *American Society for Psychical Research* und der *Psychical Research Foundation* in Durham (North Carolina), haben eindeutig gezeigt, dass bei AKEs die Ausgangssituation eine ganz andere als beim REM-Traum ist.

Die Mehrzahl derer, die irgendwann einmal in ihrem Leben Austrittserlebnisse gehabt hatte, wissen zwischen AKE und Träumen gut zu unterscheiden. AKEs werden durchweg als geradezu »plastisch-real« geschildert, wohingegen Träume meist an ihrem irrealen Geschehen zu erkennen sind. Der berühmte österreichische Arzt und Psychoanalytiker Sigmund Freud (1856–1939) meinte einmal, die Irrealität der Traumerlebnisse reduziere für den Träumenden die Wichtigkeit des Trauminhalts und mache es ihm möglich, Nachfolgendes zu ertragen. Anders formuliert: Das Irreale des Traumes lässt den Träumenden trotz der störenden Wahrnehmungen ruhig weiterschlafen. Es wäre so etwas wie ein »Sicherheitsventil«. AKE wird hingegen sowohl während des Erlebnisses selbst als auch später, in der Rückschau, als harte Realität empfunden.

Nach Ansicht des kanadischen Anthropologen und Soziologen Ian Currie, der sich in diversen Abhandlungen und Büchern sowohl mit außerkörperlichen Erfahrungen als auch mit den hiermit verwandten Nahtod-Erlebnissen (NTEs) auseinander gesetzt hat, gibt es zwischen AKEs und Träumen eine Reihe weiterer Unterscheidungsmerkmale:

- Im Traum sehen wir unseren eigenen Körper nicht gegenständlich von außerhalb desselben, wohingegen diese Fähigkeit für AKEs geradezu typisch ist;
- bei AKEs wird die Umwelt so wahrgenommen, wie sie sich uns am Tage bei normaler Betrachtung darstellt (ein wichtiges Indiz dafür, dass zumindest ein Teil des Bewusstseins mitgeführt wird);
- Träumende wissen nach dem Aufwachen, dass sie nur geträumt haben. AKE-Praktizierende sind hingegen der festen Überzeugung, dass das Erlebte tatsächlich stattgefunden hat

und kein Traum war. Und diese hält ein Leben lang an, was der Autor aufgrund seiner Eigenerfahrung vollauf bestätigen kann;

- in manchen Fällen werden Schilderungen von außerkörperlichen Erfahrungen durch wache Anwesende bestätigt;
- viele Personen mit AKE-Erlebnissen berichten, dass sie ihre Umwelt lebhafter, wirklichkeitsnäher und sehr viel überzeugender als im Wachzustand wahrgenommen haben.

Aus eigener Erfahrung möchte der Autor zur Widerlegung der Traum-Hypothese noch folgende wesentliche Indizien hinzufügen:

- Spontane AKEs treten nicht selten an mehreren Tagen hintereinander auf, was bei Träumen so gut wie ausgeschlossen ist;
- manchen Menschen, denen dieses Phänomen keine Angst einflößt, können (wie der Autor) AKEs bewusst einleiten und auf diese Weise mit ihrem Bewusstseinskörper experimentieren, was mit Träumen unmöglich ist;
- die Vorgänge des Zustandekommens oder gewollten Einleitens von AKEs sind stets die gleichen: Wahrnehmung eines gleißenden, immer größer werdenden Lichtpunktes in Deckenhöhe; subjektives »Flattern« der Trommelfelle; das Hin- und Herpulsieren von Energieströmen, vom Kopf zum Nabel und von da zu den Füßen und umgekehrt; unerklärliche »Hall-Effekte«; danach seitliches Herauskippen des Bewusstseinskörpers über die Bettkante;
- Wahrnehmung tatsächlicher Nebengeräusche, d. h. Lärm, verursacht durch Autos, Bahn, Flugzeuge, Glocken usw.

Aussagekräftiger noch als alle theoretischen Erörterungen sind Berichte von Personen, die mit der Außerkörperlichkeit wichtige Erfahrungen sammeln konnten. AKEs im Nahtod-Zustand könnten ein Indiz für den bleibenden Bestand unseres Bewusstseins-/Informationsfeldes beim Tod des biologischen Körpers sein.

Kimberley Clark, Sozialarbeiterin in einem Krankenhaus in Seattle (USA) nahm AKEs nicht ernst, bis sie eines Tages auf Maria traf, die man dort wegen Herzstillstands eingeliefert hatte. Nach ihrer Wiederbelebung erzählte sie Kimberley, dass sie während des Herzversagens etwas Seltsames erlebt habe. Sie sah sich mit einem Mal an der Decke schweben und auf die Ärzte und Schwestern herabblicken, die sich um sie bemühten. Dann wurde sie von etwas abgelenkt, das auf der Zufahrt über der Notfallstation geschah. Sobald sie sich dorthin dachte, war sie auch schon dort. Daraufhin dachte sich Maria zum zweiten Stockwerk hinauf und sah direkt vor sich auf dem Sims einen Tennisschuh. Der offenbar alte Schuh hatte an der Stelle, wo sich der kleine Zeh befindet, ein Loch im Gewebe. Ihr fielen noch weitere Details hierzu ein, so z. B., dass der Schuhriemen unter dem Absatz steckte.

Maria – durch dieses ungewöhnliche Erlebnis verunsichert – forderte Frau Clark auf, nachzuschauen, ob es mit ihrer Wahrnehmung seine Richtigkeit habe. Voller Skepsis verließ diese das Krankenzimmer und blickte zum Sims empor, sah aber nichts. Dann begab sie sich in den zweiten Stock und schaute in allen Zimmern nach, deren Fenster so schmal waren, dass sie ihr Gesicht an die Scheiben pressen musste, um den Sims überhaupt sehen zu können. Schließlich fand sie das richtige Zimmer. Sie blickte nach unten und sah dort den Tennisschuh. Von ihrem erhöhten Standpunkt aus konnte sie jedoch nicht feststellen, ob die von Maria geschilderten Details zutrafen. Erst als jemand den Schuh hochgeholt hatte und dieser vor ihr lag, bestätigten sich Marias Angaben. Kimberley Clark gab später zu Protokoll, dass Marias detaillierte Beschreibung überhaupt nur möglich gewesen sei, wenn sie sich von außen schwebend unmittelbar vor dem Schuh befunden hätte. Für Frau Clark war dies ein handfester Beweis, dass sich Marias Bewusstsein tatsächlich außerhalb ihres Körpers aufgehalten hatte.

Ganz allgemein gilt, dass der Mensch mit seinem Gehirn denkt, was aber erwiesenermaßen nicht immer zutrifft. Unter gewissen Umständen – so etwa bei AKE – kann sich der wahrnehmende, denkende Teil des Menschen, sein Bewusstseinskörper (das Informationsfeld), vom materiellen Körper lösen und irgendwo anders existieren. Wenn wir davon ausgehen, dass unser Bewusstsein holographisch strukturiert ist, leuchtet dies auch ein, denn in einem Holo-System ist nach quantenphysikalischen Vorstellungen Örtlichkeit eine Illusion. Ein Objekt nimmt auf einem holographischen Film ja auch keinen bestimmten Ort ein. Unser Bewusstsein ist – wie zuvor schon angedeutet – ebenfalls nicht ortsgebunden. In der materiellen Welt scheint es ausschließlich in unserem Kopf installiert zu sein. Es kann aber, wie zahllose AKE-Fälle beweisen, ebenso mühelos an die Zimmerdecke schweben, über Feld und Wald fliegen oder sich zu einem versteckt liegenden Tennisschuh im zweiten Stock begeben und diesen detailliert beschreiben.

Mit unserem ortsungebundenen Bewusstseinskörper können wir zudem jede gewünschte Form annehmen, weil dieser im Prinzip ein Schwingungsmuster darstellt, bestehend aus zahllosen miteinander in Wechselwirkung und Resonanz stehenden Frequenzen. Der Mensch verkörpert als »Verwandlungskünstler« demnach letztlich ein Frequenzphänomen, das von seinem Bewusstsein in unterschiedliche Formen umgesetzt werden kann.

Die Psychotherapeutin und Professorin für Bewegungskunde, Valerie Hunt, geht noch einen Schritt weiter und vermutet, dass unser Bewusstsein gar nicht im Gehirn, sondern in einer Art holographischen Energiefeld enthalten ist, das unseren materiellen Körper umgibt und durchdringt. Das holographische Arrangement unseres Bewusstseins bedeutet aber nicht nur Nicht-Örtlichkeit, sondern auch zeitliche Ungebundenheit. Im ausgetretenen Zustand verwischen sich denn auch bisweilen die Grenzen zwischen Vergangenheit und Zukunft.

Die bekanntesten amerikanischen Fernwahrnehmungsmedien – der ehemalige Theologieprofessor Alex Tanous und Keith (Blue) Harary –, mit deren Bewusstseinskörper Wissenschaftler verschiedener Universitäten schon vor Jahrzehnten erfolgreich »Zielflug«-Experimente durchführten, machten manchmal die Beobachtung, dass sie im ausgetretenen Zustand Situationen in der Zukunft oder Vergangenheit wahrgenommen hatten. Harary, der einige solcher körperlosen »Reisen« in die Zukunft unternommen hatte, will herausgefunden haben, dass diese sich grundsätzlich von *Präkognition*, dem paranormalen Phänomen des Vorauswissens von Ereignissen, unterscheiden. Er behauptet, er habe bei AKE das Gefühl gehabt, »außer sich«, in einer »finsteren Region« gewesen zu sein, die in einer hell erleuchteten Zukunftszene endete. Damit nicht genug: Wenn dann die zukünftigen Ereignisse, die er wahrnahm, schließlich einträten, könne er hinter seinem Ich sogar die Silhouette seines »Ich aus der Vergangenheit« erblicken – eine wahrhaft gespenstische Begegnung mit sich selbst.

Für Bewusstseinsreisen in die Vergangenheit gibt es ebenfalls interessante Indizien. Eine solche schilderte der berühmte schwedische Dichter August Strindberg (1849–1912) in seinem Buch *Legenden*. Sie geschah, als sich Strindberg in einer Weinhandlung aufhielt und einen Freund davon zu überzeugen versuchte, seine militärische Laufbahn aufzugeben. Um seinen Argumenten Nachdruck zu verleihen, brachte Strindberg ein früheres Ereignis zur Sprache, dessen Zeugen er und sein Freund eines Abends in einer Kneipe geworden waren. Während Strindberg den Vorfall beschrieb, »verlor er plötzlich das Bewusstsein« und sah sich in der fraglichen Kneipe sitzen, wo er das Vorkommnis noch einmal erlebte. Alles dauerte nur wenige Augenblicke, dann fand er sich jäh in seinen Körper und in die Gegenwart zurückversetzt. Es war eine kurze Exkursion des Bewusstseins in die Vergangenheit.

Beeindruckender noch als das Jonglieren des Bewusstseins durch Raum und Zeit sind dessen Begegnungen mit dem Bewusstseinskörper Verstorbener. Beide Bewusstseine treffen sich auf der gleichen dimensional übergeordneten Schwingungsebene, was einmal mehr beweist, dass es eine körperfreie Existenz nach dem Tod des biologischen Körpers gibt.

Maryann aus Florida, deren Sohn ein Jahr zuvor bei einem Autounfall getötet worden war, hatte eine solche Begegnung mit dem »Ungewöhnlichen«, mit ihrem Shawn: »Ich schlief fest. Plötzlich war mir, als gäbe es mich zweimal. Die erste Person lag im Bett, die zweite, das wirkliche Ich, wurde hochgezogen. Ich sah von oben unser Haus und die Bäume. Es ging immer noch höher, ganz weit – und dann war auf einmal Shawn bei mir. Ich war völlig aus dem Häuschen. Es war da sehr hell, aber es sah nicht aus wie auf der Erde. Ich hatte das Gefühl, zu schweben, so als hingen wir irgendwo im Weltraum. Mein Sohn und ich umarmten uns. Es war eine solche Freude, einfach überwältigend. Es gab keine Worte, nur diese große Freude und die Tatsache, dass Shawn noch lebte. Ich verstand alles. Es war eine Vereinigung, ein Wissen und eine Akzeptanz. Ich wusste, dass es meinem Sohn gut ging, dass er sich noch etwas aus mir machte. Er hatte Einblick in mein Leben, aber er führt auch ein eigenes Leben. Sein Leben und seine Freiheit waren grenzenlos, und sein Wissen überstieg alles, was wir hier auf Erden kennen.

Dann befand ich mich wieder in meinem Körper, im Bett und war hellwach. Ich dachte, dass mir diese Existenz hier (auf Erden) eher wie ein Traum erscheint. Jene Existenz dort kommt mir viel wirklicher als mein jetziges Leben vor …«

Über ein ähnliches Erlebnis berichtet Ellie M. aus Michigan, deren Sohn Don wenige Monate vor ihrem Zusammentreffen mit dessen Bewusstseinskörper auf der jenseitigen Existenzebene ebenfalls bei einem Autounfall ums Leben gekommen war: »Ich war ins Bett gegangen und hatte die Augen geschlossen, weiß aber, dass ich nicht schlief. Dann merkte ich auf einmal, dass ich mich auf ein *stecknadelgroßes Licht* hinbewegte (gleiche Erfahrung wie bei den AKEs des Autors). Ich war in einem Tunnel, und das Licht wurde immer heller, aber es blendete mich nicht. Ich wusste, das war kein Sterbeerlebnis, denn ich war ja nicht krank. Das intensive Licht war friedvoll und tröstlich. Ich konnte die Augen nicht von ihm abwenden. Es schien mich zu sich hinzuziehen. Da erkannte ich die Umrisse einer Gestalt in einem fließenden Gewand, die mir die Hände entgegenstreckte, als hieße sie mich willkommen. Als ich näher kam, erkannte ich meinen Sohn Don. Er stand in diesem Licht. Ich hörte ihn deutlich sagen, dass es für mich noch nicht Zeit sei, dass ich umkehren soll und dass es ihm gut ginge.

Ich weiß nicht mehr, wie ich durch den Tunnel zurückgekehrt bin. Das Licht zog sich von mir zurück und verschwand. Und dann war ich vollkommen wach. Jetzt habe ich keine Angst mehr vor dem Tod. Ich weiß, dass ich eines Tages, wenn meine Aufgabe hier beendet sein wird, wieder bei Don sein werde.«

So mancher wird sich jetzt fragen, wie wir uns den zukünftigen Aufenthalt unseres Bewusstseinskörpers auf der jenseitigen Existenzebene, dem so genannten »Himmel«, vorzustellen haben. Nun, so richtig vorstellen können wir ihn uns wahrscheinlich gar nicht, weil es für unsere Sinne so etwas wie Nicht-Örtlichkeit und Zeitlosigkeit nicht gibt – nur den ziemlich vagen Begriff der Ewigkeit, des Unendlichen. Und mit dieser Art »Himmel« wollen wir uns in der Folge etwas näher befassen.

3.3 Aleph und der holographische »Himmel«

> *»Das Unendliche hat wie keine andere Frage von jeher so tief das Gemüt des Menschen bewegt; das Unendliche hat wie kaum eine andere Idee auf den Verstand so anregend und fruchtbar gewirkt; das Unendliche ist aber auch wie kaum ein anderer Begriff so der Aufklärung bedürftig.«*
>
> David Hilbert, deutscher Mathematiker (1862–1943)

In seinem zweiten Manifest des Surrealismus schreibt der französische Schriftsteller André Breton (1876–1966): »Alles weist darauf hin, dass es einen bestimmten Punkt des Geistes gibt, von dem aus Leben und Tod, Realität und Vorstellung, Vergangenheit und Zukunft, Mitteilbares und nicht Mitteilbares, Oben und Unten nicht mehr als Gegensätze empfunden werden.«

Und diesen geheimnisvollen Punkt glauben die Vertreter einer avantgardistischen Mathematik »jenseits des Unendlichen« entdeckt zu haben. Man begegnet ihm in den ältesten Überlieferungen der Menschheit, und er beeinflusste gleichermaßen das Denken berühmter Dichter und Schriftsteller der Neuzeit. Einer von ihnen, der argentinische Schriftsteller Jorge Luis Borges (1899–1986), Vertreter einer surrealistisch-phantastischen Literaturgattung, verhalf mit einer seiner schönsten Novellen *Das Aleph* dem Begriff des Über-Unendlichen zum Durchbruch.

Aleph ist der Name des ersten Buchstabens im Alphabet der heiligen Sprache. In der Kabbala, der mystischen jüdischen Geheimlehre, bezeichnet er den Ort der totalen Erkenntnis, den Punkt, von dem aus der Geist instantan die Gesamtheit aller Phänomene, ihre Ursachen und ihren Sinn erfasst. Der Punkt jenseits der Unendlichkeit ist jener bestimmte Punkt aus dem zweiten Manifest des Surrealismus, der Punkt Omega des Paters Teilhard de Chardin und die Vollendung des Großen Werks der Alchimisten.

Borges hat in seiner Novelle die Arbeiten der Kabbalisten und Alchimisten sowie islamische Legenden benutzt. Auch in anderen uralten Sagen wird dieser Höchste Punkt, dieser Privilegierte Ort erwähnt. Für die heutige Zeit ist es kennzeichnend, dass die Bemühungen des reinen Intellekts zu mathematischen Begriffen geführt haben, die es uns erlauben, die Idee des Über-Unendlichen rational zu beschreiben und vielleicht auch zu verstehen.

Der geniale deutsche Mathematiker Georg Cantor (1845 bis 1918) war nicht nur Begründer der Mengenlehre, sondern ist mehr noch durch seine Mathematik des Über-Unendlichen bekannt geworden. Er will bewiesen haben, dass auf einer durch zwei Punkte (A und B) begrenzte Linie sich mehr als unendlich viele Punkte unterbringen lassen. Und diesen Begriff des Über-Unendlichen bezeichnet er als Aleph. Teilt man diese Gerade in 10 gleiche Strecken auf, wird jeder Abschnitt ebenso viele Punkte enthalten wie die gesamte Gerade, nämlich unendlich viele.

Konstruiert man aus den Längen dieser Gerade ein Quadrat, einen Würfel oder gar einen vierdimensionalen Körper usw., so sind auch in diesen ebenso viele Punkte enthalten wie auf der anfänglichen Geraden.

In der Mathematik des Über-Unendlichen, des Aleph, ist demnach ein Teil gleich dem Ganzen – für Mathematiker blanker Wahnsinn, aber dennoch beweisbar. Multipliziert man ein Aleph mit einer beliebigen Zahl, so beträgt das Produkt wiederum ein Aleph. Um über die Grenze der Unendlichkeit hinauszukommen – den mathematischen »Overkill« auf die Spitze zu treiben – muss man die Aleph-Unendlichkeit unendlichfach mit sich selbst malnehmen. Und dieses Produkt ergibt ein anderes Aleph, das man »Aleph zwei« nennt. Dies wäre dann mehr als ein Aleph, größer als alles, was innerhalb des Universums fassbar ist. Die Alephs lassen sich, wie bereits angedeutet, unendlich erweitern. Wahrscheinlich gelangt man bei diesen Erweiterungen in dimensional übergeordnete, für uns nicht mehr erfassbare Bereiche, die wir heute als Hyperraum oder, in der Sprache der Theologen und Philosophen ausgedrückt, als Jenseits bzw. Ewigkeit bezeichnen – den holographischen Himmel.

Die klinische Psychologin Elizabeth W. Fenske vertrat in einem Vortrag anlässlich der Tagung der *International Association for Near-Death-Studies* (IANDS) im Jahre 1989 die Ansicht, dass Nahtod-Erlebnisse (NTEs) »Reisen in einen holographischen Bereich höherer Frequenzen« seien. Sie glaubt, »wir sind hier an einem Punkt angelangt, an dem die Unterscheidung zwischen Denken und Licht schwierig wird; in der Erfahrung der Todesnähe scheint Denken zu Licht zu werden.«

Zur Erhärtung der Hypothese vom Übergang des Bewusstseins Sterbender in einen holographischen »Himmel« sollten wir uns zunächst einmal die Aussagen reanimierter Personen anschauen, die, unabhängig von Rasse, Alter und Glaubensrichtung, ein fast gleichbleibendes Verlaufsmuster in Todesnähe widerspiegeln:

- Der Nahtod-Patient – ohne klinisch feststellbare Lebenszeichen, dessen Hirnstromwellen erloschen sind – vernimmt über sein Bewusstsein, wie der Arzt den Exitus feststellt;
- das Bewusstsein – die Ich-Persönlichkeit des Patienten – tritt aus dem biologischen Körper aus und sieht sich (seinen materiellen Körper) aus einer anderen Perspektive, beobachtet die Reanimationsversuche der Ärzte;
- der nahtote Patient »spricht« zu den behandelnden Ärzten (möchte eventuell die Reanimation unterbinden), wird aber von diesen nicht gehört;
- der Nahtote nimmt jetzt Knack- oder Brummgeräusche wahr und bewegt sich schnell durch einen langen dunklen Tunnel;
- mitunter erlebt er eine blitzschnelle Rückschau auf sein irdisches Leben;
- am Tunnelende trifft der Nahtote auf ein angenehmes, liebevolles Licht;
- in dieser finalen Situation glaubt der Sterbende manchmal bereits verstorbenen Angehörigen und Freunden zu begegnen, die ihm beim Übergang ins Jenseits behilflich sein möchten oder ihn auch zur Rückkehr ins irdische Leben auffordern;
- einige Reanimierte berichten auch über »Lichtwesen«, die sie zu einem selbstbewertenden Rückblick auf ihr vergangenes Leben bewegen;
- die ins irdische Leben Zurückgeholten sind von der Erinnerung an ihre jenseitigen Erlebnisse meist zutiefst beeindruckt; sie verlieren ihre Angst vor dem Sterben, gewinnen zum Leben eine positivere Einstellung.

Nach Auffassung orthodoxer Ärzte sind NTEs einfach nur Halluzination und keine Einblicke ins »Danach«. Sie vermuten hinter diesen Fehlleistungen des Gehirns und machen dafür unterschiedliche pharmakologische, physiologische bzw. neurologische Wirkfaktoren geltend.

Die pharmakologische Erklärung für NTEs beruht auf der Annahme, dass gewisse, zum kritischen Zeitpunkt aus therapeutischen Gründen verabreichte chemische Substanzen psychische Nebenwirkungen haben können. So kann z. B. intravenös gespritztes Ketamin – ein Analgetikum und Narkotikum – ähnliche außerkörperliche Zustände hervorrufen, wie sie von Personen mit NTEs geschildert werden. Das wichtigste Argument gegen die pharmakologische Erklärung für NTEs ist die Tatsache, dass in vielen Fällen den Patienten überhaupt keine Anästhetika oder Beruhigungsmittel verabreicht worden waren.

Vielfach machen Mediziner für NTEs physiologische Ausnahmezustände verantwortlich. Das gilt z. B. für die unterbrochene Sauerstoffversorgung in lebensbedrohlichen Situationen bzw. bei Eintritt des klinischen Todes. Hier lässt sich einwenden, dass es in zahlreichen Fällen schon vor Beginn der physiologischen Krise zu Todesnähe-Erlebnissen gekommen war. Es wird sogar über NTEs berichtet, denen überhaupt keine unmittelbare Notsituation zugrunde lag.

Neurologische Wirkfaktoren – Fehlfunktionen im Nervensystem Sterbender, die sich in einer spontanen, blitzschnellen »Rückschau« der Lebensereignisse des Betroffenen und in Astralkörperaustritten äußern sollen – düften NTEs kaum erklären. Während sich viele Personen nach dem Reanimieren noch ihrer »Rückschau« sehr deutlich und detailliert erinnern konnten, wussten Patienten mit Ausfällen aufgrund hirnorganischer Schäden kaum etwas über die wahrgenommenen Szenen auszusagen.

Dr. Michael Sabom, der früher einmal als Kardiologe an der Emory-Universitätsklinik in Georgia (USA) tätig war, hat in seinem Buch *Recollections of Death* (deutsche Fassung: Erinnerungen an den Tod – Eine medizinische Untersuchung) seine umfassenden Nahtod-Studien kritisch analysiert, wobei auch die bekannten Gegenargumente der Kritiker aufgegriffen und entkräftet wurden. Hier handelt es sich unter anderem um: *Halb bewusste Zustände, bewusste und unbewusste Erfindungen, Entpersönlichung, so genannte autoskopische Halluzinationen, Träume, von Drogen ausgelöste Wahnvorstellungen, Schlä-*

fenlappenanfälle, durch Endorphinausschüttung bewirkte euphorische und pathologisch bedingte veränderte Bewsstseinszustände wie cerebrale Hypoxie, Anoxie und Hyperkapnie.

Der amerikanische Psychiater Dr. Kenneth Ring von der Universität Connecticut in Storrs (USA), mit dem der Autor über einen längeren Zeitraum korrespondierte, Dr. Michael Sabom und Dr. Raymond Moody, der als erster Arzt über die Nahtod-Erlebnisse seiner Patienten in Buchform berichtete, sind der Auffassung, dass ihre Statistiken und Erkenntnisse frühere Forschungsergebnisse anderer Wissenschaftler weitgehend bestätigen.

Kritiker der durch NTEs gestützten »Überlebens«-Hypothese geben zu bedenken, dass Patienten, die sich dem Tod nähern, möglicherweise unter *Anoxie*, der völlig unzureichenden Sauerstoffkonzentration im Gewebe litten. Durch verminderte Durchblutung des Gehirngewebes käme es dann zu »Trugwahrnehmungen« (Halluzinationen), die man fälschlicherweise als Nahtod-Erlebnisse auslegen würde.

In ähnlicher Weise will ein Ärzteteam der Rudolf-Virchow-Klinik in Berlin festgestellt haben, dass die hier geschilderten Nahtod-Erlebnisse auf eine verminderte Sauerstoffversorgung des Gewebes (*Hypoxie*; Blockade der Zellatmung) zurückzuführen seien – eine Behauptung, die schon vor längerer Zeit analytisch widerlegt werden konnte. *Hypoxie* lässt sich nämlich anhand des Laktatspiegels bzw. des Sauerstoffpartialdrucks des arteriellen Blutes nachweisen. Hierzu Dr. Sabom: »Als der Patient während des Sterbe-Erlebnisses (NTE) physisch ohne Bewusstsein war, sah ich ganz deutlich, wie ihm ein Arzt eine Nadel in die Leiste einführte, um ihm zur Blutgasanalyse Blut zu entnehmen. Im Labor wies man nach, dass der arterielle Sauerstoffgehalt weit über dem Durchschnitt lag …, dass der arterielle Kohlendioxidanteil hingegen unterdurchschnittlich war. In diesem Fall war demnach weder eine *Hypoxie* noch eine *Hyperkapnie* (zu hoher Kohlendioxidanteil) der Grund für das Nahtod-Erlebnis des Patienten.«

Dr. Ulrich Warnke beschreibt in dem zuvor erwähnten Werk *Diesseits und Jenseits der Raum-Zeit-Netze* den Nahtod-Fall des ehemaligen Chefarztes der Betheler-Klinik, Professor für Psychiatrie und Neurologie an der Universität Tübingen, der aufgrund einer Ornithose (Infektionskrankheit) und zweier Lungeninfarkte »gestorben« war. Bei ihm »stellten sich herrliche Glücksgefühle ein und die Hoffnung, endlich hinübergehen zu können«. Warnke vermutet, dass die phantastischen, schönen Gefühle beim Sterben auf einen massiven Sauerstoffmangel im Gehirn zurückzuführen sind, die zum Zellenergiemangel führt. Er fragt aber zugleich, »warum klinisch tote Menschen bei Energiemangel von außerhalb des materiellen Körpers (AKE) ein Bewusstsein zeigen, das ein Geschehen wahrheitsgetreu über einen bestimmten Zeitraum *nach dem Tod*, also ohne Gehirnaktivität, beobachten kann«.

Wer denkt da nicht sofort an das Aufsehen erregende *Delpasse-Experiment*, in dessen Verlauf der Physiker und Kybernetiker Dr. Jacques Delpasse genau dies nachwies? Der englische Neurologe Dr. Grey-Walter, der an diesem Experiment wesentlich beteiligt war, hatte in einer Klinik für Bluthochdruckkranke im Zuge eines Biofeedback-Trainings Patienten darauf trainiert, mittels eines Druckschalters immer dann ein spezielles Fernsehgerät einzuschalten, wenn sie ein interessantes Bild zu sehen wünschten. Bevor (!) die Versuchspersonen den Schalter betätigten, konnte mittels eines Gehirnstrommessers (Enzephalograph) in ihrem Gehirn ein Stromimpuls – die so genannte *Bereitschaftswelle* – registriert werden. Der ursprünglich schwache Erregungsimpuls des Gehirns konnte so verstärkt werden, dass sich, bei direkter Verbindung der am Kopf befestigten Elektroden mit dem Fernsehgerät, dieses durch den bloßen Willensimpuls des Patienten einschalten ließ.

Mit dieser Versuchsanordnung war schließlich eine ganze Anzahl von Patienten vertraut. Es sollte sich im Verlauf dieses Experiments herausstellen, dass Bewusstseinsvorgänge bzw. Gedächtnisinhalte tatsächlich nach dem Eintritt des Gehirntodes (in Abwesenheit der Hirnstromkurven) die Grey-Walter-Apparatur betätigen konnten. Die beiden Wissenschaftler konnten somit glaubhaft nachweisen, dass das Bewusstsein selbst nach dem klinischen Hirntod noch aktiv war. Das Signal kam aus einer virtuellen Welt, jenseits unseres vierdimensionalen Universums.

Neben den zuvor genannten Merkmalen weisen NTEs zahlreiche weitere Charakteristika auf, die auf eine holographische Beschaffenheit nachtodlicher Zustände hindeuten. Die Ausgetretenen finden sich entweder als körperlose Energiewolke oder als ein vom Denken geformter hologrammartiger Körper wieder. Gefühle und Wünsche spielen dabei eine wichtige Rolle. Ein zeitlebens Behinderter erlebt sich nun in einem gesunden Körper. Ältere Menschen transferieren sich in einen Jugendlichen und Kinder sehen sich womöglich als Erwachsene, weil sie glauben, sich dann mehr erlauben zu können. Gestalten und Strukturen, die in Nachlebens-Szenarien wahrgenommen werden, sind Denkformen, hervorgebracht durch unser Bewusstsein.

Joel Whitton, Psychiatrieprofessor an der medizinischen Fakultät der University of Toronto, spezialisiert auf klinische Hypnose, begegnete einmal einem reanimierten Patienten, der ihm versicherte, dass, wenn er im ausgetretenen Zustand zu denken aufhöre, er nur eine »formlose Wolke in einer schier endlosen Wolke« sei. Sobald er jedoch zu denken beginne, sei er wieder er selbst. Manche Menschen mit NTEs, die gefragt werden, wie sie in diesem Zustand aussehen, wenn sie selbst noch keinen holographischen Körper besitzen, sagen, sie seien sich noch nicht bewusst geworden, eine Gestalt zu besitzen. Andere wiederum beschrieben sich selbst als Farbwolke, Energiemuster oder als Nebelform.

Der traumhaft-phantastische Aspekt von NTEs erhellt aus bestimmten Fähigkeiten, deren wir zeit unseres irdischen Daseins gar nicht fähig sind, so z. B. in alle Richtungen gleichzeitig blicken zu können. Robert Sullivan, der sich auf NTEs von Soldaten spezialisiert hat, interviewte vor Jahren einen US-Veteranen des Zweiten Weltkriegs, der während der Kampfhandlungen eine paranormale Fähigkeit erworben hatte, die er auch später noch eine ganze Weile beibehielt: »Ich hatte eine Rundumsicht, während ich von einer deutschen MG-Stellung wegrannte. Beim Laufen konnte ich nicht nur nach vorn schauen, sondern ich sah auch den MG-Schützen hinter mir, der auf mich zielte.«

Anhänger des Sufismus – des mystischen Islam – glauben, dass der Nachlebensbereich, trotz seiner Schemenhaftigkeit den Nährboden bildet, aus dem das gesamte materielle Universum erwächst. Alle Dinge der erfahrbaren Welt entstehen aus dieser geistigen Wirklichkeit. Selbst die erfahrensten Sufis empfanden es als geradezu unheimlich, dass man durch Meditieren und Versenken in die Tiefen der Seele in eine innere Welt vorzudringen vermochte, die »sich nach außen kehrt, um all das zu umhüllen, zu umschließen und zu umfassen, was zuerst äußerlich und sichtbar war«.

Dies könnte ebenfalls auf die nicht-örtlichen, holographischen Eigenschaften der Realität hindeuten. In jedem von uns ist der gesamte Himmel enthalten. Also brauchen wir nicht die geistige Wirklichkeit »irgendwo« zu suchen, da das »Wo« *in uns* enthalten ist.

Sohrawardi, ein persischer Mystiker, versuchte schon im 12. Jahrhundert den nicht-örtlichen Aspekt des Nachlebens-Refugiums zu deuten und meinte, man solle das »Land des verborgenen Imams« (gemeint ist das Jenseits, eine Seinsebene, entstanden durch die Einbildungskraft – das Denken – vieler Menschen) besser *Na-Koja-Abad*, »das Land Nirgendwo« nennen (vgl. Kapitel 8.3).

Neu an der Vorstellung, in jedem von uns wäre der Himmel in seiner Gesamtheit enthalten, ist die Überlegung, dass wir bei AKEs womöglich nirgendwo hinreisen. Vielleicht verändern wir dabei lediglich das Hologramm der Realität und bilden uns nur ein, eine Reise zu machen. In einem holographischen Universum ist das Bewusstsein nicht nur bereits überall (d. h. nicht-örtlich), sondern auch nirgendwo.

In der Folge werden wir die bislang gesammelten theoretischen Erkenntnisse über die nachtodliche Fortexistenz des holographisch funktionierenden, unzerstörbaren Bewusstseins in die Praxis umsetzen, anhand zahlreicher interessanter Fallbeispiele ganz unterschiedliche Erscheinungsformen – Rückmeldungen aus dem Jenseits – darlegen.

4 Stippvisiten aus dem »Off«

> *»Ich habe den Verdacht,*
> *dass Geist und Bewusstsein*
> *nicht vom Gehirn produziert werden,*
> *sondern ein eigenständiges Dasein führen.«*
>
> SAM PARNIA, Universität Southampton

In den vorangegangenen Kapiteln haben wir erfahren, dass das Universum in seiner Gesamtheit – belebte wie unbelebte Materie gleichermaßen, aber auch Geist/Bewusstsein – holographisch aufgebaut sind. Warum das so und nicht anders ist, wissen wir nicht. Nur scheint alles, was Wissenschaftler über Struktur und Verhalten der Natur herausfinden konnten, auf eine holographische Ordnung – ein Holoversum – hinzudeuten. Vielleicht ist es die wirtschaftlichste Art, Information und Wissen zu speichern. Die Natur ist findig.

Da beim Dahinscheiden von Lebewesen deren wertvollste Komponente – ihr immaterielles Bewusstsein bzw. Informationsfeld – vom biologischen Körper abhebt (ab-lebt), kann sich nach dem Körpertod auch nur dieses manifestieren, aus dem »Off« zurückmelden.

Was vom Volksmund mangels einer besseren, sachlicheren Definition als »Geister«, »Gespenster« oder »Spuk« bezeichnet wird, sind genau genommen Bewusstseinspersönlichkeiten Verstorbener, die vorübergehend ausschließlich im Bewusstsein eines Wahrnehmenden auftauchen. Mit anderen Worten: Der Wahrnehmende sieht die Gestalt einer verstorbenen Person (oder das Bild eines vergangenen Objekts) nicht mit seinen Augen, nicht direkt visuell, sondern er erfasst mit seinem Bewusstsein, seinem Extra-Sinn, lediglich das Hologramm des Bewusstseinskörpers des Verstorbenen. Wer glaubt, bei einer Erscheinung die verstorbene Person in Fleisch und Blut vor sich zu haben, unterliegt dem gleichen Irrtum wie orthodoxe Wissenschaftler, die gelegentliche Manifestationen solcher Hologramme aus dem »Off« in Abrede stellen.

Erscheinungen werden während des Schlafs im Traum, im halb wachen und wachen Zustand sowie in Trance wahrgenommen. Bei den in das Bewusstsein Lebender »eingespiegelten« Erscheinungen kann es sich um Hologramme Verstorbener, Sterbender im Koma oder auch um solche von Lebenden handeln, die man besser als Bewusstseinskörper Ausgetretener (AKE) bezeichnet.

Manche Zeitgenossen berichten zudem, Erscheinungen von Phantom- und Fabelwesen, religiösen und mystischen Symbolfiguren, so genannten Interdimensionalen, Gedankenformen (Tulpas), von Doppelgängern sowie von Wesen aus Parallel- bzw. Spiegelwelten gesehen zu haben. Wir werden in der Folge aber auch auf Fälle stoßen, in denen sich vor den Augen verblüffter Personen Hologramme massiver Objekte wie Autos, Schiffe und Häuser, ja ganzer Landschaften entfalten.

Eine Sonderform holographischer Manifestationen aus jüngster Zeit stellen zweifellos die Nahbegegnungen mit unbekannten Himmelsobjekten (Ufos) und deren Besatzungen dar, mit denen sich kein Geringerer als der bekannte Schweizer Psychologe Professor Carl Gustav Jung (1875–1961) in seinem Werk »Ein Moderner Mythus« ausführlich befasste.

Die amerikanische Autorin Ann Druffel – sie analysierte mehr als 1500 Ufo-Nahbegegnungen und »Entführungsfälle« (sog. Abduktionen) – will herausgefunden haben, dass es sich bei den von Abduzierten erwähnten Ufos und den dort von ihnen wahrgenommenen Untersuchungslabors ebenfalls um »mentale Konstrukte« handelt, die in deren Unbewusstes projiziert wurden. Die meisten Berichte der Betroffenen stimmen – so Druffel – darin überein, dass sich die Entführer aus dem Nichts oder aus einer »Lichtkugel« materialisieren, dass sie aber auch aus ande-

ren Gestaltveränderungen hervorgingen. Das Erscheinen der Fremden unterschiedlicher Gestalt könne darauf hindeuten, dass wir es bei Abduktionen mit einem jahrtausendealten Phänomen zu tun haben, das im Glauben an Elfen, Feen, Sylphen, Kobolde – an Naturgeister schlechthin – wurzelt. Sowohl in der Folklore als auch in modernen Beschreibungen der Ufo- und »Ghost«-Szene finden wir alle diese Wesen in Dimensionen außerhalb unserer Raum-Zeit angesiedelt.

Beim Betrachten des Erscheinungsszenariums spielt die Art der Wahrnehmung eine wichtige Rolle. Die niedrigste Wahrnehmungsstufe dürften die so genannten Präsenzen sein, über die vornehmlich in angelsächsischen Ländern berichtet wird. Es handelt sich hierbei mehr um subjektive Empfindungen, wobei der Wahrnehmende die Anwesenheit einer virtuellen Wesenheit zu spüren glaubt.

Pseudo-visuelle Wahrnehmungen von Toten, Sterbenden oder auch von Lebenden im außerkörperlichen Zustand (AKE) gehören zur Kategorie der Erscheinungen im engeren Sinn, und sie rangieren, was überzeugende »Rückmeldungen aus Transbereichen« anbelangt, an oberster Stelle. Sie können sich dem Wahrnehmenden in ganz unterschiedlichen Formen darbieten: nebelig/wolkig, verschwommen (unscharf, verzerrt), durchsichtig (Hintergrund sichtbar), zweidimensional bildlich (wie ein Foto), dreidimensional bildlich und quasi-materiell. In der Folge werden wir uns vorwiegend mit diesen Erscheinungskategorien befassen.

Zu den nicht-visuellen Erscheinungen zählen die »akustischen Halluzinationen«, d. h. akustische Scheinwahrnehmungen, »taktile Halluzinationen« oder Pseudo-Berührungen und »olfaktorische Halluzinationen«, d. h. Pseudo-Gerüche (z. B. Parfüms), die an Orten des früheren Verweilens eines Verstorbenen empfunden werden. Halluzinationen sind in diesem Zusammenhang nicht pathologisch zu verstehen.

Die hier vorzugsweise vorgestellten pseudo-visuellen Erscheinungen sind nur ein Indiz für das Überleben unseres Bewusst-

seins nach dem Körpertod. Erst in Verbindung mit den weltweit erforschten Nahtod-Erlebnissen, mit der gechannelten und instrumentellen Transkommunikation (Forschungen von Prof. Dr. Ernst Senkowski), dem medizinisch nachgewiesenen Phänomen der so genannten Mehrfach- oder Spaltpersönlichkeiten sowie den neuesten Erkenntnissen einer dimensionsübergreifenden holographischen »Bewusstseins-Physik« lässt sich für die Echtheit des Überlebensprozesses eine lückenlose Beweiskette konstruieren, die selbst notorische Skeptiker aufhorchen lässt.

4.1 Träume – Besuche in Parallelwelten

Der Traum gilt im landläufigen Sinn als ein Synonym für das Unwirkliche. Wenn wir von etwas behaupten, es sei »wie ein Traum« gewesen, meinen wir, dass es sich von der gewohnten Wacherfahrung gar nicht eindeutiger hätte unterscheiden können. Selbst wenn wir im Verlauf eines Traumes am Geschehen aktiv beteiligt, d. h. beunruhigt, erschrocken oder auch erfreut sind, werden wir uns entweder unmittelbar oder zumindest später des Traumerlebnisses erinnern, des Unterschieds zum Wachzustand bewusst. Erleichtert werden wir im Fall negativer Erlebnisse feststellen, dass sich die Welt der Träume von der Realität im Tagesbewusstsein deutlich abhebt. Dieses Gefühl beruht vornehmlich auf dem Unterschied zwischen dem Ereignisablauf in der Traumwelt und dem üblichen Gang der Dinge in der Wach-Realität. Träume trotzen ständig der Logik des Alltags: Wir bewegen uns in Gedankenschnelle von hier nach dort, wir begegnen Menschen, von denen wir wissen, dass sie in unserer scheinbar realen Welt schon seit geraumer Zeit tot sind, wir verrichten mühelos schier übermenschliche Tätigkeiten – die normalen Gesetze von Ursache und Wirkung scheinen aufgehoben zu sein. Aber zugleich reagieren wir auf diese Merkwürdigkeiten ganz anders, als wenn sie im Alltag stattfänden. Wir begegnen diesen bizarren Erlebnissen mit Gleichmut und erreichen oft ein phantastisches Kontrollvermögen über unsere Traumerfahrungen, indem wir uns durch bloße Wunschvorstellungen aus peinlichen oder gefährlichen Situationen herausmanövrieren oder einem Traum willentlich zu einem abrupten Ende verhelfen.

Während ein Traum zu einer äußerst emotionalen Handlung führen kann, oft viel überzeugender noch als im wahren Leben, empfinden wir uns, ungeachtet unserer Beteiligung, seltsam losgelöst vom eigentlichen Geschehen. Von einer bestimmten Traumhandlung womöglich deprimiert, erfahren wir schon während des Traumes durch die Gewissheit Trost, dass ja »alles nur ein Traum« ist. Träume sind Einzelerfahrungen, die man höchst selten mit jemand anderem teilt, es sei denn, der Träumende erzählt sie anderntags Dritten. Aber gerade dieses Merkmal verleiht dem Traum paradoxerweise so etwas wie Realitätscharakter, denn die Tatsache, dass niemand sonst die Traumerfahrung mit mir geteilt haben konnte und man sie im Nachhinein anderen erzählt, bedeutet doch, dass sie sich in gewissem Sinne zugetragen haben muss. Sobald man dies akzeptiert, anerkennt man, dass Träumen eine biologische Realität ist.

In jüngster Zeit interessieren sich Psychologen in zunehmendem Maße für so genannte »lichte Träume«, eine Traumkategorie, in deren Verlauf der Träumende sein Wachbewusstsein voll beibehält und genau weiß, dass er träumt. Während sich der Träumende bei einem gewöhnlichen Traum passiv verhält – also alles über sich ergehen lässt –, kann er bei der lichten Variante das Traumgeschehen lenken, das Traumszenarium zu seinen Gunsten beeinflussen. Am Verlauf lichter Träume kann der Träumende demnach interaktiv mitwirken. Sie sind zudem viel lebhafter als normale Träume. Alles erscheint viel solider und realer.

Der bekannte amerikanische Physiker Dr. Fred Alan Wolf hält Träume generell für »innere Hologramme«. Während seiner Auffassung nach normale Träume mehr virtuelle Bilder darstellen, erblickt er in lichten Träumen, die gar nicht *subjektiv* seien, Besuche in *Parallelwelten.* Hierunter ist das Abtauchen des Bewusstseins in Szenarien zu verstehen, die entweder in einer anderen Zeit (Vergangenheit bzw. Zukunft) stattfinden oder die, infolge ungünstiger Bedingungen, in unserer materiellen Welt nie real werden können – so genannte Pseudo- oder Phantomrealitäten. Fälle dieser Art gibt es zuhauf, und wir werden noch darauf zurückkommen.

Den Bewohner eines Einfamilienhauses in Birmingham (England), das auf dem Gelände eines früheren Militärflugplatzes errichtet worden war, überkam eines Nachts ein merkwürdiges Gefühl. Er glaubte die Anwesenheit einer weiteren Person zu spüren. Als er sich im Bett aufsetzte, sah er sie. An der Stelle, wo sich der eingebaute Kleiderschrank befand, trat eine leuchtende Gestalt aus der Wand. Sie trug den Dress eines RAF-Piloten aus dem Zweiten Weltkrieg. Das Phantom schwebte ein wenig nach vorn, auf ihn zu, um sich dann unversehens in Nichts aufzulösen.

Ein weiterer Fall, der sich in den Sechzigerjahren in einem alten Terrassenhaus nahe Bootle, nördlich von Liverpool (England), zugetragen haben soll, ist für nächtliche Erscheinungen typisch, könnte aber darauf hindeuten, dass die Wahrnehmung weniger im Traum, sondern im schlaftrunkenen, d. h. bewusstseinsveränderten Zustand erfolgte. Besagtes Haus hatte damals noch eine Außentoilette. Egal, wie schläfrig ein Besucher der primitiven Einrichtung auch war, er musste erst die Treppe hinabsteigen, um zur Hoftoilette zu gelangen.

Eines Nachts machte ein Familienmitglied, das sich, einem dringenden Bedürfnis folgend, der Toilette näherte, eine unglaubliche Entdeckung: Sie war bereits besetzt. Jedoch nicht von einem anderen Hausbewohner. Die leuchtende Gestalt, die sich dort aufhielt, hatte Ähnlichkeit mit einem dürftig bekleideten Wilden, einem Vorzeitmenschen. Der ungebetene Gast verschwand, noch bevor ihn der Toilettenbenutzer zur Rede stellen konnte. Über die Art des Szenariums, das sich vor dem geistigen Auge des Besuchers entfaltete, kann spekuliert werden: War der Betroffene versehentlich in eine Zeitfalle geraten, die sein Bewusstsein für wenige Augenblicke Tausende von Jahren in die Vergangenheit katapultierte und hatte ihn dann die dort wahrgenommene Wesenheit ebenfalls gesehen? Sind solche Kontakte auf Bewusstseinsebene singulär, nur auf das Bewusstsein einer Person beschränkt? Sollte ein Angehöriger z. B. eines Keltenstammes den Jetztzeitigen mit seinem Traum-Bewusstsein ebenfalls wahrgenommen haben, wäre es interessant zu erfahren, was er sich beim Anblick des seltsamen Fremdlings wohl gedacht hat.

Im Jahre 1981 hielt sich Jamil Mapindi in einem Haus in Kuala Lumpur (Malaysia) auf. Nach einer ruhigen Nacht erwachte er in den frühen Morgenstunden mit dem Gefühl, nicht allein im Schlafzimmer zu sein. Auf der rechten Seite liegend glaubte er, etwas stünde direkt hinter seinem Bett. Mapindi behauptet, genau zu wissen, dass er wach gewesen, von dem Wahrgenommenen aus dem Schlaf gerissen worden war. Er verspürte etwas überwältigend Böses, das seinen Körper buchstäblich »vor Kälte erstarren« ließ. Erschrocken musste er feststellen, dass er sich nicht mehr bewegen konnte. Seine Glieder waren wir gelähmt. Unbeschreibliche Angst überkam ihn. Nie zuvor hatte er sich so schrecklich hilflos gefühlt.

Plötzlich glaubte er in seinem Kopf eine fremde Stimme zu vernehmen: »Drehe dich nicht um!« Die Warnung wurde einige Male wiederholt. Obwohl er nicht fromm war, nicht an Gott glaubte, ertappte er sich bei dem Gedanken, dass Gott ihm helfen möge. Dann verschwand die Präsenz.

Etwa eine halbe Stunde später – Mapindi behauptet, in der Zwischenzeit immer noch wach gelegen zu haben – formierte sich über dem Einbauschrank am Fuß des Bettes eine »wolkige Substanz«, die die Gestalt einer Frau annahm. Mapindi war so erschrocken, dass er mit einem Satz aus dem Bett sprang und das Licht anschaltete. Nichts war da, wo Bruchteile von Sekunden zuvor noch die Frauengestalt gestanden hatte. Trotz der unerträglichen Hitze draußen herrschte im Zimmer Eiseskälte.

Die Zeit hatte während Mapindis Erlebnis offenbar ihre Bedeutung eingebüßt. Hatte er zuerst das Gefühl gehabt, dass während der spektralen Heimsuchung Stunden vergangen waren, zeigten spätere Recherchen die Unhaltbarkeit dieser Annahme. Alles hatte sich binnen weniger Minuten abgespielt.

Der Autor konnte in seiner Jugend mit der Traum-Zeit ähnliche Erfahrungen sammeln und feststellen, dass Traumerlebnisse aufgrund ihrer holographischen Verfügbarkeit mitunter nur wenige Sekunde oder gar nur Bruchteile derselben in Anspruch nehmen. Als junger Bursche schlief er im elterlichen Wohnzimmer auf einem Sofa mit direktem Blick auf eine große Wanduhr, deren Schlagwerk unüberhörbar war. Eines Morgens – es muss im Sommer gewesen sein – riss ihn dieses aus tiefstem Schlaf. Im Zimmer war es taghell. Deutlich erkannte er den Stand des Stundenzeigers. Er zeigte die achte Stunde an. Es muss der zweite oder dritte Glockenschlag gewesen sein, der den immer noch Müden ins Land der Träume zurückschickte. Er träumte, träumte, träumte ... Tage, ja Wochen schienen seit seinem erneuten Einschlafen vergangen zu sein. Ein gewaltiges Traumepos hatte sich vor seinem geistigen Auge entfaltet, eine schier endlose Geschichte. Und dann wurde er unvermittelt hellwach, vernahm er noch zwei oder drei Glockenschläge. Ungläubig schaute er auf das Zifferblatt der Uhr. Der Stundenzeiger stand beharrlich auf acht. Mit einem Mal begriff er, dass der Traum höchstens drei, vier Sekunden gedauert haben konnte. Eine Fülle spannender Abenteuer in der Traumwelt, die ihn den Kriegsalltag vergessen ließen ... in Sekundenschnelle gerafft erlebt. Vom holographischen Aufbau des Universums, unseres Bewusstseins, wusste er damals noch nichts, ahnte niemand etwas. Wie sollte man auch, man schrieb ja das Jahr 1940.

Die Aufhebung jeglichen Zeitempfindens und verwandte Phänomene, die während eines Traums, in schlafähnlichen (hypnagogen) und tranceähnlichen Zuständen (auch im Ufo-Szenarium) beobachtet werden, belegen englische und amerikanische Autoren häufig mit den Termini *Oz-Faktor* (abgeleitet aus dem Buch *The Wonderful Wizard of Oz*) bzw. *High Strangeness* (hochgradige Fremdartigkeit). Unter dem Begriff *Oz-Faktor* wird eine Art »innere Feinabstimmung« verstanden, wenn das Bewusstsein eines Wahrnehmenden alle äußeren Geräusche abschaltet, um eine Botschaft, die auf ihn einwirkt, zu empfangen. An Orten, wo es zu paranormalen und Ufo-

Naherscheinungen kommt, breitet sich meist ungewöhnliche Stille aus. Im veränderten Bewusstseinszustand spürt der Betroffene förmlich das Ungewöhnliche einer Situation. Klassische Oz-Symptome sind: Paralyse (wie hier bei manchen Traum-Erscheinungen berichtet), Erregungszustände des Bewusstseins, das Wissen um eine bevorstehende »Erfahrung«, selbst wenn sich diese mit normalen Sinnen nicht wahrnehmen lässt, das Gefühl, einen Zeitstillstand zu erleben usw. Manche beschreiben die Oz-Szene mit den Worten: »Es war, als ob ich mich zugleich in zwei Welten aufgehalten hätte; ich wusste, dass es real war, dass es aber niemand um mich herum gewahr wurde.«

Ulrich Warnke hat für die hier beschriebene Zeitlosigkeit im Schlaf-/Traumzustand eine einleuchtende Erklärung: »Vorgänge, die in unserem Körpersystem durch Quanten ablaufen, sind aus der Sicht der Quanten zeitlos. Wenn Quanten in meinem Körper Träume und Gedanken repräsentieren, dann gilt Quantenzeit. Tatsächlich sind Träume, Erinnerungen, Vorstellungen zeitlos abrufbar.«

Nicht selten werden die nächtlichen Begegnungen mit Wesenheiten aus der virtuellen Traumwelt als äußerst negativ empfunden. Evelyn (Pseudonym) ist eine Frau mittleren Alters, die in gewissen zeitlichen Abständen immer wieder unter Alpträumen litt. Eine unsichtbare, aber doch »fühlbare« bösartige Präsenz tauchte urplötzlich neben ihrem Bett auf, um sie sexuell zu belästigen. Zwar ging diese Art der Belästigung weder mit Geräuschen oder Gerüchen einher, aber in ihrem Schlafzimmer breitete sich jedes Mal eine unangenehme Atmosphäre aus. Für Evelyn waren diese Alpträume nicht bloß »schlechte Träume«, sondern ungewohnte, sehr reale, von Träumen begleitete Erfahrungen.

Die Angriffe waren unvorhersehbar, und sie konnte sie nie mit etwas Besonderem (einem vorangegangenen Ereignis) in Verbindung bringen. Sie war, nach eigenen Angaben, jedoch häufig verärgert, frustriert und unterhielt nie eine befriedigende sexuelle Beziehung. In der Vergangenheit hatte Evelyn mehrfach versucht, die sie belästigende Präsenz – sie nannte sie nur »Es« – wegzuschicken, aber »Es« war immer zu ihr zurückgekehrt.

Als dann Evelyns Ehemann gestorben war, hatte sie schreckliche Angst, dass sich die Alpträume verstärken würden. Beim nächsten Mal schrie sie »Es« an, es solle sie nun endlich in Ruhe lassen und nie mehr zurückkehren. Vielleicht war es die Heftigkeit des Gefühlsausbruchs, die schließlich die Wende bewirkte. Die Präsenz verließ Evelyn unbelästigt, ohne jemals zurückzukehren.

Psychologen dürften diese Träume als Folge unterdrückter sexueller Spannungen und Emotionen werten, die durch den Tod von Evelyns Ehemann gemindert wurden. Eine solche Erklärung konnte Evelyn nie zufrieden stellen. Sie war fest davon überzeugt, dass eine externe Kraft ihre Träume beeinflusst hatte.

Moderne Traumforscher halten Träume für etwas Subjektives und unterscheiden zwischen »Träumen«, die unsere innere Verfassung widerspiegeln und »Realität«, der Außenwelt. Diese Ansicht steht im Widerspruch zu den universelleren, alten Vorstellungen, dass Träume unterschiedliche Realitäten durchdringen, dass sie ein Medium zum Besuch jenseitiger Welten und Verstorbener sind. Das Bewusstsein (theologisch Seele), dem biologischen Körper »lose« angelagert, »reist« im Schlaf zwischen den Welten, den unterschiedlichen Realitäten. Die alten Ägypter, Griechen und Römer – aber auch viele andere Kulturen – waren davon überzeugt, dass Menschen im Schlaf von Wesen besucht werden können, die eine Botschaft überbringen oder heilen, die aber auch dämonischer Natur sein können, indem sie den Träumenden belästigen, ihm seine Lebenskraft entziehen.

Während die meisten Träume Symbolcharakter besitzen, deuten gewisse anekdotisch übermittelte Fälle darauf hin, dass sie ebenso real sind wie das Geschehen im Wachzustand. Zahlreiche Berichte aus unterschiedlichen Kulturkreisen beinhalten Traumbesuche von »Geistern«, Poltergeistern, Vampiren, Dämonen und anderen alptraumhaften Wesenheiten, aber auch von ausgesprochen menschenfreundlichen Entitäten wie Engel, Feen, religiösen Leitfiguren usw.

»Besucher«-Träume weichen von gewöhnlichen Träumen ganz erheblich ab. Sie sind, was Bilder und Sinneseindrücke anbelangt, intensiver und lebhafter, und der Träumer ist beim Erwachen sicher, dass der »Traum« ein realistisches Erlebnis war.

Das, was Evelyn erlebte, zählt zu dem gut dokumentierten, schon seit Jahrhunderten bekannten Phänomen alptraumhafter Attacken. Häufig, aber nicht immer, überrascht es seine Opfer im Schlaf, indem es sie physisch (Druck-/Würgeempfindung) oder sexuell belästigt. Zu den weiteren Merkmalen dämonischer Angriffe gehören üble Gerüche, Grunz-, Scharr- und Kratzlaute. Groteske, dunkle Gestalten treten in Erscheinung, die eine allgegenwärtige Atmosphäre der Angst verbreiten. Die Opfer glauben mitunter, einen luziden Traum gehabt zu haben bzw. sie fühlen sich unsicher, ob sie alles nur geträumt oder im Wachzustand erlebt haben. In früheren Zeiten war man davon überzeugt, dass Alpträume von Dämonen verursacht werden. Im Mittelalter beschuldigte man auch Hexen, die nächtens auf der Brust ihrer Opfer herumreiten würden. Nächtliche sexuelle Attacken schrieb man monströsen, teuflichen Kreaturen – Incubi und Succubi – zu, die mit Männern bzw. Frauen Beischlaf hätten.

Moderne medizinische Erklärungen für Alpträume sind auch nicht gerade überzeugend. Sie reichen von psychischem Stress, mentalen Erkrankungen und Schlafstörungen über sexuelle Verdrängung bis hin zu unterdrücktem Ärger oder sogar Diätproblemen. In vielen Fällen versagen aber auch diese Erklärungen kläglich.

»Besucher«-Träume können von vielerlei Faktoren beeinflusst werden: Emotionen, Empfänglichkeit für paranormale Einflüsse, aber auch von der geographischen Lage des Ereignisortes. Der Engländer Paul Devereux, Experte für frühgeschichtliche Mysterien und Erdenergien, hat das Traumverhalten (Muster) an heiligen Orten in England untersucht. Seine Forschungen haben ergeben, dass sich an bestimmten Orten immer wieder ganz bestimmte Wirkmuster zeigen, die seiner Meinung nach auf so genannte Erdenergien (eventuell elektromagnetische Kräfte) hindeuten und womöglich unser Traumbewusstsein beeinflussen. Verschiedentlich wurde für solche Träume auch schon – weitgehend unbekannt – eine »Bewusstseins-DNA« ins Gespräch gebracht, etwas in uns, das unseren Bewusstseinszustand und die psychische Empfänglichkeit auf kollektiver Ebene bewirkt. Dies mag auch erklären, warum zwei Personen in einem von Spuk heimgesuchten Raum schlafen können, aber nur eine von ihnen diesen gewahr wird.

Der paranormale Charakter von Begegnungen mit Bewusstseinswesenheiten (Erscheinungen) im Traum erhellt aus zahllosen Fällen, in denen dem Träumenden wichtige Botschaften übermittelt werden.

Eine jung verheiratete Amerikanerin erwachte eines Nachts aus tiefstem Schlaf mit dem Gefühl, dass sich noch jemand im Zimmer aufhält. Als sie sich umschaute, sah sie ihren Ehemann, der als Soldat in Vietnam eingesetzt war, an der Zimmertür stehen. Er blickte sie traurig an und sagte mit leiser Stimme: »Es tut mir Leid, Liebes, dass du die Kinder ohne mich erziehen musst. Ich liebe dich.« Dann verblasste sein Bild, und der Raum war leer. Sie wusste im gleichen Augenblick, dass ihr Mann gefallen war.

Schon am nächsten Morgen erhielt die Frau die traurige Mitteilung einer militärischen Dienststelle, dass ihr Mann genau zum Zeitpunkt ihrer Traumwahrnehmung bei einem Einsatz ums Leben gekommen war. Fälle wie diesen gibt es, besonders in Krisenzeiten, zuhauf. Während des Zweiten Weltkrieges wurden sie dem Autor häufig aus dem eigenen Bekanntenkreis zugetragen. Unverständlicherweise zweifeln die meisten von uns an der Authentizität solcher Berichte, was hauptsächlich auf die Unwissenheit breiter Bevölkerungsschichten über das Zustandekommen paranormaler Phänomene wie Telepathie oder Vorauswissen zurückzuführen ist. Sie betrachten sie daher mit Argwohn.

Was aber soll man von einem besonders bizarren Fall halten, der sich vor einigen Jahren in einer amerikanischen Kleinstadt zugetragen hat, in dem zwei einander völlig fremde Bewusstseine miteinander kommunizierten, um eine wichtige Botschaft zu übermitteln?

Ein Junge, vierzehn Jahre alt – nennen wir ihn Fred –, war bei einem Beerdigungsunternehmen beschäftigt, musste dort anfallende Hilfsarbeiten verrichten. Eines Tages forderte ihn sein Chef auf, die Leiche eines Mannes, der in einem Hotel an einem Herzanfall gestorben war, in den Kühlraum zu rollen. Fred, der bislang noch keinen Toten aus nächster Nähe gesehen hatte, hob das Leichentuch kurz hoch und blickte neugierig in das Gesicht des Fremden. Durch diesen ersten Blickkontakt mit einer Leiche befiel ihn ein gewisses Unwohlsein, das den ganzen Tag über anhielt.

Nachdem er sich am Abend todmüde zur Ruhe begeben hatte, erschien ihm im Traum die Gestalt des Mannes, den er in den Kühlraum transportiert hatte. Zu Tode erschrocken, war Fred unfähig, auch nur einen Muskel zu bewegen. Das Traum-Phantom versuchte, den Jungen zu beruhigen, bat ihn, sich nicht zu fürchten, sondern ihm zuzuhören. Es teilte ihm mit, dass man ihm im Hotel seine Brieftasche mit Geld und Ausweisen gestohlen habe, dass seine Familie nun nicht erfahre, was mit ihm geschehen sei. Die Erscheinung gab sich dem Jungen als reisender Geschäftsmann aus einem anderen Bundesstaat zu erkennen. Er nannte Fred sowohl seinen Namen als auch die Adresse seiner Familie und bat ihn, seine Frau zu benachrichtigen.

Ängstlich setzte Fred anderntags seine Eltern von dem Vorfall in Kenntnis, die ihrerseits das Bestattungsunternehmen informierten. Da die Leiche ohne Papiere angeliefert worden war, bediente sich der eher skeptische Bestatter der Adresse, um die Familie des Toten zu benachrichtigen und die verauslagten Kosten einzufordern. Die dem Jungen übermittelte Anschrift erwies sich zum Erstaunen der Involvierten als zutreffend.

An diesem eher seltenen Fall eines bestätigten Kontaktes zwischen dem Bewusstsein eines Lebenden und eines Toten zeigten sich damals Mitarbeiter der Duke University in Durham (North Carolina) interessiert, wo Exponenten der Parapsychologie wie die Biologen Professor Joseph B. Rhine und dessen Ehefrau Louisa sowie der englische Psychologe Professor William McDougall tätig waren.

Man könnte nun einwenden, dass in beiden Fällen den Betroffenen die Information telepathisch zugeflossen sei, dass die wahrgenommenen Gestalten lediglich dem Ausschmücken der übermittelten Botschaft dienten. Wichtig allein erscheint jedoch die Information und die ungewöhnliche Art der Übermittlung, die als »Brücke« zwischen Lebenden und immer noch geistig aktiven Toten anzusehen ist.

Eine tibetische Legende erzählt von König Gesar von Ling, der mühelos *Tulpas* – materialisierte Gedankenobjekte, d. h. materiell wirkende Erscheinungen »gedachter« Personen oder Gegenstände – hervorbringen konnte. Es heißt, er habe sich in Hunderte von Dienern, Lamas, Kaufleuten, Pferden, Phantomkarawanen und -zelten vervielfältigen können. Die Erfahrungen in den jeweiligen Szenarien hätten ihm große Freude bereitet. Es ist dies das Geheimnis des kosmischen Versteckspiels. Das Bewusstsein hinter dem Universum träumt uns … Billiarden Trugbilder in einem gewaltigen Gedankenkaleidoskop. Und wir werden uns in zunehmendem Maße anderer Universen, Welten und Wesenheiten bewusst, die wir träumen. Denn das Absolute ist ein Traum in einem Traum, in einem weiteren Traum … usw., ohne Anfang, ohne Ende.

Paul Devereux vermutet, dass es sich bei den geheimnisvollen, kilometerlangen Linien auf der Wüstenebene von Nasca weniger um Landeplätze oder Orientierungshilfen für außerirdische Raumschiffe, sondern um so genannte *Traumpfade* für Schamanen handelt, auf denen sie in früheren Zeiten außerkörperliche Reisen (AKEs) unternahmen.

Die australischen Aborigines gehören zu den ältesten schamanistischen Kulturen der Erde, und auch sie verfügen über solche *Traumpfade*. Man sagt, dass die *Weisen Männer* eines Stammes diese Pfade sogar für »Reisen« im levitierten Zustand – also über dem Boden schwebend – benutzen. Der australische Filmemacher Lorraine Maati-Williams, dessen Vorfahren Aborigines waren, will 1970 selbst Zeuge einer solchen Levitation gewesen sein. Der Schamane habe sich etwa 15 Zentimeter über dem Boden schwebend durchs Gelände bewegt.

Interessant ist, dass schon frühe Kulturen Traum- und Trancezustände zur Kontaktaufnahme mit der »anderen Welt« zu nutzen wussten. In solch bewusstseinsveränderten Zuständen scheint die Fühlungnahme mit dem Bewusstsein Verstorbener in Form »visueller« Manifestationen besonders reibungslos zu verlaufen. Erklärungsbedürftig sind hingegen die so genannten *Tagessichtungen*, die in nachfolgenden Kapiteln Gegenstand unserer Betrachtungen sein werden. Sie setzen voraus, dass wir uns zunächst ein wenig mit dem Zustandekommen von Erscheinungen befassen, gilt es doch, ganz unterschiedliche Wirkfaktoren ins Kalkül zu ziehen.

4.2 Raum-Zeit-Risse – Wie Erscheinungen zustande kommen

Über Entstehung und Qualität von Erscheinungen sowie den Bewusstseinszustand der Wahrnehmenden gibt es zahlreiche Theorien, denen es jedoch durchweg an Beweiskraft mangelt, da sich jene flüchtigen, immateriellen Projektionen aus der für uns virtuellen Hyperwelt physikalisch nicht direkt nachweisen lassen.

Manche der »visuellen« Erscheinungen wirken in ihrem Aussehen und Verhalten derart echt, dass sie gelegentlich mit noch lebenden Personen verwechselt werden. Sie können direkt oder aus den Augenwinkeln heraus kurzzeitig wahrgenommen werden, obwohl es, was die Dauer solcher Manifestationen anbelangt, auch Ausnahmen gibt. Versucht man, sich ihnen zu nähern oder sie gar anzusprechen, verschwinden sie entweder ganz allmählich, in dem sie langsam verblassen, oder abrupt, was offenbar von der Eindringtiefe unseres Bewusstseins in die virtuelle Welt abhängt. Erscheinungen überwinden mühelos materielle Hindernisse und »materialisieren« sich, wie aus vorangegangenen Beispielen ersichtlich, dank ihrer nicht-örtlichen Existenz spontan an x-beliebigen Orten. Aufgrund ihrer nicht-materiellen Beschaffenheit vermögen sie Wände und Türen zu durchdringen; diese existieren für sie überhaupt nicht.

Ein Großteil der Erscheinungen wird nur undeutlich – schemenhaft, neblig, verschwommen oder auch durchsichtig – wahrgenommen. Dies könnte bedeuten, dass sich das Bewusstsein des Beobachters womöglich gegen ein tieferes Eindringen in die virtuelle Welt sperrt, sei es durch Zweifel an der Echtheit des Erlebten oder aus purer Angst vor der fremden Realität, in die es unvermittelt eintaucht.

Der Parapsychologe Dr. Milan Rýzl unterscheidet grundsätzlich zwischen unechten, pathologisch bedingten, und echten, d. h. paranormalen Erscheinungen, die er in drei Kategorien zusammenfasst. Zu den unechten zählt er Illusionen, Halluzinationen und krankhafte Phantasien, die für unsere Recherchen jedoch unerheblich sind und daher nicht weiter erwähnt werden sollen.

Beim zweiten, eigentlichen Erscheinungstyp handelt es sich, so Rýzl, um eine echte außersinnliche Form der Wahrnehmung (ASW), die jedoch durch die Phantasie des Wahrnehmenden verzerrt sein kann.

Schließlich gehören, gemäß Rýzl, zur dritten Erscheinungskategorie die »von den in Krisen befindlichen Personen ausgehenden paranormalen Aktionen«, die mehr symbolisch empfangen werden.

Praxisorientierte Parapsychologen unterscheiden, was die Rolle des Wahrnehmenden anbelangt, zwischen *Wachträumen, echten Erscheinungen* und *Zwischenzuständen.* Beim Wachtraum wird die »normale Umgebung« des Wahrnehmenden durch eine völlig andere Realität ersetzt, in der er dann eine bestimmte Person (eben die Erscheinung eines Verstorbenen oder Lebenden) beobachtet. In echten Erscheinungsfällen scheint der Wahrnehmende seine gewohnte »Umgebung« nicht zu verlassen. Diese wird lediglich von der sich manifestierenden Erscheinung überlagert. Schließlich kommt es bei den Zwischenzuständen zum teilweisen Ersatz der Normalumgebung des Wahrnehmenden durch eine andere Realität, in der dann Erscheinungen auftreten. Da die Übergänge zwischen den hier aufgeführten Kategorien ohnehin fließend sind, sollen die in den Folgekapiteln zitierten Fälle mehr phänomenologisch, d. h. wie sie sich dem Wahrnehmenden darboten, behandelt werden.

In den angelsächsischen Ländern haben sich einige Parapsychologen ernsthaft mit der Frage auseinander gesetzt, ob echte Erscheinungen bewusste Wesenheiten sind. Professor H. H. Price, der an der Universität von Oxford (GB) einen Lehrstuhl für Logik innehatte, vertrat in seinem Beitrag *Six Theories about Apparitions* (Sechs Theorien über Erscheinungen), der in den *Proceedings* (Zeitschrift der *Society for Psychical Research)* abgedruckt war, die Auffassung, dass Erscheinungen weder mentale noch physikalische Objekte, sondern ein Zwischending seien. Wörtlich: »Wenn erst einmal feststeht, dass Erscheinungen zumindest manchmal ›reale Dinge‹ sind – real, indem es sich hierbei nicht nur um halluzinierte Konstrukte handelt –, wäre es logisch, anzunehmen, dass diese Objekte echte ›Bewusstseinsträger‹ sein könnten. Der Beweis, den wir haben oder hätten, dass es sich hierbei um solch einen ›Träger‹

handelt, wäre womöglich ebenso aussagekräftig wie der, dass physikalische Organismen Träger des Bewusstseins sind …«

Da die Schulmedizin den Begriff »Halluzination« seit jeher mehr abwertend gebraucht, ihn mit geistigen Erkrankungen oder gewissen Suchtkrankheiten in Verbindung bringt, ist man in neuerer Zeit dazu übergegangen, echte Erscheinungen auch als *Psi-Halluzinationen* zu bezeichnen. Paradoxerweise haben fortschrittliche Psychiater festgestellt, dass es gerade geistig gesunde Menschen sind, die über Erfahrungen mit solchen Psi-Halluzinationen berichten. Der Psychiater Dr. J. P. Dewsberry will erkannt haben, dass »neurotisch veranlagte Personen kaum über solche Erfahrungen (mit Erscheinungen) verfügen«. Während seiner vierundzwanzigjährigen Berufspraxis habe ihn keiner seiner Patienten wegen solcher Wahrnehmungen in Anspruch genommen.

Halluzinative Erfahrungen paranormaler Art scheinen weit verbreitet zu sein. Untersuchungen in England und in den USA ergaben, dass zwischen 10 bzw. 27 Prozent der Bevölkerung in irgendeiner Form »Personen« wahrnimmt, die physikalisch nicht anwesend sind, häufig sogar quasi-visuell. Interessant ist, dass etwa 30 Prozent dieser »visuellen« Erscheinungen von mindestens einer weiteren Person bzw. von mehreren der am Ort des Geschehens Anwesenden wahrgenommen werden. In solchen Fällen könnte man eventuell eine Art paranormalen »Stimmgabeleffekt« vermuten, d. h., eine Person erfasst mit ihrem Bewusstsein die Erscheinung und »infiziert« auf psychischem Wege andere Anwesende.

Dr. Louisa E. Rhine, die Ehefrau des bekannten amerikanischen Biologen und Parapsychologen Professor Joseph Banks Rhine, der an der Duke University in Durham, North Carolina (USA), Psi-Phänomene erstmals wissenschaftlich untersuchte, hat im Zuge einer breit angelegten Studie insgesamt 825 Psi-Halluzinationsfälle überprüft. In 440 Fällen handelte es sich um Erscheinungen noch lebender Personen. Erstaunlicherweise waren nur 297 Fälle auf Erscheinungen Sterbender und ganze 88 Fälle auf die von bereits Verstorbenen zurückzuführen. In einigen Fällen konnte nachgewiesen werden, dass sich Lebende sogar absichtlich an einen entfernten Ort projiziert hatten, was in der Parapsychologie, wie zuvor bereits erörtert, als *außerkörperliche Erfahrung* (AKE) bzw. als *Bilokation* bezeichnet wird.

Gerade Erscheinungen Lebender zeigen überdeutlich die Körperunabhängigkeit des Bewusstseins, seine Raumzeit-freie, holographische Struktur. Sie sind letztendlich ein Indizienbeweis dafür, dass der Bewusstsein/Geist-Komplex auch beim so genannten Ab-leben nicht verloren geht, dass er sich beim biologischen Tod nur vom maroden Körper trennt (ab-lebt) und bindungsfrei in das holographische Universum überwechselt.

Aus zigtausenden von zum Teil gut bezeugten Fällen haben sich, unter Zugrundlegung bestimmter »Verhaltensmuster«, drei differente Gruppen von Erscheinungen Verstorbener herauskristallisiert, die letztlich auch gewisse Rückschlüsse auf ihr Zustandekommen zulassen:

- Erscheinungen Verstorbener, die ihren Weg ins holographische »Jenseits« gefunden haben, die fest in der »Hyperwelt« (Überwelt oder theologisch »Himmel«) integriert sind und die sich uns in unserem Bewusstsein visuell oder anderweitig nähern können. Dies geschieht vorwiegend im Traum, in hypnagogen oder medialen Zuständen, vermutlich indem unser holographisch strukturiertes Bewusstsein durch Realitätsverschiebung bzw. -aufweichung das der Verstorbenen überlagert. Die Begegnung erfolgt also in einem veränderten Bewusstseinszustand.
- Erscheinungen Verstorbener, die im Jenseits noch nicht angekommen sind, dort noch nicht »angedockt« haben. Sie halten sich in einer niederdimensionalen Zwischenwelt auf und können von da aus, oft auf negative Weise, mit uns kommunizieren, sei es durch belästigende visuelle Erscheinungen oder in Form von bösartigem Spuk. Bisweilen verdrängen sie auch das Eigenbewusstsein einer Person, »übernehmen« sie psychisch

und verursachen so Depressionen und Besessenheit. In der irrigen Annahme, dass sie immer noch am biologischen Leben teilhaben, projizieren sie sich oft sehr real und lebensecht wirkend ins Bewusstsein Lebender, verursachen sie manchmal selbst Sichtungen bei Tage.

• Erscheinungen Verstorbener, die ganz plötzlich unter dramatischen Umständen (Mord, Verkehrsunfall, Kampfhandlungen) ums Leben kamen. Diese unter einem anhaltenden Trauma stehenden Wesenheiten befinden sich seit dem Augenblick ihres gewaltsamen Todes in einem »zeitlosen Erstarrungszustand« und verursachen nicht selten jene Manifestationen, die als *ortsgebundene Erscheinungen* bezeichnet werden. Diese *Engramme* (Erinnerungsbilder), die in der Endlosigkeit der Hyperwelt holographisch gespeichert sind, lassen sich am besten noch mit beliebig oft vorführbaren Bildern oder Endlos-Filmstreifen vergleichen. Nicht selten spiegeln sie die Situation wider, in der sie zu Tode gekommen sind. Ein Beispiel soll diesen Erscheinungstyp veranschaulichen.

Im August 1904 waren in England drei Schwestern zu Fuß unterwegs, um die Schönheit der sommerlichen Landschaft zu genießen. Ihr Weg querfeldein führte sie an einem alten Herrenhaus vorbei, in dessen Nähe eine Eiche stand, an der etwas hing, das sie erst beim Näherkommen identifizieren konnten. Die jüngste der Schwestern beschrieb die makabre Situation: »Ich ging näher heran und sah, dass es ein Mann war, der an der Eiche hing ... Er trug ein weitgeschnittenes Hemd und schwere Stiefel. Sein Kopf war vornübergebeugt und seine Arme fielen ebenfalls nach vorn ... Ich sah den Schatten der Zaunlatten (vor dem Herrenhaus) durch ihn hindurch.« Beherzt näherte sich die Frau dem Gehenkten bis auf etwa fünfzehn Meter, als sich die Erscheinung unvermittelt aufzulösen begann.

Dieser von W. H. Salter in dem Buch *Ghosts and Apparitions* (Geister und Erscheinungen) geschilderte Fall ist für die Kategorie eines holographisch ins Bewusstsein Lebender projizierten Engrammes einer dramatisch verlaufenen Todessituation typisch. Solche Erscheinungen stellen kein echtes »Ghost«-Geschehen dar, sondern ähneln eher einem Speicherbild, einer aus der Hyperwelt unter bestimmten Bedingungen automatisch ausgelösten »Aufführung« dramatischer Ereignisse.

Neben Manifestationen der Bewusstseinspersönlichkeit Sterbender und Verstorbener gibt es noch die bei zufällig oder auch bewusst herbeigeführten außerkörperlichen Erfahrungen auftretenden Erscheinungen Lebender, die für uns aber weniger von Belang sind. Zu einer ähnlichen Kategorie zählen auch die von Schamanen und Meditationszirkeln rein willentlich, d. h. künstlich erzeugten Pseudo-Intelligenzen (*Tulpas*), wie eine vor einiger Zeit von der kanadischen Owen-Gruppe meditativ hervorgerufene Gedankenform *Philip*.

Die Owen-Gruppe hatte in ihren Sitzungen durch Imaginieren und Visualisieren zunächst die rein fiktive Identität eines 1624 in England geborenen *Philip Aylesford* geschaffen, der schon mit 16 Jahren zum Ritter geschlagen und zum Geheimagenten seines Freundes Charles II. avanciert war. Als seine Affäre mit einer Ziegeunerin ruchbar wurde, beschuldigte man diese der Hexerei und verbrannte sie auf dem Scheiterhaufen. Das »Drehbuch« der Gruppe sah vor, dass sich *Philip* daraufhin 1654 durch Selbstmord das Leben nehmen solle.

Die ab 1972 künstlich geschaffene Pseudo-Existenz trat nie visuell in Erscheinung. Sie wurde lediglich von Mitgliedern des kleinen Zirkels mitunter als *Präsenz* bzw. mental-bildlich wahrgenommen. Bei den Sitzungen, von denen einige in der Öffentlichkeit abgehalten und im Fernsehen übertragen wurden, soll es zu einer Art Klopf-Kommunikation mit der offenbar echten Geistwesenheit *Philip* sowie zu paraphysikalischen Tischbewegungen und Tischlevitationen gekommen sein. *Philip* soll angeblich Informationen aus seinem eigenen Leben, aber auch historisch korrekte Details aus der damaligen Zeit geliefert haben. Zirkelteilnehmer vermuteten dahinter zunächst Informationen aus ihrem eigenen kollektiven Unbewussten. Könnte es aber nicht so sein, dass sich eine zur damaligen Zeit tatsächlich existierende Persönlichkeit der Identität *Philips* bemächtigte und unter ihrem »Label« einen echten Kontakt mit der Gruppe zustande brachte? Wir wissen es nicht, können es aber auch nicht ausschließen.

Die Kontaktaufnahme echter jenseitiger Bewusstseinswesenheiten mit unserer materiellen Raum-Zeit-Welt scheint indes nicht ohne Nebenwirkungen abzulaufen, auch wenn diese meist subjektiver Natur, d. h. physikalisch gar nicht registrierbar sind. Häufig berichten Beobachter von Erscheinungen, dass es sie vor und während einer spektralen Manifestation gefröstelt habe, dass sie eine »eisige Zugluft« verspürt hätten. Und in nahezu sämtlichen Spukhäusern, in denen auch Erscheinungen gesehen wurden, gibt es so genannte »cold spots«, besonders kalte Stellen, in deren Umgebung jenseitige Bewusstseinspersönlichkeiten vorzugsweise pseudo-materielle Gestalt annehmen, sich als visuelle »ghosts« verwirklichen.

Der englische Biologe Dr. Lyall Watson versucht dieses Kälteempfinden beim Manifestieren paranormaler Erscheinungen (Psi-Halluzinationen) damit zu erklären, dass der »physische Kräftevorrat einer wahrnehmenden Person von der jenseitigen Bewusstseinspersönlichkeit angezapft wird«. Dies könnte der Grund dafür sein, warum so viele Leute, die Erscheinungen beobachten, dieses Kältegefühl haben, auch wenn sie keine Angst empfinden. Andere, die sich zur selben Zeit im gleichen Raum aufhielten, könnten womöglich keine Veränderung der Umgebungstemperatur empfinden, weil ihre Kräfte nicht in Anspruch genommen wurden. Es ist schon bemerkenswert, dass beim Beobachten von Erscheinungen niemals jemand Wärme empfunden haben will.

Der kanadische Neuropsychologe Professor Dr. Michael Persinger, der sich mit dem Einfluss elektromagnetischer Wirkfaktoren auf das *limbische System* (Saum zwischen Stamm- und Großhirn), und hier vor allem auf den *Amygdala* genannten Teil, befasst hat, will experimentell nachgewiesen haben, dass gewisse Zusammenhänge zwischen elektromagnetischen Feldern und dem Auftreten paranormaler Phänomene, so auch Erscheinungen, bestehen. In der Amygdala laufen die Sinneseindrücke aus allen Teilen des Großhirns zusammen und werden mit Gefühlen »getränkt«. Persinger hat wiederholt gezeigt, dass die Neurochemie des Gehirns durch Einwirken elektromagnetischer Felder auf Strukturen des Schläfenlappens (vorzugsweise der Amygdala) verändert werden kann. Unter dem Einfluss elektromagnetischer Felder ließen sich paranormale Phänomene, Erscheinungen Verstorbener, religiöse Erscheinungen, Ufo-»Entführungen«, Spukeffekte usw. anregen.

So genannte archetypische Kräfte verändern, sobald sie unsere materielle Realität aufsuchen, die Magnetitausrichtung (Magnetit = Magneteisenerz) in den Gehirnen derjenigen, denen sie sich nähern. Wenn sie sich erst einmal in unserer Realität etabliert haben, verbreiten sie starke elektromagnetische Wellen mit einer Frequenz, die auf das Magnetit in unserem Gehirn abgestimmt ist.

Orte, an denen anormale magnetische und seismische Aktivitäten registriert werden, gibt es überall auf der Welt. Hier wären z. B. der Boynton Canyon bei Sedona (Arizona) und das Monument Valley (Colorado) zu nennen, wo indianische Ureinwohner (Navajos) einst ihre Rituale zu absolvieren pflegten. Hierauf werden wir noch in Kapitel 8.3 zurückkommen.

Persinger: »Es wird vermutet, dass Gebiete, wo es zur Freisetzung tektonischer Spannungen kommt – mit einer langen Geschichte seismischer Aktivitäten – zur vorübergehenden Bildung lokaler säulenartiger elektrischer Felder neigen.« Der Wissenschaftler konnte dort eine statistische Wechselbeziehung zwischen Erscheinungen, Spuk, Ufo-Manifestationen, anderem bizarren Geschehen und seismischen Aktivitäten (Erdbeben) nachweisen. Der Höhepunkt solcher Psi-Manifestationen wird jedoch nicht während der seismischen Aktivitäten selbst, sondern vor oder nach denselben beobachtet.

Persinger hat im Verlauf seiner Untersuchungen die Beobachtung gemacht, dass in Häusern, die über geologischen Spalten errichtet wurden, wo elektrische Felder – geladenes *Plasma* (vgl. Kapitel 2.4) – entweichen können, über längere Zeit immer wieder paranormale Phänomene auftreten. Personen, die sich solchen Häusern nähern, sehen dort bisweilen seltsame Lichtkugeln. Nähern sie sich den Plasmagebilden, werden sie von einem elektrischen Feld erfasst. Ihre Hirnchemie erfährt eine Änderung, und sie können plötzlich »Geister« (Erscheinungen) und andere merkwürdige Phänomene wahrnehmen. In diesen Häusern etablieren sich auch Spukszenarien.

Im Jahre 1862, während des amerikanischen Bürgerkrieges, besetzte General John Pope vorübergehend das Hunter-Dawson-Haus im erdbebengefährdeten New Madrid am Missouri. Diese Stadt liegt direkt über einer geologischen Verwerfung. Heute finden dort periodisch so genannte »Reenactments« der Bürgerkriegsschlachten statt – Schauveranstaltungen, bei denen die Schlachtszenen originalgetreu nachgespielt werden, für viele Amerikaner ein einmaliges Erlebnis. Einige der Pseudo-Krieger, die auf dem etwa 5,5 Hektar großen Gelände des Hunter-Dawson-Anwesens campten, schworen, niemals mehr dort übernachten zu wollen. Sie behaupteten, während der Nacht in den Fenstern des Hauses »glühende Erscheinungen« gesehen zu haben. Im Hunter-Dawson-Haus anwesende Touristen berichteten ebenfalls über sonderbare Phänomene. Einer von ihnen will beobachtet haben, wie sich im Schlafzimmer vor seinen Augen auf dem Bettbezug die Umrisse einer dort ruhenden Person abzeichneten. Andere behaupteten gesehen zu haben, wie sich schattenartige »Formen« durch das Haus bewegten.

Die von Persinger erwähnten seismisch ausgelösten elektromagnetischen Aktivitäten sind nicht das Erscheinungsphänomen an sich, sondern nur die Basis, auf der sich das jenseitige Szenarium materialisieren kann, gewissermaßen sein Auslöser. Sie schaffen in uns und in unserer Umgebung erst die Voraussetzung, die paranormale Phänomene, wie z. B. Erscheinungen, ermöglichen. Sie öffnen nur das Fenster zu einer anderen

Realität, das normalerweise für unser Alltagsbewusstsein geschlossen ist. Es ist anzunehmen, dass durch die gewaltigen tektonischen Verwerfungen Energien freigesetzt werden, die, zumindest vorübergehend, unser Raum-Zeit-Gefüge aufreißen und den Blick in eine andere Realität bzw. Zeit freigeben. Mit eben jenen Öffnungen zu anderen Realitäten, der Welt der Erscheinungen, werden wir uns später ausführlich befassen. Es ist eines der spannendsten, unheimlichsten Kapitel des Erscheinungsphänomens. Widmen wir unsere Aufmerksamkeit zunächst seinem historisch geprägten Aspekt.

4.3 Armeen der Nacht

An Örtlichkeiten, wo es in der Vergangenheit zu verlustreichen militärischen Kampfhandlungen gekommen war, sollen über Jahrhunderte hinweg immer wieder einmal spektrale Erscheinungen des dramatischen Geschehens wahrgenommen worden sein, wollen dort zufällig anwesende Personen mitunter geisterhafte Truppenbewegungen, Wachposten, Lagerfeuer, ja sogar »lautlose« Schlachtszenen beobachtet haben. Die in Krisen- und Kriegszeiten durch Emotionen, Schmerzen und Leiden der Verwundeten oder Sterbenden freigesetzten psychischen Energien scheinen die betroffenen Gegenden mit negativen Informationen derart intensiv getränkt zu haben, dass sich die schrecklichen Szenen von Zeit zu Zeit vor dem geistigen Auge medial eingestimmter Anwesender »lebensecht« wiederholen.

Durch die zuvor beschriebene holographische Speicherung sind jene virtuellen Szenarien zeitlos konserviert und abrufbar. Vielleicht spielen bei ihrem plötzlichen Erscheinen auch äußere Faktoren, anomale Umgebungsbedingungen oder Zeitanomalien, wie bereits angedeutet, eine wichtige Rolle.

Im Jahre 1989 war Steve Crawford auf der Seymore Airforce Base in North Carolina (USA) stationiert. Mit seiner Frau

Karen frisch verheiratet, bewohnte er ein kleines Appartement in Goldsboro, ganz in der Nähe seiner Dienststelle. Während seiner dienstfreien Zeit unternahmen beide Ausflüge in die nähere und weitere Umgebung, um sich ein wenig mit der Geschichte des Landes vertraut zu machen. Eine ihrer Exkursionen führte sie zum Militärmuseum von Bentonville (Arkansas) und dem nur zehn Meilen von dort entfernten Bürgerkriegsschlachtfeld.

Es war Frühling, das Wetter hätte nicht besser sein können. Bei ihrer Ankunft fanden sie am Eingang des zweistöckigen Museumsgebäudes aus der Kolonialzeit einen Hinweis, dass die Einrichtung saisonbedingt noch geschlossen sei. Nachdem sie sich an den Aushängen des Besucherzentrums über die Geschichte der Gedenkstätte informiert hatten, näherten sie sich dem Museum von der Rückseite, um einen besseren Blick auf die Anlage werfen zu können. In unmittelbarer Nähe des Gebäudes begegnete ihnen eine Frau, die ganz im Stil der Bürgerkriegsepoche gekleidet war. Sie stellte sich den Crawfords vor und fragte, ob sie ihnen irgendwie behilflich sein könne. Als diese ihre Besuchsabsicht äußerten und ihre Enttäuschung darüber, dass geschlossen sei, bot sie sich den beiden als Führerin an. Zwar sei das Museum offiziell geschlossen, sie habe aber gerade etwas Zeit und könne sie durch die Räume führen.

Steve und Karen waren von der sachkundigen Führung begeistert. Zu jedem der besuchten Räume schien sie eine Unmenge zu wissen. Als sie sich dem Treppenabsatz im zweiten Stock näherten, wandte sich ihre Begleitung einem großen Raum mit einer offenen Feuerstelle zu und erklärte den beiden, dass dies während des Bürgerkrieges die Krankenstation gewesen sei. Hierher seien die im Kampf Verstümmelten gebracht worden, die man unter schlechtesten Bedingungen operiert habe. Viele der hierher gebrachten Verwundeten seien in jenem Raum gestorben.

Die Führung hatte etwa zwei Stunden in Anspruch genommen. Die Crawfords dankten ihrer Führerin und versprachen das Museum nochmals zu besuchen, wenn es offiziell geöffnet sei. Da einige Monate später ohnehin das dortige »Reenactment« – das szenische Nachspiel der Schlacht von Bentonville – stattfand, das sie sich unbedingt ansehen wollten, entschloss sich das Paar erneut dorthin zu fahren und bei dieser Gelegenheit nochmals das Museum zu besuchen.

Die Fahrt nach Bentonville erschien ihnen wie eine Ewigkeit. Kurz vor Erreichen des Zieles kamen sie an einem Baumwollfeld vorbei, wo an halb verfaulten Stängeln noch Wollfetzen hingen. Normalerweise hätte zu dieser Jahreszeit das Land schon längst umgepflügt und erneut bepflanzt sein müssen. Während sie sich noch über diesen Missstand unterhielten, sahen sie, wie ein Trupp Soldaten über das verwahrloste Baumwollfeld zog. Was Steve zunächst für eines der »Reenactment«-Regimenter hielt, wollte nicht so recht zur sonst üblichen Ausstattung der Schau-Soldaten passen: Ein heruntergekommener Haufen traurig dreinschauender, wettergegerbter Männer in Lumpen, die einmal Uniformen gewesen sein mussten. Ihre Pferde befanden sich in einem noch schlechteren Zustand. Ein Bild des Jammers.

Steve fuhr zum Straßenrand und hielt an, um den armseligen Trupp besser in Augenschein nehmen zu können. Die Blicke der dahinziehenden Männer waren stur geradeaus gerichtet. Zwei Frauen, die die Soldaten begleiteten, trugen etwas, das aber für die Crawfords nicht erkennbar war. Beide schauten dem merkwürdigen Zug nach, bis dieser in der Ferne ihren Blicken entschwand.

Nach kurzer Fahrt erreichte das Paar sein Ziel: das Bentonville-Museum. Die Pseudo-Soldaten, denen sie hier begegneten, trugen allesamt neue adrette Uniformen, anders als die Männer auf dem Baumwollfeld. Und ihre Pferde befanden sich sichtlich in tadellosem Zustand.

Als die Crawfords schließlich das Museum betraten, um sich an einer der Führungen zu beteiligen, erlebten sie eine weitere Überraschung. Die Dame, die sie jetzt durch die Räume führte, war bei weitem nicht so beschlagen wie ihre Führerin beim ersten Mal. Alle Zugänge zu den Nebenräumen waren diesmal durch rote Seile oder quer gestellte Stühle gesperrt. Als die Crawfords ihre Führerin wissen ließen, dass sie bei einem vorangegangenen Besuch auch alle Nebenräume besucht hätten, meinte diese, sie müssten sich bestimmt irren, denn seit der Eröffnung des Museums sei zu diesen noch niemand Zutritt gewährt worden.

Durch die merkwürdigen Erlebnisse verunsichert, forschte Steve in der Stadtbibliothek von Bentonville nach und fand dabei heraus, dass das »Reenactment« stets genau am Tag der Schlacht abgehalten wurde. Die eigentliche Schlacht aber hatte auf dem Baumwollfeld stattgefunden, auf dem ihnen der desolate Trupp begegnet war. Hatten Steve und Karen bei ihren Besuchen selektiv ein Phantom-Szenarium aus der Vergangenheit erlebt? Was wissen wir denn schon über die Merkwürdigkeiten von Raum und Zeit, über *Zeitschleifen*, in denen sich manche zu verheddern scheinen, ohne es sonderlich gewahr zu werden?

Walter Map, im 13. Jahrhundert Erzdiakon von Oxford und Autor von *De nugis curialium* (etwa: Über die Possen der Kurie) sowie eines bekannten Werkes über die Kreuzzüge, berichtete in einer seiner Publikationen über die *Herlethingi* (benannt nach dem Mythos vom britischen König *Herla*) von der *Kompanie der Untoten.* Nach Maps Aufzeichnungen will Britanniens Landbevölkerung bisweilen nächtliche Prozessionen einer furchterregenden Geisterarmee beobachtet haben. Die Krieger hätten sich mit ihren mit Beutegut beladenen Wagen, ihren Lasttieren, Pferden und ihrem Gefolge lautlos den Weg durch die Nacht gebahnt. Da über Waffen und Rüstung der Herlethingis keine genaue Beschreibung vorliegt, weiß niemand zu sagen, ob es sich bei diesen Heerzügen um keltische Krieger, römische Legionäre oder germanische Invasoren handelte, ob ihnen reale Truppenbewegungen zugrunde lagen oder durch Überlieferungen verbreitete Sagen über spektrale Erscheinungen.

Map informiert seine Leserschaft, dass die Phantom-Soldaten während des ersten Jahres der Regentschaft von Henry II. aus dem Hause Anjou-Plantagenet (1133–1189) ihre spukhaften Aktivitäten entfalteten. Es heißt, die »Untoten« sollen sogar einmal bei Tage gesehen worden sein, so dass sich die Ortsansässigen aus Angst vor einem Überfall bewaffnet hätten. Als die Bauern, die mit umherziehenden Banditen und marodierenden Fremden bereits hinreichend Erfahrungen gesammelt hatten, die Herlethingi mit Pfeilen und Speeren empfingen, soll sich das Heer »in Luft aufgelöst« haben. Danach sei Ruhe eingekehrt.

Dass dies ein Irrtum war, kann man in dem Werk *Chronical of Peterborough* (Chronik von Peterborough) nachlesen, in dem über die Rückkehr der spukhaften »nächtlichen Wanderer« im Jahre 1127 berichtet wird: »... Denn bald danach sahen und hörten viele Männer die Jäger (die Soldaten wurden in ›Jäger‹ umbenannt). Sie alle waren schwarz gekleidet, von großer Statur und wirkten abstoßend. Sie ritten auf schwarzen Pferden und auch ihre Hunde hatten ein schwarzes Fell. Dies alles wurde in Burch sowie in den Wäldern dieser Stadt bis hin nach Stanford beobachtet. Und die Mönche hörten ihre Jagdhörner, die sie bei Nacht bliesen. Vertrauenswürdige Männer, die nachts Wache hielten, wollen 20 bis 30 Hornbläser vernommen haben. Dies wurde gesehen und gehört, als sie (die Fremden) in der Fastenzeit bis Ostern dorthin kamen.«

Ordericus Vitalis (etwa 1075–1143), ein normannischer Mönch aus Saint Evroul, der ein vierbändiges Werk, *Ecclesiastical History* (Kirchengeschichte), veröffentlichte, erzählt die Geschichte eines Priesters, der, nachdem er einem Pfarrkind die Letzte Ölung gespendet hatte, auf dem Heimweg auf eine Prozession weinender, jammernder Gestalten stieß, die von einem großen Krieger angeführt wurde. Dem Zug folgten Sargträger und Frauen auf Pferden mit Sätteln, die in der Dunkelheit leuchteten. Der Priester, der nie an die Existenz der Herlethingis geglaubt hatte, änderte seine Meinung von Grund auf, als er unter den langsam Dahinziehenden auch längst verstorbene Gemeindemitglieder sah.

Im germanischen Sprachraum wurde das von Wotan (Odin) angeführte nächtliche Geisterheer »Wilde Jagd« genannt. Die mit großem Getöse durch die Luft brausende Heerschar wurde der Sage nach von Hundegebell, Hörnerblasen und Trommelschlägen sowie seltsamen Leuchterscheinungen in den Wäldern begleitet. Chronisten des 16. Jahrhunderts wollten wissen, dass die Geisterarmee aus Soldaten bestand, die vor ihrer von Gott festgelegten Zeit gestorben waren. Man war der Auffassung, es müsse sich bei ihnen um freiwillig der Armee beigetretene Männer handeln, die erstochen, erhängt oder ertränkt worden waren, die noch lange nach ihrem allzu frühen Tod umherziehen mussten, bis zu ihrem eigentlichen Ende, ihrer Erlösung.

Die Kirche versuchte die Sage vom übernatürlichen Geschehen der »Wilden Jagd« auf ihre Art zu deuten, als »Bestrafung für jegliche Sünden«. Kleriker brachten sie mit dem Vergehen gegen einschlägige Gebote in Verbindung, mit Selbstmord, Mord, Ehebruch, fehlender christlicher Taufe, dem Stören religiöser Rituale oder dem Brechen der Fastengebote.

In Galicien (span. Galicia), dem geschichtsträchtigen Mittelgebirgsland im Nordwesten Spaniens, hat sich die Sage von der »Wilden Jagd« bis zum heutigen Tag erhalten. Die *Santa Compañía,* die »heilige Kompanie«, wie sie in dieser sagenumwobenen Ecke Europas genannt wird, hält auch jetzt noch manche Einheimische davon ab, das Land zur nächtlichen Stunde zu durchstreifen. Sie wird als Prozession furchterregender Kapuzenträger geschildert, entweder im Gänsemarsch oder in Zweierreihe, angeführt von einem Vermummten, der ein Kreuz trägt. Die völlig geräuschlos dahinziehenden Gestalten sollen meist lange Wachskerzen in Händen halten und in ein unirdisches Leuchten getaucht sein. Andere Überlieferungen sprechen von einem Kind, das die Prozession anführt. Wer in seine leeren Augenhöhlen schaue, müsse bald darauf sterben.

Diese »Prozession der Verdammten« hat innerhalb Galiciens eine Vielzahl von Namen. Im südlichen Landesteil, besonders im gebirgigen Orense, nennt man sie *»procesión das nimas«* (Prozession der Seelen), in anderen Gegenden *»hueste«* (Kriegsheer), *»hostilla«* (Feind) oder *»estatinga«* (eine latinisierte Form in der Bedeutung von Herlethingis). Über die Hintergründe des Auftauchens solcher Umzüge scheinen sich jedoch alle Gruppierungen einig zu sein: Die Lebenden sollen für die Erlösung (der Verdammten) Messen abhalten; sie sollen für ihre Sünden und Straftaten gemaßregelt werden und die Seelen der Lebenden einfordern, die demnächst sterben.

Die Ursprünge dieser Prozessionen reichen nach Ansicht von Experten weiter zurück als die mittelalterlichen Überlieferungen. Javier Alonso Rebollo, ein galicischer Psychologe meint dazu: »Dieser Mythus enthält die klassischen Charakteristika von Geistergeschichten, beeinflusst von Aspekten der galicischen Folklore. Eines der größten Vermächtnisse der jungsteinzeitlichen Ära in dieser Region ist der Glaube an ein Leben jeseits des Grabes. Verschiedene kulturelle und häretische Trends, die Galicien erreichten, bestärkten die Menschen der damaligen Zeit in der Überzeugung, dass die Kommunikation mit dem Jenseits möglich sei …«

Durch die Elektrifizierung der ländlichen Gemeinden Galiciens, die hiermit verbundene unaufhaltsame Modernisierung, sind Berichte über die Wahrnehmung der *Santa Compañía* seltener geworden. Und trotzdem …

Im März 1982 will Bruno Alabau eine jener unheimlichen Prozessionen in der Nähe von Gísamo, Provinz La Coruña, gesehen haben. Er erinnert sich: »Ich war damals ein Pfadfinder und campierte mit meinen Freunden am Wochenende im Freien. Nach dem Nachtessen spielte ich mit meinen Kameraden Verstecken. Ich entschloss mich, unser Lager durch den Wald zu umgehen, den Hügel hinab zu einem Pfad, als ich die Lichter bemerkte. Ich dachte erst, es wäre einer meiner Freunde und versteckte mich hinter einem Baum, um ihn zu erschrecken. Aber dann erlitt ich selbst einen Schreck. Fragen Sie mich nicht, was ich da sah. Mehrere Personen gingen jeweils zu dritt nebeneinander, angeführt von einer Gestalt, die ein großes Kreuz trug, das offenbar aus groben Brettern zusammengezimmert war. Die an der Seite hielten große Kerzen in Händen, deren Licht das Szenarium geradezu unwirklich erscheinen ließ. Alle trugen dunkle Umhänge, die oben zu Kapuzen zusammenliefen, wie man sie von der Karwoche her kennt.

Ich stand wie paralysiert hinter dem Baum und wagte nicht, mich zu rühren, bis sie vorbeigezogen waren. Dann rannte ich wie von Furien gehetzt ins Lager zurück, wagte aber nicht, meinen Kameraden von der seltsamen Prozession zu erzählen. Sie hätten mich mit Sicherheit für verrückt gehalten.«

Die spanische Pharmaziestudentin Elena Bermudez will ihre Begegnung mit dem »Übernatürlichen« im August 1990 während eines Campingausfluges in die Region Cabourne (Pontevedra) gehabt haben. Gegen vier Uhr in der Frühe, als ihre Studienkolleginnen noch in ihren Zelten schlafen, wird Elena mit einem Mal wach. Unfähig, wieder einzuschlafen, steht sie auf, um draußen am Vorabend liegen gebliebene Abfälle einzusammeln. Als sie in Richtung eines nahe gelegenen Hügels schaut, bemerkt sie eine Gruppe sich nähernder Schattengestalten, denen tänzelnd eine Anzahl matt leuchtender Lichtkugeln folgt. Elena beschreibt die »Schatten«, die sie aus einer Entfernung von etwa 50 Meter wahrnimmt, als schlanke, in braune Mönchsgewänder gekleidete Gestalten.

Der Anblick der lautlos dahinziehenden Gruppe ist für die junge Frau entschieden zu viel. Zu Tode erschrocken rennt Elena zu den Zelten zurück, um laut schreiend ihre Kolleginnen aufzuwecken. Als die Camperinnen nach den Schattengestalten Ausschau halten, sind diese verschwunden. Sie scheinen sich in Luft aufgelöst zu haben. In hysterischer Hast packen die verunsicherten Mädchen ihre Ausrüstung, um die unheimliche Gegend fluchtartig zu verlassen.

Immer wieder vernimmt man Berichte über Erscheinungen,

die mit militärischen Kampfhandlungen während des Ersten oder Zweiten Weltkrieges im Zusammenhang stehen. Mein in Minsk (Weißrussland) ansässiger Kollege informierte mich vor kurzem über zwei gut belegte Sichtungsfälle, die sich in der Ortschaft Dubowyj Log (Region Gomel) in der Nacht zum 11. März 2003 und Tischkowo (bei Vitebsk) im Juni 2003 ereignet haben sollen.

In Tischkowo will man zur Nachtzeit in den Dorfstraßen Erscheinungen deutscher und russischer Soldaten gesehen haben, nachdem Jugendliche in der Nähe der Grabstätten, wo während des Zweiten Weltkrieges erbittert gekämpft worden war, gespielt hatten. Der Spuk soll durch einen Priester aus Vitebsk, der die angeblich entweihten Gräber segnete, beendet worden sein. In Dubowyj Log waren offenbar Erscheinungen aus dem Ersten Weltkrieg aufgetaucht, die die Dorfbewohner durch »Schüsse« aus dem Schlaf geweckt haben sollen. Als Einheimische zu den Gewehren griffen, um selbst einige Salven abzufeuern, hätten die Phantom-Soldaten davon keine Notiz genommen, so als ob die Schützen für sie überhaupt nicht existierten. Mein dort ansässiger Gewährsmann meinte denn auch, dass es sich bei diesem Geschehen mehr um eine Zeitanomalie gehandelt haben müsse. Durch eine *Zeitschleife* könnten die schrecklichen Kriegsereignisse aus der Vergangenheit der Jetztzeit überlagert worden sein. Sie hätten sich dann, wie in einem Film, vor den Augen der Jetztzeitler realistisch abgespielt.

Natürlich müssen anekdotische Sichtungsberichte stets mit einem Schuss skeptischer Distanz betrachtet werden. Hinter ihnen könnten sich ohne weiteres auch bewusst gesteuerte Falschmeldungen, Übertreibungen und Fehlinterpretationen verbergen. So werden mitunter Wahrnehmungen in Trance oder Träumen als 3D-Realität interpretiert, was natürlich in keiner Weise zutrifft. Sie sind tatsächlich real, aber ausschließlich im Sinne einer virtuellen, höherdimensionalen (holographisch aufgebauten) Welt. Man sollte sich aber davor hüten, die hier aufgeführten Fälle phantastischen Geschehens von vornherein als Phantasiegebilde hyperaktiver Zeitgenossen zu werten. Erscheinungen sind nun einmal reine Bewusstseinsobjekte, denen man nicht mit der orthodox-physikalischen Messlatte beikommen kann. Der Autor wird dies mit einer Fülle unterschiedlichen Erscheinungsmaterials zu belegen versuchen.

5 »Ghost«-Spektakel – Die Vielfalt des Erscheinungsphänomens

»Die schönste Sache, die wir erfahren können, ist das Unerklärliche.
Es ist die Quelle aller wahren Kunst und Wissenschaft.«

ALBERT EINSTEIN in *What I Believe*

Im Jahre 1974 arbeitet Audrey Menezes – eine gebürtige Hawaiianerin – als Hilfsschwester in einem neu errichteten Genesungshospital ganz in der Nähe ihres Wohnorts Hayward, Kalifornien. Schon in jungen Jahren von der hawaiischen Folklore und spiritualistischem Gedankengut beeinflusst, fürchtete sie weder Tod noch Sterben, ideale Voraussetzung für den Schwesternberuf, der Einfühlsamkeit und Unerschrockenheit verlangt. Wie oft wurde sie schon mit der Nachtwache bei Schwerkranken oder dem Einkleiden Verstorbener beauftragt, Aufgaben, die sie stets mit Hingabe und Sorgfalt erledigte.

Als Audrey an jenem ereignisreichen Oktoberabend kurz vor Mitternacht auf ihrer Station eintrifft, erfährt sie, dass einer der dortigen Patienten namens John kurz zuvor verstorben war. Da John während ihrer Nachtschicht meist schlief, hatte sie ihn nie näher kennen gelernt. In Erwartung des Coroners, des mit der Feststellung des Todes beauftragten Beamten, der sein Kommen am nächsten Morgen angekündigt hatte, belässt man den Leichnam in seinem Zimmer genau gegenüber der Wachstation.

Etwa zwanzig Minuten nach Dienstantritt wird Audrey von einer aufgeregten Oberschwester angesprochen, die ihr mitteilt, dass in Johns Zimmer etwas Merkwürdiges im Gange sei. Das, was dort geschähe, wäre selbst für sie als ziemlich »abgebrühte«

Krankenschwester, die früher im militärischen Sanitätswesen tätig war, zu viel. Sie würde am liebsten auf der Stelle ihre Sachen packen und nach Hause gehen. Da Audrey für ihre Aufgeschlossenheit gegenüber unerklärlichem Geschehen und ihre Furchtlosigkeit bekannt ist, bittet die Oberschwester ihre Kollegin um Hilfe. Beide begeben sich zu Johns Zimmer, das man seit seinem Dahinscheiden geschlossen hält. Noch während sie sich besagtem Raum nähern, setzt Höllenlärm ein, beginnt die Zimmertür aus unerfindlichen Gründen zu rattern, wird an ihr mit derartiger Vehemenz gerüttelt, dass die Frauen befürchten, sie würde sich aus ihrer Verankerung lösen. Die Situation gleicht einer der unheimlichen Szenen aus dem Film Der Exorzist.

Natürlich lockt das Tohuwabohu das Pflegepersonal aus den anderen Stationen herbei, reißt die Patienten benachbarter Zimmer aus dem Schlaf. Sie alle beobachten aus sicherem Abstand ungläubig das sich ihnen bietende Spektakel. Die Rufanlage neben dem Schwesternzimmer spielt verrückt, Patienten wollen wissen, was los sei.

Audrey wartet geduldig vor Johns Zimmer, bis das Rattern etwas nachlässt. Dann ergreift sie beherzt den Türgriff und stößt die Tür weit auf. Sie schaltet sofort das Licht an und fordert den vermeintlichen Lärmverursacher auf, sich zu zeigen. Keine Antwort. Bis auf den Toten hält sich niemand in dem Zimmer auf.

Unvermittelt glaubt Audrey eine elektrische Ladung zu spüren. Ihre Nackenhaare sträuben sich. Ein Energiewirbel erfasst sie. Erschrocken dreht sie sich mehrmals im Kreis, um die Herkunft der Kraft zu ermitteln, die den gesamten Raum zu durchfluten scheint.

Da ihr keine unmittelbare physische Gefahr droht, beginnt sie das Zimmer des Toten systematisch zu durchsuchen. Ihre Suche verläuft ergebnislos, sie kann nichts Verdächtiges entdecken. Dann bittet sie ihre Kolleginnen herein, um ihnen zu zeigen, dass sich niemand dort aufhält, dass sie keine Angst zu haben brauchen. Beruhigt nehmen diese wieder ihre Arbeit auf.

Vierzig Minuten nach dem unerklärlichen Zwischenfall: Er-

neut kommt die Oberschwester herbeigerannt, gefolgt von ihrer eingeschüchterten Crew. Sie zittert am ganzen Körper, alle Farbe ist aus ihrem Gesicht gewichen. Hastig berichtet sie Audrey, dass Johns Zimmertür erneut zu vibrieren beginnt, und dass ihre Kolleginnen drauf und dran seien, den Dienst zu quittieren. Abermals begleitet Audrey die aufgeregte Schar zu Johns Zimmer, um festzustellen, dass die Tür heftiger noch als zuvor in ihrem Rahmen hin und her gezerrt wird, ganz so, als ob sie belebt wäre und auf irgendetwas verärgert reagieren würde.

Für das zuständige Pflegepersonal ist die zweite Spukmanifestation entschieden zu viel. Schwestern und Pfleger haben sich in die äußerste Ecke des Ganges zurückgezogen. Einige weinen, andere beten laut, sind überzeugt, dass der »Leibhaftige« unter ihnen weile. Die Polizei will man erst gar nicht bemühen, da es offenbar keinen Täter gibt, zumindest keinen, der sich fassen ließe.

Furchtlos betritt Audrey erneut das Spukzimmer, in dem Johns lebloser Körper immer noch friedlich daliegt, indes sein Geist Amok läuft. Leise spricht Audrey den Toten an, fragt ihn, was ihn so errege und was sie für ihn tun könne. Plötzlich erinnert sie sich, dass John sie einmal während einer Tagschicht gebeten hatte, seine Tür offen stehen zu lassen, weil er sich in dem Einzelzimmer so einsam fühle. Audrey hatte verstanden. Als sie daraufhin Johns Tür sperrangelweit öffnet und mit einem Türstopper sichert, kehrt Ruhe ein, scheint der letzte Wunsch des Verstorbenen erfüllt worden zu sein.

5.1 Die Lady auf der Treppe – Foto-Shooting für einen »Geist«

Kaum hatten Sir Charles und Lady Townshend den eben restaurierten Landsitz Raynham Hall (Grafschaft Norfolkshire) übernommen, mussten sie, wie viele ihrer Vorfahren, feststellen, dass dieser einen unirdischen Dauergast beherbergte, der in der Folgezeit so manche ihrer Besucher arg vergraulen sollte. Die im Anwesen der Townshends zur Nachtzeit herumstreunende Dame ähnelt auffallend dem Porträt einer ihrer Ahnfrauen, der im Jahre 1726 gestorbenen Lady Dorothy (Dolly) Townshend, Schwester des damaligen englischen Premierministers Sir Robert Walpole, seit 1742 Earl of Oxford. Wegen des braunen Brokatkleides, das die hübsche Dolly zu Lebzeiten zu tragen pflegte, nannte man diese wohl berühmteste Erscheinung Englands »The Brown Lady« (Die Dame in Braun).

Über die dramatische Begegnung des bekannten englischen Autors Frederik Marryat mit Dolly berichtet dessen Tochter und Biografin Florence ausführlich: »Captain Marryat lebte in den Dreißigerjahren (des 19. Jahrhunderts) auf seinem Gut in Langham/Norfolk. Sir Charles und Lady Townshend von Raynham Hall waren seine Nachbarn und Freunde. Nach Antritt ihres Erbes sparten sie an nichts, um ihren 300 Jahre alten Besitz großzügig renovieren und neu ausstatten zu lassen.

Als die Renovierungsarbeiten beendet waren, luden die Townshends ihre Londoner Freunde ein, um eine große Einweihungsparty zu feiern. Kurz nach Ankunft der Geladenen musste Sir Charles jedoch betrübt feststellen, dass sich einer nach dem anderen wieder verabschiedete. Diskrete Erkundigungen verschafften Klarheit: In Raynham Hall spukt es. Die Gäste behaupteten, eine »Dame in Braun«, deren Porträt in einem der Schlafzimmer hinge, wäre nachts auf dem Korridor und vor allem auf der großen Eichentreppe gesehen worden. Sie würde ein Brokatkleid mit gelbem Besatz sowie eine Halskrause tragen. Einige der Gäste hätten sie leise durch das Haus schleichen sehen.

Captain Marryat, der als Magistratsmitglied ebenfalls geladen war, äußerte den Verdacht, die Erscheinung wäre wohl ein raffinierter Trick ortsansässiger Wilderer, die Raynham Hall am liebsten leer stehend sehen würden, um dort ihren dunklen Geschäften nachgehen zu können. Er bewunderte noch den Einfallsreichtum der Ganoven, mit einer getürkten »Geister«-Vorstellung die Bewohner von Raynham Hall vertreiben zu wollen, und versprach, dem Unsinn ein Ende zu bereiten. Zu diesem Zweck bat er, sich drei Nächte in unmittelbarer Nähe des Zimmers mit dem Porträt von Dolly einquartieren zu dürfen. Die beiden ersten Nächte verstrichen ohne besondere Vorkommnisse. In der dritten Nacht, gerade als sich Marryat schlafen legen wollte, klopften die beiden jungen Neffen des Hausherrn an die Tür und baten ihn, in ihr Zimmer zu kommen, weil sie ihm ein kürzlich erworbenes neues Gewehr zeigen und die Meinung eines Experten hören wollten.

Auf dem Rückweg begleiteten sie ihn, da der Korridor, der zu seinem Zimmer führte, unbeleuchtet war. Etwa in der Mitte des langen Flures bemerkten sie den Schein einer Lampe, die sich ihnen aus der entgegengesetzten Richtung näherte. Marryat, der in der entgegenkommenden Gestalt zunächst eine der adeligen Damen zu erkennen glaubte, duckte sich in eine Nische zwischen zwei Türen, um der Peinlichkeit zu entgehen, nur in Nachtbekleidung gesehen zu werden. Seine beiden jungen Begleiter versteckten sich ebenfalls.

Als die Dame mit der Lampe immer näher kam, konnten sie durch einen Spalt in der nicht ganz geschlossenen Tür ihre Kleidung erkennen. Es war genau das Brokatkleid von Dolly, das im Schlafzimmer der Townshends hing. Schon wollte Marryat die Dame auffordern stehen zu bleiben, zu erklären, was sie zur späten Stunde hier zu suchen habe, als diese von selbst anhielt. Indem sie die Lampe hochhielt, konnte Marryat deutlich ihre grinsenden, furchteinflößenden Gesichtszüge erkennen, die seinen Verstand zu paralysieren schienen. Doch sollte die anfängliche Angst rasch einer unbeschreiblichen Wut weichen. Geistesgegenwärtig sprang er in den Korridor, feuerte seine stets mitgeführte Pistole mitten in ihr Gesicht. Sofort verlosch die Lampe, löste sich die Gestalt vor den Augen des zu Tode erschrockenen Marryat in Nichts auf. Am folgenden Tag fand man die Kugel, die die Außentür hinter der boshaft grinsenden Lady durchschlagen und sich in die Verkleidung der Innentür gebohrt hatte.

Es war dies beileibe nicht das erste und einzige Mal, dass Besucher von Raynham Hall mit der spektralen Erscheinung von Dorothy Townshend konfrontiert wurden. Jahre zuvor, in der Weihnachtszeit, waren Colonel Loftus, Lady Townshends Bruder, und ein Mr Hawkins dort zu Gast. Beide hatten nach einem unterhaltsamen Abend noch eine Partie Schach gespielt und schickten sich an, nach oben in ihre Schlafzimmer zu gehen. Als sie sich, im ersten Stock angekommen, eine gute Nacht wünschten, fragte Hawkins seinen Begleiter, wer die Person sei, die an der Tür des Schlafzimmers seiner Schwester stünde und so merkwürdig gekleidet sei. Colonel Loftus, der kurzsichtig war, setzte sein Monokel auf und ging ein paar Schritte auf die Lady zu, als diese sich mit einem Mal in Luft aufzulösen schien.

Am nächsten Abend zur gleichen Zeit wollte sie Loftus erneut gesehen haben. Indem er ihr auf der Treppe vorauseilte, konnte er ihr den Weg abschneiden. Als er sich umdrehte, sah er, wie sie wendete und eine andere Treppe hinabstieg. Da gerade der Mond durch die frostbeschlagenen Fenster schien, konnte Loftus die Gestalt in aller Deutlichkeit erkennen. Sie trug ein prächtiges braunes Brokatkleid und eine Haube ganz im Stil des frühen 17. Jahrhunderts, war von beeindruckender Statur und hatte feine Gesichtszüge. Als er ihr voll ins Gesicht schauen konnte, erlebte er eine böse Überraschung. Da, wo sich die Augen befinden sollten, blickte er in zwei leere Augenhöhlen.

In seinem Schlafzimmer angekommen, skizzierte er aus dem Gedächnis das, was er gerade gesehen hatte. Seine Freunde identifizierten die geheimnisvolle Person anderntags als die »Brown Lady«.

Lord Townshend selbst begegnete der Erscheinung, als diese ihm einmal auf dem Weg in sein Schlafzimmer voranschwebte. Um sicher zu gehen, dass kein Lebender, aus welchen Gründen auch immer, die Lady in Braun imitiere, ließ er an Türen und Fenstern Schlösser und Bolzen anbringen. Scotland Yard entsandte auf seine Bitte hin einige als Diener getarnte Detektive, die aber zu keiner Zeit etwas Verdächtiges feststellen konnten.

Über die lebende Dolly ist nicht viel bekannt. Sie heiratete 1713 den verwitweten Lord Townshend, der zu Norfolks Landadel gehörte. Ihre Ehe stand unter keinem guten Stern, da ihre Schwiegermutter sie wegen ihrer auffälligen Kleidung, in der sie stundenlang Raynham Hall durchstreifte, für nicht gesellschaftsfähig hielt. Als der Lord auf Betreiben seiner Mutter die vier aus der Ehe hervorgegangenen Söhne Dollys Aufsicht entzog, nahm die Tragödie ihren Lauf. Verwirrter und unglücklicher als je zuvor starb sie im Jahre 1726, nur 13 Jahre nach der Eheschließung.

Anekdotisch übermittelte Berichte über Konfrontationen mit dem Ungewöhnlichen, Unfassbaren haben in England Tradition. Spektrale Erscheinungen wie im Fall der glücklosen Dorothy Townshend, die sich bekanntlich nur im Bewusstsein Anwesender abspielen, sind nach den Kriterien orthodoxer Naturwissenschaftler ausschließlich subjektiver Natur, wobei allerdings hervorgehoben werden muss, dass diese Beurteilung im Sinne der neuen bewusstseins-integrierenden Physik nicht etwa abwertend – als Täuschung oder Fehlinterpretation – zu verstehen ist. Die Klassifizierung »subjektiv« bezieht sich einzig und allein auf Echtheitskriterien der Vor-Quantenphysik, in der ein Bewusstsein als undefinierbares, rein geistiges Etwas nichts zu suchen hatte.

Die »subjektiven« Wahrnehmungen der »Brown Lady« durch dort anwesende Personen sollten jedoch durch ein so genanntes »Geisterfoto« von besagter Dame weiter erhärtet werden. Es kam rein zufällig zustande, als die Townshends im Herbst 1936 die Berufsfotografen Captain Provand und Mr Indre Shira von der gleichnamigen Londoner Firma mit der Erstellung einer Fotoserie ihres Landsitzes beauftragt hatten.

Am 19. September hatten die Fotografen bereits um acht Uhr früh mit den Aufnahmen begonnen. Ein anstrengender Tag lag vor ihnen. Gegen 16 Uhr waren sie mit dem Fotografieren der großen Eichenholztreppe, dem Stolz der Townshends, beschäftigt. Provand hantierte unter dem Einstelltuch an der Kamera herum, während Shira mit schussbereiter Blitzlichtpistole hinter ihm stand. Plötzlich bemerkte Shira etwas, das er später als »ätherische, verschleierte Gestalt« bezeichnete, die langsam die Treppe herunterkam. Geistesgegenwärtig raunte er Provand zu: »Schnell, schnell, da ist etwas; sind Sie bereit?« Als dieser seine Frage bejahte, ging alles ganz schnell. Shira blitzte und Provand betätigte die Kamera. Dann erst fragte er Shira, was los sei. Dieser ließ den verdutzten Provand wissen, dass wenige Augenblicke zuvor eine transparente Gestalt die Treppe herabgestiegen sei, durch die hindurch er die Stufen habe erkennen können. Provand konnte nicht glauben, dass er eine Erscheinung fotografiert hatte, zumal diese nach der Belichtung nicht mehr zu sehen war.

Beide entwickelten die belichtete Platte gemeinsam. Provand, der Shiras Behauptung angezweifelt und mit fünf Pfund dagegen gewettet hatte, entdeckte die schwachen Umrisse einer weiblichen Gestalt auf dem Negativ als Erster. Ein sofort herbeigeholter Zeuge – Inhaber einer Drogerie, der als Fotoexperte im Haus ein eigenes Labor besaß – sah gerade noch, wie das Negativ aus dem Entwicklerbad herausgenommen und in die Fixierlösung getaucht wurde. Er äußerte dazu, wenn er nicht mit eigenen Augen gesehen hätte, wie Provand das Negativ in das

Fixierbad tauchte, wäre ihm nie der Gedanke gekommen, dass das Bild echt sei.

Das »Geisterbild« erschien nach eingehender Prüfung durch zahlreiche Professionelle – unter ihnen der kritische Parapsychologe und Autor Harry Price (1881–1948) – in der englischen Zeitschrift *Country Life* vom 26. Dezember 1936. Es zeigt eine geisterhafte weibliche Gestalt, wie sie die Treppe herunterkommt. Die in ein fließend weißes Gewand gehüllte Frau wirkt ziemlich groß. Durch die verschwommen erscheinende Gestalt hindurch kann man die einzelnen Treppenstufen erkennen. Gesicht und Hände sind nicht auszumachen, aber die Falten ihres Kleides kommen gut zum Vorschein. Vom Kopf hängt etwas herunter, das wie ein Schleier aussieht. Auf dem Originalabzug will man sogar eine Halskrause entdeckt haben.

Ein Foto kommt bekanntlich dadurch zustande, dass die in die Kameraoptik einfallenden elektromagnetischen Strahlen (das Licht) die Filmemulsion verändern. Sichtbares Licht belegt aber innerhalb des elektromagnetischen Spektrums nur einen winzigen Ausschnitt. Es könnte durchaus sein, dass unter bestimmten Umständen eine andere Strahlungsform jenseits unseres visuellen Wahrnehmungsvermögens auf die Filmemulsion einwirkt – eine, die über die so genannten »subtilen Energien« aus dem Subquantenbereich direkt vom Bewusstsein Lebender oder auch Verstorbener beeinflusst wird und so deren Vorstellungen auch fotografisch wiedergibt.

In mehr als 130 Jahren haben Fotografen in aller Welt tausende von Fotos mit solchen »Extras« produziert. Die meisten dieser »Geisterbilder« sollten sich bei genauer Überprüfung als plumpe Fälschungen erweisen, als Bilder, die sogar in betrügerischer Absicht erstellt wurden. Es gibt jedoch auch einige Aufnahmen mit »Extras«, die in den Entwicklungslabors großer Filmhersteller akribisch untersucht wurden und an deren Echtheit kein Zweifel besteht. Erscheinungen werden im Prinzip nur von unserem immateriellen Bewusstsein wahrgenommen, können aber auch, wie hier, auf indirektem Wege durchaus sichtbar werden.

5.2 »Visuelle« Kontakte

Dass es sich bei Erscheinungen Sterbender oder Verstorbener ausschließlich um Bewusstseinsphänomene handelt, d. h. um das Eindringen von deren holographisch gespeicherten Bewusstseinskernen in unser eigenes Bewusstsein, ist nach neuesten naturwissenschaftlichen Erkenntnissen unbestreitbar. Auch besteht kein Zweifel daran, dass Kontakte zwischen deren und unserem Bewusstsein vorwiegend in veränderten Bewusstseinszuständen – im Schlaf/Traum, im hypnagogen (schlafähnlichen) Zustand oder in Trance – zustande kommen.

Auch wenn wir uns im Wachzustand wähnen, ist beim Erfahren jedweder Erscheinungen unser Bewusstsein doch irgendwie vom Alltagsgeschehen abgekoppelt, nehmen wir die Welt um uns herum nur oberflächlich wahr und konzentrieren uns auf die in unseren Geist eindringende Bewusstseinswesenheit. So wird die durch Ausblocken der Alltagsrealität entstehende »Leere« mitunter auch durch Phantom-Szenarien ausgefüllt wie z. B. im Fall der Crawfords (Kapitel 4.3), ohne dass dies den Betreffenden auf Anhieb bewusst wird.

Ein solches Szenarium – ein Eigenerlebnis – beschreibt meine Autoren-Kollegin Dr. Sigrid Lechner-Knecht in ihrem hochinteressanten Buch *Raum-Zeit – Kreuzfahrten ins Zwischenreich*: »Als 15-jährige Schülerin fuhr ich im Winter samstags nach dem Unterricht per Rad ins Sastler Tal – die Schier ans Rad gebunden –, um vom letzten Bauernhaus aus zu Fuß etwa eineinhalb bis zwei Stunden durch die Klause zur Schihütte unterhalb des Sastler Lochs am Feldberg aufzusteigen. Diese ›Rehbühlhütte‹ war eine ehemalige Holzfällerunterkunft. Sie hatte einen Aufenthaltsraum mit ein paar Pritschen, einem großen Tisch und einem Herd. Es gab kein elektrisches Licht, nur Kerzen und Petroleumlampen. Wer von den übernachtenden Schifahrern zuerst zur Hütte kam, machte Feuer. Das Holz hatten wir im Sommer gerüstet. Dafür durften wir hier billig übernachten. Einen Brunnen gab es nicht, d. h., das Wasser war meist gefroren. So schmolzen wir für unseren Tee und die Suppen eben Schnee. Sowie das Herdfeuer brannte, ging es ans Schneeschmelzen.

An einem Wintersamstag langte ich als Erste an. Mit viel Mühe brachte ich die vereiste Hüttentür auf, machte Feuer, schmolz Schnee, kochte Tee. Todmüde kroch ich in den Schlafsack, nachdem ich die Petroleumfunzel gelöscht hatte. Ich wurde aus meinem Schlaf durch ein Geräusch geweckt, das wie Kartenklopfen klang. Die Lampe brannte trübe. Ich richtete mich auf, um zu sehen, wer Licht gemacht hatte und so unvorstellbar leise gekommen war. Normalerweise war schon das Abklopfen des Schnees von den Stiefeln draußen an der Türschwelle, das Öffnen der Tür, das Absetzen des Rucksacks und das Ausziehen der Stiefel mit so viel Gepolter verbunden, dass man selbst aus einem Tiefschlaf aufwachen musste.

Wir Hüttenbesucher kannten uns untereinander alle. Daher war ich erstaunt, drei Fremdlinge am Tisch Karten klopfen zu sehen. Sie trugen keine Schianzüge. Zwei von ihnen hatten eine Art Schlapphut, einer eine schwarze Zipfelmütze auf. ›He, ihr drei, wer seid ihr; guten Abend … toll, wie leise ihr gekommen seid.‹ Auf meine Worte erfolgte keine Reaktion. Seelenruhig klopften die drei Karten. Na, so was, dachte ich, seit wann herrschen in der Hütte solch unhöfliche Sitten? Ich rief nochmals: ›He, ihr, warum könnt ihr nicht grüßen? Ich kenne euch nicht. Der Tee steht auf dem Herd.‹ In diesem Augenblick sah ich, wie die drei Männer verschwanden, so, als ob sie sich in Luft aufgelöst hätten. Nur die Lampe brannte noch. Ich dachte, da hatte sich jemand einen Scherz erlaubt, vielleicht, um mich zu erschrecken, weil ich ganz allein war. Ich untersuchte den kleinen Raum. Niemand war zu finden. Ich rieb mir die Augen. Hatte ich nur geträumt? Nein, das war nicht möglich. Ich schenkte mir eine Tasse Tee ein und begann zu grübeln. Gibt es Wachträume?

Einige Zeit später kamen Frieda und Erich mit dem üblichen Gepolter. ›Ihr habt mich schön gefoppt; wo ist der Dritte?‹, fragte ich die Ankömmlinge. Die schüttelten nur den Kopf, waren müde und wollten Tee trinken. Ich insistierte: ›Wie konntet ihr nur so leise die Hütte betreten? Ich bin erst durch euer Kartenspielen aufgewacht. Lustig habt ihr in eurer Verkleidung ausgesehen.‹ Doch die beiden wollten davon nichts wissen. Nun erzählte ich. Vielleicht hielten sie mich für plemplem. Aber dann untersuchten sie mit mir alles, auch draußen. Es gab keine Fußstapfen, außer denen von Frieda und Erich. Die Fenster waren fest verrammelt. ›Du hast alles nur geträumt!‹, meinten die beiden. ›Nein, ich habe nicht geträumt. Es war halb acht Uhr, als ich die Leute Karten spielen sah.‹ Aber, wenn ich nicht geträumt hatte, wieso war ich dann aufgewacht, um meine Phantasie spielen zu lassen? Wir diskutierten. Da ich nicht als Spinner eingeschätzt wurde und man meiner Erzählung glaubte, fragten wir uns, was denn nun eigentlich geschehen sei. Ich weiß es bis heute nicht.«

Ob es sich bei der hier geschilderten spukhaften Begegnung um ein holographisch ins Bewusstsein der Autorin »eingespiegeltes« Bild einer früheren Szene in der Hütte handelte und ob die Kartenspieler noch unter den Lebenden weilen, lässt sich heute nicht mehr sagen, zumal es sich hierbei um völlig fremde Personen handelte.

Ein merkwürdiges Phänomen, das sich vor oder auch während der Manifestation von Erscheinungen bemerkbar macht, ist das Gefühl plötzlich auftretender Kälte. In geschlossenen Räumen wird sie manchmal sogar als eiskalter Luftzug empfunden, dessen Herkunft nicht zu ermitteln ist. In so genannten *Spukhäusern*, wo es häufiger als anderswo zu Erscheinungen kommt, glaubt man mitunter in einer Gefrierkammer zu sein.

Eine Engländerin, Kate Moody (Pseudonym), berichtet über einen solchen Kälteeffekt, der im Zusammenhang mit der Manifestation einer Erscheinung empfunden wurde: »... Ich erinnere mich, es war Winter und bitterkalt, als ich mit Bill, meinem Verlobten, nach Hause kam ... Ich stellte den Wasserkessel auf, schürte das Feuer und bereitete uns zwei Tassen Schokolade zu. Dann machten wir es uns vor dem warmen Kamin gemütlich. Mir fielen mit einem Mal die Augen zu. Ich weiß nicht, wie lange wir so dasaßen, aber plötzlich wurde es im Zimmer sehr kalt. Mich fröstelte. Als ich die Augen öffnete, stand da neben dem Tisch eine Frau in einem langen Kleid im Empirestil (Mode in der Zeit 1800–1830), das von den Brüsten bis zu den Schuhen reichte. Sie trug einen breitkrempigen Hut … Ich ergriff Bills Arm. Er schaute mich an und sah, dass ich zum Tisch hinüberstarrte. Sofort sprang er auf, um die Gasflamme (Beleuchtung vor Einführen der Elektrizität) etwas aufzudrehen. Im gleichen Augenblick hob sie (die Phantomfrau) den Arm und deutete mit der Hand nach unten, offenbar, um uns auf etwas hinzuweisen. Daraufhin verschwand sie in quirlendem, grauem Nebel. Ich war damals ganz schön durcheinander. Keiner von uns beiden brachte ein Wort heraus. Das traurige Gesicht der Frau werde ich nie vergessen.«

Es könnte sein, dass das vorangegangene Kälteempfinden der Auftakt für die visuelle Manifestation war, da es die Perzipientin zum »Öffnen der Augen und Hinschauen« veranlasste. In diesem bemerkenswerten Fall hatten sogar zwei Personen die gleiche Wahrnehmung gemacht.

»Ich war todmüde und hatte das zwingende Bedürfnis zu schlafen. Aber zunächst wollte ich noch gründlich duschen. Auf meinem Weg zum Etagenbad kam mir eine Frau entgegen, die ein langes, altmodisches Kleid trug. Ich grüßte höflich und wünschte ihr einen ›guten Abend‹, aber sie ging komischerweise wortlos an mir vorbei, so wie eine Art Zombie, als ob ich für sie überhaupt nicht existiere. Zwar fand ich ihr Verhalten recht merkwürdig, entschuldigte es aber mit weiblicher Zurückhaltung und einer gewissen Abneigung, sich zur nächtlichen Stunde von einem Fremden ansprechen zu lassen. Obwohl ich mich über den Auftritt der seltsam gekleideten Dame wunderte, wäre es mir nicht in den Sinn gekommen, sie für eine Erscheinung zu halten …

Nach dem Duschen legte ich mich sofort ins Bett, knipste das Licht aus und schlief vor Übermüdung gleich ein. Es war so gegen ein Uhr dreißig, als ich durch dumpfe Schläge und Geräusche, die vom Fußboden herzukommen schienen, erwachte. Als ich das Licht einschaltete, wurde es sofort ruhig. Mich fröstelte (!). Nachdem ich mich davon überzeugt hatte, dass da niemand sonst im Zimmer war, und ich vorsichtshalber Uhr und Brieftasche unter dem Kopfkissen verstaut hatte, schaltete ich das Licht aus. Die nach gleichem Muster verlaufende Störung sollte sich in jener Nacht noch zweimal wiederholen: gegen drei Uhr und um vier Uhr fünfzehn. Und jedes Mal überkam mich ein kalter Schauer. Als die unerklärlichen Geräusche ein drittes Mal einsetzten, bekam ich regelrecht Angst und ließ das Licht an. Daraufhin unterblieb die spukhafte Manifestation, und ich konnte bis zum Morgen ohne Störung durchschlafen.«

Diese sachliche Schilderung verdanken wir Elvet Price, einem Kriminalinspektor der Londoner Metropolitan Police, der im Juni 1969 in einem Hotel in einer Waliser Kleinstadt übernachten musste, weil er den letzten Zug nach Hause verpasst hatte.

Eine Woche danach machte Price durch Zufall die Bekanntschaft eines anderen Kriminalbeamten, der aus besagtem Städtchen stammte. Dieser hatte erfahren, dass es in jenem Hotel, in dem er übernachtet hatte, bisweilen spukte. Dort hatte am 30. August 1920 der damalige Wirt Guto Llewelyn in einem Wutanfall seine Ehefrau Angharad erdrosselt. Der seinerzeit zur gerichtsmedizinischen Begutachtung herangezogene Pathologe Dr. Bernhard Spilsbury hatte festgestellt, dass das Opfer während des Tathergangs auf einer harten Fläche gelegen haben muss, wahrscheinlich auf dem Fußboden. Der Tod war nach Feststellung des Arztes erst zwei Stunden nach dem Erdrosseln eingetreten. Zwischen dem im Polizeiprotokoll vermerkten Ereignisablauf und Price's akustischen Wahrnehmungen gibt es eine zeitliche Diskrepanz. Spukhafte Manipulationen, selbst wenn sie auf die gleiche Örtlichkeit beschränkt sind, gehorchen offenbar eigenen Gesetzmäßigkeiten. Kriminalinspektor Price hatte allem Anschein nach eine Art »Playback« erlebt, eine quasi-visuelle Erscheinung des Opfers auf dem Weg zum Bad und dann eine quasi-akustische Wiederholung der Tat … volle 50 Jahre danach.

Guto Llewelyn wurde wegen seines bislang untadeligen Lebenswandels zu nur fünf Jahren Zuchthaus verurteilt und nicht, wie in verschiedenen Publikationen fälschlicherweise behauptet, zum Tode. Vielleicht war es dieses milde Urteil, das die spektrale Angharad bisweilen umtreibt.

Linda E. Montrose aus Poynor, Texas, berichtete mir kürzlich über ihre Wahrnehmung einer sehr real wirkenden Erscheinung bei helllichtem Tage. Im Sommer 1982 war sie mit ihrem Ehemann Bob damit beschäftigt, in einer neu erbauten Leichenhalle in Frankston, Texas, Teppich zu verlegen. Beim Reinigen der Böden stellten sie fest, dass die gelieferte Menge an Belag nicht ausreichte. Da ihnen vor Ort kein Telefon zur Verfügung stand, mit dem sie das fehlende Material hätten ordern können, machte sich Bob mit dem Wagen auf den Weg, um die Ware zu holen. Linda fuhr mit den Reinigungsarbeiten allein fort. Sollte jemand die Halle betreten, hätte sie es hören müssen, da es nur einen einzigen Eingang gab, in dessen Nähe sie gerade beschäftigt war. Doch plötzlich stand jemand vor ihr, dessen Kommen sie nicht gehört hatte: eine kleine alte Dame in Sonntagskleidung, wie man sie in den Fünfzigerjahren einmal getragen hatte. Ihr Pillbox-Hut mit Tüllschleier erinnerte sie an die Mode ihrer Großmutter. Die alte Dame brachte kein Wort hervor. Sie starrte Linda nur eine Weile unentwegt an. Dann machte sie kehrt, ging weiter in die Halle hinunter und … verschwand, »löste sich in Luft auf« wäre wohl der bessere Ausdruck gewesen. Linda: »Ich konnte es gar nicht fassen, eine Erscheinung gesehen zu haben, da sie so lebensecht wie jeder von uns aussah. Sie schwebte auch nicht, wie das von Erscheinungen häufig gesagt wird.

Als mein Mann zurückkam, erzählte ich ihm, was mir widerfahren war, und ich beschrieb ihm die kleine alte Dame. Bob schaute mich verblüfft an und sagte: ›Du hast gerade Frau Petry beschrieben, aber sie starb bereits Anfang der Sechzigerjahre. Ihr gehörte einst das Grundstück, auf dem die neue Leichenhalle errichtet wurde.‹«

Linda selbst konnte nicht wissen, wie Frau Petry aussah, da sie nicht von dort stammt. Sie zog erst im Jahre 1977 mit ihrem Mann in diesen Ort, um näher bei dessen Familie zu sein.

Dr. Sigrid Lechner-Knecht berichtet in ihrer bemerkenswerten Fallsammlung »*Raum-Zeit*« über eine ähnlich real wirkende Erscheinung, die sich kurz darauf als lebensrettend erweisen sollte: »Frau B. (in Chile) steigt in ihrem Wohnhaus, einem hellen, modernen Gebäude, mit ihrer siebenjährigen Tochter aus dem Lift. Sie geht zu Fuß zwei Stockwerke höher. Dort begegnet ihr ein Herr, der gerade aus dem Lift aussteigt, zu ihrer Wohnungstür geht und stehen bleibt. Frau B. fragt, ob er zu ihr wolle; sie sei hier zu Hause. Zu ihrer Verwunderung sieht sie, wie der Herr durch die geschlossene Tür geht (sic) und verschwindet. Frau B. denkt, die Tür sei offen und will hinterhergehen. Aber sie ist abgeschlossen, und Frau B. öffnet sie mit ihrem Schlüssel. Sie hat zwar nicht das Gesicht des Herrn gesehen, wohl aber seinen dunkelblauen Anzug und seine Bewegungen. Und nach diesen zu urteilen, musste es ihr Bruder sein, von dem sie jahrelang nichts mehr gehört hatte. Daher meinte sie, er habe vielleicht, um sie zu überraschen, sich einen Hausschlüssel besorgt, und sie habe nicht bemerkt, dass er die Tür aufschloss. In ihrer Wohnung ruft sie (nach ihm), erhält aber keine Antwort. Einige Zeit später erfuhr sie, dass ihr Bruder vor sechs Jahren bei einem Autounfall umgekommen war und dabei einen dunkelblauen Anzug getragen hatte.«

Auf medialem Wege (durch *automatisches Schreiben*) will Frau B. dann von ihrem Bruder erfahren haben, er sei gekommen, um ihr zu sagen, dass ihre Mutter erkrankt sei. Weiter heißt es hier: »Frau B. stellte keine weiteren Fragen, sondern telefonierte mit ihrer Mutter. Tatsächlich hatte die bisher gesunde Frau gerade eine Uterusblutung bekommen, von der nie-

1

Geographische Lage der Absturzstelle der Boeing 757 bei Shanksville südlich von Phila-
'elphia; Luftaufnahme des Aufschlagsgebietes.

Aufräumarbeiten an der Aufschlagstelle nahe Shanksville.

2

3

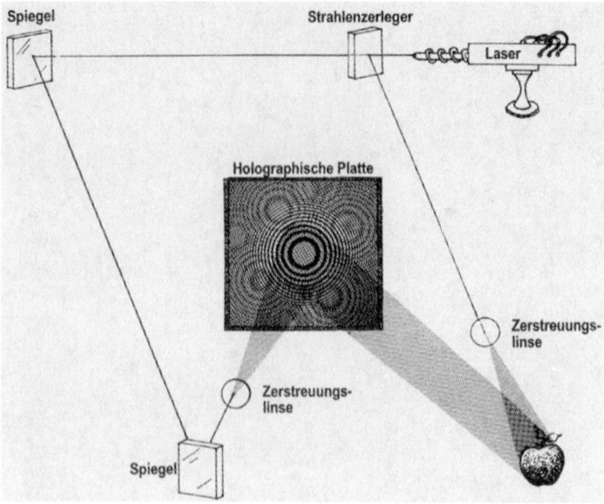

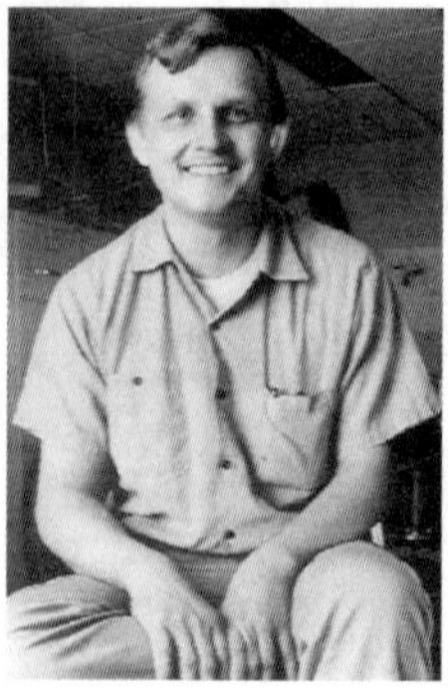

4

4 Professor Han Moravec, Direkt des Mobile Rob Lab *am* Robotic Institute *der Ca-negie Mellon Ur versity, Pittsburg glaubt, dass wir später einmal all geistigen Aktivitäten des Menschen aufzeichn und so eine digitale Unsterblichkeit realisieren können.*

3 Der geniale Quantenphysiker Professor David Bohm (†), Birbeck College, Universität London, erkannte in bestimmten Quanteneffekten den quasi-holographischen Aufbau unseres vieldimensionalen Universums und unseres Bewusstseins. Hier, zur Veranschaulichung des holographischen Prinzips, die vereinfachte Darstellung der Entstehung eines Hologramms.

5

5 Zeichnerische Darstellung eines Kugelblitzes, der 1902 nahe Nizza vom Hotel Georges du Loup aus beobachtet wurde.

6

6 Computerexperten glauben, dass sich spätere Generationen einmal in künstlich erschaffene virtuelle Welte einklinken können, z.B. um dort unbeschwerte Urlaube zu verbringen oder gar Reisen in die Vergangenhei zu unternehmen (vgl. auch »Nachwort«-Kapitel).

7

Das Hunter-Dawson-Haus in New Madrid (Missouri) an den Ufern des Mississippi. Die Gegend gehört zu einer äußerst aktiven Erdbebenzone, die Störungen des Raumzeit-Gefüges erursachen könnte.

8

Das fragliche Bett im Hunter-Dawson-Haus, auf dem man »Abdrücke« einer unsichtbaren scheinung wahrgenommen haben will. Sie könnten von den immer noch aktiven Bewusstinen Verstorbener psychokinetisch verursacht worden sein.

Der bekannte Physiker und Transkommukationsforscher Professor Dr. Ernst Senwski (re.) zusammen mit dem erfolgreien Experimentator Adolf Homes (†), der le Jahre ausgezeichnete Transmitteilungen er Radio, Fernsehen, Telefon und Comter erhielt.

9

10

10 Eine der jährlich in den USA veranstalteten »Reenactions«, in deren Verlauf Schlachtszenen aus der Zeit der amerikanischen Sezessionskriege (1861–1865) nachgestellt werden.

11

11 Ein galizisches cruceiro *beschreibt den Ort, an dem angeblich die* Santa Campañía *öfter in Erscheinung getreten sein soll.*

12 Die Pharmaziestudentin Elena Bermúdez will im August 1990 in d Region Cabourne (Pontevedra) ein Umzug der Santa Campañía *beobachtet haben.*

14

14 Seitenstraße im alten englischen Prestbury bei Cheltenham (Gloucestershire). Der Ort rangiert mit zahllosen Spukfällen – Geistreiter, schwarzer Mönch – in England an zweiter Stelle. Paul Devereux befasst sich intensiv mit »Outdoor«-Erscheinungen.

13 Die »Braune Lady« von Raynham Hall, fotografiert am 19. September 1936 von Captain Provand. Für uns sichtbar wird lediglich der »Grenzflächeneffekt« zwischen unserer 4D-Welt und der jenseitigen Bewusstseinswesenheit.

16 Der englische Journalist Montague (Monty) Keen (†) war als langjähriges Mitglied der Society for Psychical Research (S.P.R.) *als Sekretär des* Survival Committees *(Komitee für Überlebensforschung) tätig. Der Autor unterhielt einen langjährigen Kontakt zu Monty.*

15 Der Schweizer Jurist Dr. jur. Hans Schaer (re.) protokollierte am 15. Dezember 2003 eine spiritualistische Sitzung mit dem englischen Materialisationsmedium David Thompson (li.) in Haywards Heath (West Sussex, England).

16

17

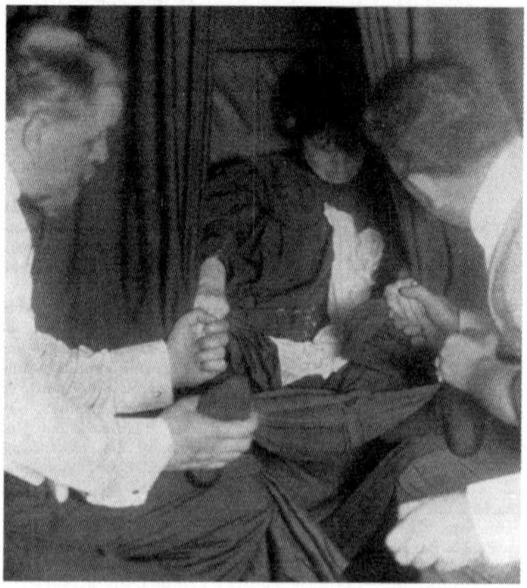

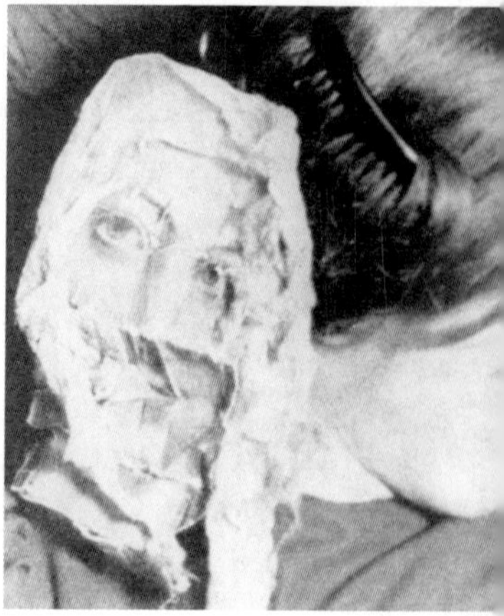

17 Dr. med. Albert Freiherr von Schrenck-Notzing experimentierte zu Beginn des 20. Jahrhunderts mit dem französischen Materialisationsmedium Béraud, das in seinen zahlreichen akribischen Untersuchungen mit dem Pseudonym Eva C. vorgestellt wird.

18 Aus einer Sitzung mit Eva C.: Eine maskenartige Gesichtsform einer Frau materialisiert sich am Kopf von Eva C.

19

19 Der bekannte Schweizer Psychiater, Neurologe und Parapsychologe Dr. med Hans Naegeli-Osjord (†), der sich vorzugsweise mit magischen Phänomenen und allen Erscheinungsformen der Besessenheit befasste.

20

20 Der Konstrukteur der Minilabs und Autor des Buches Psi Physics *Ed Cox (†) mit dem Minilab-Experimentator Prof. Dr. J. Thomas Richards (re.) vor dessen Haus in Rolla, Missouri.*

?1 *Installiertes Minilab im 'solationsraum von Richards' Haus in Rolla.*

21

2 *So genannte Mini-Minilabs (Medizin-'aschen), in denen ebenfalls psychokinetische ktivitäten nachgewiesen wurden.*

22

3 *Bildsequenz des psychokinetischen Ver-hlingens und Trennens ringförmiger Ob-kte aus Kunststoff im Minilab (Materie urch Materie); sie sind konventionell-physi-alisch nicht erklärbar.*

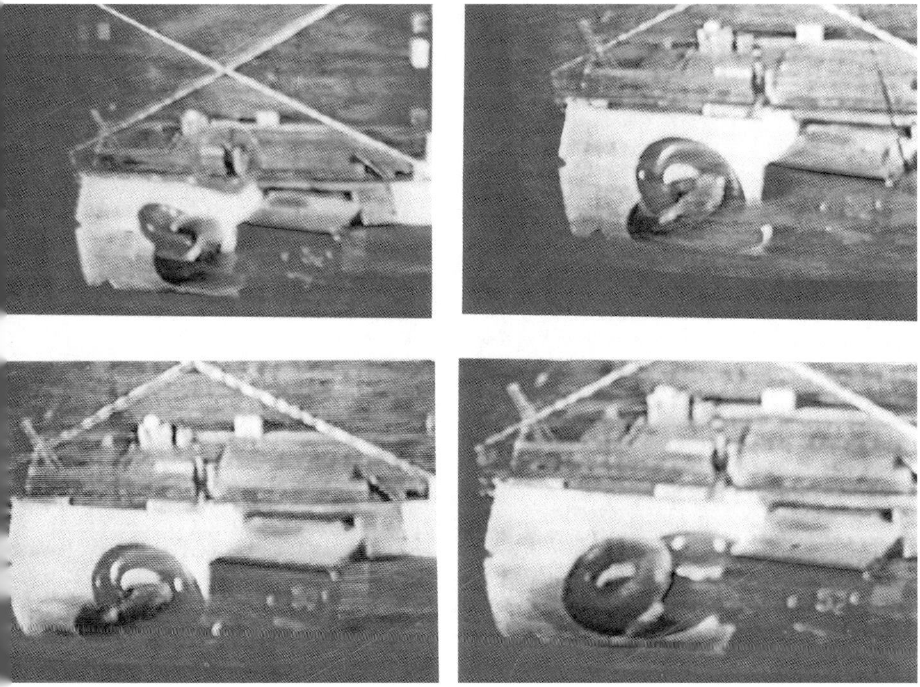

b

23

d

24

24 Kugelschreiber außerhalb de Minilabs levitiert in Schreibposition und schreibt automatisch eine Botschaft.

25

25 In Alaska in der Nähe des zum Glacier-Bay-Nationalpark gehörenden Muirgletschers bot sich zwischen dem 21. Juni und dem 10. Juli 1887 dort Anwesenden ein grandioses Spektakel: Silent City, *die »Geisterstadt«, die auf keiner Landkarte verzeichnet ist.*

mand etwas wusste. Die Mutter wurde sofort ins Krankenhaus gebracht. Ohne die Nachricht ihres sechs Jahre zuvor verstorbenen Bruders wäre sie daheim verblutet.

Jacqueline Deaner Workman aus Canton, Michigan, will schon als Siebenjährige ihre Furcht vor dem Sterben verloren und erfahren haben, dass der Tod nur eine Metamorphose und nicht das Ende wäre: »Es war an einem sonnigen Frühlingstag 1936, als man mir sagte, dass mein lieber Onkel Ed Ballard tot sei. Er war in Sciotoville, Ohio, brutal ermordet worden. Angehörige einer fundamentalistischen Glaubensgemeinde taten das Ihrige, um meine Trauer und die Sorge um sein Seelenheil zu vergrößern, indem sie behaupteten, mein Onkel würde bestimmt zur Hölle fahren, da er getrunken hatte, als er starb.

Zwei oder drei Wochen nach seinem Begräbnis wurde ich nachts wach, ich hatte das Gefühl, dass sich Ed in meinem Zimmer aufhält. Ich roch den Rauch seiner Zigarre und sein Haarwasser, das er benutzte, um sein lockiges Haar zu festigen. Kein Zweifel, Onkel Ed stand neben meinem Bett, und ich wusste, dass ich wach war, denn ich spürte den Nachtwind, der die Vorhänge bewegte, und ich sah das helle Mondlicht, das durch das Fenster in mein Zimmer strömte.

Dann sprach Onkel Ed zu mir. Seine Stimme war unverkennbar. Er sagte mir, dass ich mich um ihn nicht zu sorgen brauche, da seine Frau – Tante Mary war bereits 1928 gestorben – bei ihm sei. Der Tod sei so etwas wie erneut geboren zu werden. Seine neue Existenz sei viel realer und intensiver (sic!) als unser irdisches Leben. Wir kämen aus der Dunkelheit des Mutterschoßes in die Helligkeit des Lebens, und der Tod sei so etwas Ähnliches. Man würde zuerst einen langen schwarzen Tunnel durchqueren, um am anderen Ende von jemand Bekanntem begrüßt zu werden. Bei ihm sei es Tante Mary gewesen, die ihn ›heimgeführt‹ habe. Die größte Schwierigkeit beim Sterben sei es, dass man merke, wie man von seinem materiellen Körper wegtreibe. Nachdem man eine Weile in der Dunkelheit verweilt habe, käme jemand, um einem beim Übergang zu helfen. Ed schloss mit den Worten, dass die Realität mit dem Tod käme und dass Jacqueline ihn eines Tages verstehen werde.«

Kinder besitzen aufgrund ihrer Unbefangenheit und noch nicht stattgefundenen Indoktrination mit irgendwelchen weltanschaulichen, wissenschaftlichen und theologischen Lehrmeinungen ein besonders hohes Maß an Medialität. Und diese befähigt sie, mitunter in eine andere Realität zu blicken, Dinge zu schauen, die uns Erwachsenen verwehrt bleiben.

Thelma Hall Quast, heute Herausgeberin einer Tageszeitung in Ohio, hatte als Fünfjährige eine solche Erfahrung, deren Bedeutung sie aber erst Jahre später verstehen sollte.

Ihre Mutter und ihre Großmutter waren häufig bei ihren Nachbarn, einer Familie Gravette, zu Gast, und Klein-Thelma war immer hocherfreut, dabei sein zu dürfen. Sie war ein schüchternes Kind, das artig dasaß und den Gesprächen der Erwachsenen lauschte. Dabei schweiften ihre Blicke durch das geräumige Wohnzimmer, das drei Türen besaß, die zur Küche, zum Salon und Flur führten. Vor allem die Tür zum Flur erregte Thelmas Aufmerksamkeit. Ursache für ihre Neugierde war ein kleiner Junge, drei bis vier Jahre alt, der manchmal um den Türrahmen herum ins Wohnzimmer lugte oder ganz offen im Eingang stand. Sie nahm ihn nicht direkt visuell, sondern mehr mit dem »Auge des Bewusstseins« wahr. Er schien nicht spielen, sondern uns lieber Gesellschaft leisten zu wollen. Seine Kleidung – hohe Schuhe, lange weiße Strümpfe, Hosen bis über die Knie, eine langärmelige weiße Leinenbluse mit einem spitzenbesetzten Rundkragen – deutete auf die Mode um die Jahrhundertwende hin.

Frau Hall Quast heute: »Da ich damals verschlossen und eher schüchtern war, erwähnte ich den kleinen Jungen gegenüber niemanden. Für mich als Fünfjährige war das (was sie da sah) die natürlichste Sache der Welt. Ich sah diesen kleinen Burschen über einen Zeitraum von mindestens drei bis vier Jahren, etwa in der Zeit von 1918 bis 1923/24.

Eines Tages, während die Erwachsenen eine Gesprächspause

eingelegt hatten, fragte ich die Gastgeberin Frau Gravette, wer denn der kleine Junge an der Tür sei. Sie schaute mich erschrocken an, und ihre geweiteten Augen richteten sich abwechselnd auf meine Mutter und mich. Sie schien nach einer Erklärung zu ringen. Als sie ihre Fassung zurückgewonnen hatte, stammelte sie: ›Warum, ich habe doch keinen kleinen Sohn, Thelma, sondern nur zwei Töchter; warum fragst du mich das?‹ Ich antwortete, ich wüsste nicht warum und hätte ihn nur immer wieder an der Zimmertür gesehen. Peinlich berührt, führte meine Mutter mich sofort aus dem Haus. In den Jahren danach wurde der Vorfall von niemand mehr erwähnt.«

Nach einem halben Jahrhundert weilte Thelma wieder einmal in ihrer Heimatstadt und sprach mit ihrer Bekannten Elena Armstrong, von der sie wusste, dass sie mit den Gravettes befreundet war. Es stellte sich heraus, dass die Gravettes doch einen Sohn gehabt hatten. Er war lange vor Thelmas Besuchen im Haus seiner Familie gestorben. Die Erinnerung an seinen frühen Tod war für seine Familie so schmerzhaft, dass sie danach das Unglück einfach verdrängte.

Einen besonders tragischen Fall von präkognitiver Wahrnehmung einer Erscheinung erlebte Lillian Parks, als sie gerade einmal zehn Jahre alt war. Sie wohnte damals bei ihren Eltern in Elmira im US-Bundesstaat New York. An einem kalten Winterabend im Jahre 1928, als Lillian draußen spielte, ihre beiden Schwestern Mildred und Beatrice im Wohnzimmer beratschlagten, was sie am nächsten Tag zur Arbeit anziehen sollten und ihre Mutter Harriet mit der Zubereitung des Abendessens beschäftigt war, schaute ihr Vater Harry McClure derweil aus dem Küchenfenster in den verschneiten Hof hinunter. Plötzlich rief er seiner Frau erregt zu, sie solle rasch zum Fenster kommen, er wolle ihr etwas Ungewöhnliches zeigen. Er sagte, draußen im Hof stünde ein Fremder in einem schwarzen Mantel, eine Gestalt ohne Kopf. Er glaubte zunächst, dass sich jemand einen schlechten Scherz mit ihm erlaube, riss kurzerhand sein Jagdgewehr von der Wand und eilte nach draußen, gefolgt von seinen aufgeregten Töchtern. Doch im Hof war weit und breit nichts von einem Fremden zu sehen, nicht einmal die Spur eines Hasen im frisch gefallenen Schnee. Von ihrem Mann befragt, warum sie auf seinen Zuruf nicht gekommen sei, sagte Harriet, dass sie plötzlich unerklärliche Angst empfunden hätte, die sie daran gehindert habe, zum Fenster zu kommen. Sie sei wie gelähmt gewesen.

Fünfundzwanzig Jahre später: Lillians Vater lebte allein auf der Farm ihrer Großmutter, als er eines Tages von einem Unbekannten erschossen wurde. Der Schuss hatte ihm buchstäblich den Kopf vom Körper abgetrennt. Die Gründe für die schreckliche Bluttat liegen im Dunkeln, der Mörder wurde nie gefasst. Es scheint, als habe Harry an jenem kalten Winterabend 1928 seinen eigenen Tod, den Zustand seines Leichnams vorausgesehen. Womöglich hatte sein Bewusstsein für einen Augenblick die Zeit übersprungen, hatte er sich selbst in der Zukunft wahrgenommen.

Wie zuvor schon angedeutet, gibt es zahlreiche Fälle, in denen spukhafte Erscheinungen noch Lebender, d. h. so genannte *astrale Doubles* von Personen wahrgenommen werden. Mit einer solchen Manifestation wurden zwei amerikanische Studentinnen, Helen Prescott und ihre Freundin Loretta konfrontiert, die Anfang September 1976 am Whitmore Lake, Michigan, ein kleines, ziemlich verwahrlostes Ferienhäuschen bezogen hatten. Als sie sich nach etwa einer Woche dort eingewöhnt hatten, erwachte Helen eines Morgens, um festzustellen, dass eine fremde Frau geräuschlos durch das Schlafzimmer in Richtung Wohnzimmer schwebte. Im Haus war es noch dunkel, und Helen fragte sich, ob sie das alles nur geträumt oder halluziniert hatte. Als sie angekleidet die Küche betrat, um Kaffee zu kochen, sah sie die Fremde durch das Wohnzimmer wandern. Ihre Gestalt hob sich von der hellen Wand deutlich ab. Sie trug ein Blumenmusterkleid, wie es in den Fünfzigerjahren Mode war, und ihr kurzes, mit grauen Strähnen durchzogenes braunes Haar ließ sie als Enddreißigerin erscheinen. Helen erkannte selbst Details ihrer Physiognomie: ein kantiges Gesicht, wässrige dunkle Augen, geschürzte Lippen und harte, von Kummer gezeichnete Gesichtszüge.

Helen stand mehrere Minuten unbeweglich an der Tür, sah, wie sich die Frau durch den Raum bewegte, beide Arme über der Brust gefaltet, die Augen zu Boden gerichtet. Als die Sonne über den Horizont stieg und ihre ersten Strahlen das Zimmer durchfluteten, waren die Umrisse der Gestalt immer undeutlicher erkennbar. Schließlich tummelten sich an der Stelle, wo sie gestanden hatte, im gleißenden Licht der Sonnenstrahlen nur noch Staubteilchen.

Helen setzte sich eine Weile, um über das Unglaubliche, was sie gerade erlebt hatte, nachzudenken. Sie beschloss, ihrer Freundin Loretta nichts über ihr seltsames Erlebnis zu erzählen, da diese als strenggläubige Katholikin die Existenz von Geistwesen nicht akzeptierte.

In der darauffolgenden Nacht erschien die geheimnisvolle Besucherin Helen im Traum, erzählte ihr, dass sie Marjorie heiße und dass sie ihr Leben in einer nahe gelegenen Farm verbracht habe, bis ihr Vater sie verstieß. Den Grund hierfür verschwieg sie ihr. Sie hatte einige Jahre allein, völlig auf sich gestellt, in dem Ferienhäuschen zugebracht, in dem die beiden Freundinnen jetzt wohnten. Da ihr Vater vor kurzem gestorben war, wolle sie nun zu ihrer Mutter zurückkehren. Um ihre diesbezügliche Absicht zu bekunden, zeigte sie Helen einen kleinen Lederkoffer. Die Traumszene spielte sich in ihrem Häuschen ab, nur schien dieses jetzt viel gepflegter, in einem neueren Zustand zu sein.

Am darauffolgenden Morgen überraschte Loretta ihre Freundin mit der Feststellung, sie sei mitten in der Nacht aufgewacht und habe festgestellt, dass im ganzen Haus Licht brenne. Als sie die Tür zum Wohnzimmer öffnete, habe sie eine schmale, betrübt aussehende Frau mit dunklem Haar im Sessel sitzen sehen. Die Gestalt wirkte so echt, dass Loretta zunächst glaubte, eine Einbrecherin vor sich zu haben. Da diese aber keine Anstalten machte, die Flucht zu ergreifen, musste sie mit einem Mal erkennen, kein menschliches Wesen vor sich zu haben, von dem eine Bedrohung ausging. Sie forderte daher den Eindringling mental auf, das Haus zu verlassen. Dann zog sie sich in ihr Zimmer zurück. Als sie später im Wohnzimmer noch einmal nachschaute, war die Erscheinung verschwunden.

Die beiden Freundinnen verglichen das Aussehen der Frau miteinander und mussten feststellen, dass es sich um ein und dieselbe Person handelte.

Des Rätsels Lösung ließ nicht lange auf sich warten. Als Helen wenige Tage nach dem Erlebten ihre Nachbarin aufsuchte, um von ihr etwas Zucker zu borgen, öffnete ihr eine schmächtige Frau mit glanzlosem, grauem Haar. Noch bevor sie sich ihr als Marjorie Small vorstellte, erkannte Helen in ihr die nächtliche Besucherin. Sie schaute jetzt allerdings viel älter aus, und die harten Züge um ihren Mund hatten sich noch tiefer ins Gesicht gegraben, aber ihre wässrigen dunklen Augen und ihr besorgter Blick waren die gleichen geblieben.

Ihre Lebensgeschichte, die Helen ihr nach und nach entlockte, stimmte selbst in Details mit dem überein, was ihr die »Ghost«-Marjorie berichtet hatte. Sie war nach dem Tod ihres Vaters tatsächlich ins Elternhaus zurückgekehrt, hatte geheiratet und war später in ein Haus genau gegenüber dem der beiden Freundinnen gezogen.

Zweifellos hatten Helen und Loretta ihre spektrale Nachbarin in jüngeren Jahren gesehen. Es fragt sich nur, ob es ein in ihrem Haus holographisch gespeicherter »Film« von der jüngeren Marjorie war oder ob beide Frauen unabhängig voneinander mit ihrem zeitlosen Bewusstsein in die Vergangenheit abgetaucht waren und dort der damals in ihren Räumen lebenden Nachbarin begegnet waren. Es sei daran erinnert, dass Albert Einstein selbst von einer linearen Zeit nichts wissen wollte, dass nach seinen Vorstellungen Vergangenheit, Gegenwart und Zukunft einträchtig nebeneinander existieren.

Nachdem wir uns anhand einiger Fallbeispiele ein wenig mit

den unterschiedlichen Facetten visueller Erscheinungen von Personen in geschlossenen Räumen vertraut gemacht haben, wollen wir uns jetzt einem umfassenderen, weitaus phantastischeren Phänomen zuwenden: Erscheinungen in freier Natur. Die Rede ist von Phantom-Autos, »Ghost«-Anhaltern und »Fliegenden Holländern« der Landstraße, die, wie in einer endlosen Zeitschleife gefangen, Generationen von Reisenden in Angst und Schrecken versetzen, sowie von Häusern, die urplötzlich wie vom Erdboden verschluckt zu sein scheinen, die es vielleicht nur einmal als Bauplan gegeben hatte.

Wer schon einmal mit einer solch unglaublichen Situation konfrontiert war, wird sich fragen müssen, ob unsere liebgewordene Vorstellung von Raum und Zeit, von Materie und Realität überhaupt noch stimmt, ob nicht Umdenken angesagt ist.

5.3 »Open air«-Phantome

Ähnlich den Erscheinungen, die im Inneren von Gebäuden wahrgenommen werden, dürfte es sich auch bei spektralen Manifestationen im Freien um Phänomene handeln, die ausschließlich auf der Bewusstseinsebene stattfinden, um Dinge, die sich für kurze Zeit aus ihrer virtuellen und dennoch ganz realen Existenz in unser Gegenwartsbewusstsein projizieren, wo sie uns, in Form statischer Bilder oder auch filmartig, als Phantome erscheinen. Die grenzwissenschaftliche Literatur kennt zahllose Fälle, in denen zuverlässige Zeugen über Begegnungen mit so genannten Phantom-Autos und -Anhaltern, mit irgendwelchen abstrusen, anachronistisch wirkenden Gestalten auf ihrem Weg ins Nirgendwo sowie über das plötzliche Auftauchen spektraler Häuser berichten, sogar über solche, die es in unserer Wirklichkeit nie gegeben hat.

Der englische Autor Paul Devereux, mit dem der Autor gelegentlich über die Herkunft solcher Objekte korrespondierte, hat sich eingehend mit dem Verhalten von Phantom-Fahrzeugen auf Englands Landstraßen befasst, die meist mit Höchstgeschwindigkeit auf entgegenkommende Wagen zurasen, so dass ein »Zusammenstoß« unvermeidlich erscheint, die sich dann aber, gewissermaßen in letzter Sekunde, in Luft auflösen, weil sie in unserer Wirklichkeit eigentlich gar nichts zu suchen haben.

Devereux, der vor etwa 20 Jahren auf einer Fernstraße nahe Birmingham in den Midlands selbst einmal einen solchen »Geister«-Pick-up überholt haben will, liegen zahlreiche Berichte über einen spektralen Lieferwagen vor – ein altmodisches schwarzes Gefährt –, das die Landstraße von Longendale Valley durch das öde Moorland von Home Moss im penninischen Gebirge (Nordengland) unsicher macht. Im Jahre 1999 erschien dieses Objekt, gewissermaßen aus dem Nichts kommend, direkt hinter dem Wagen von Andrew Sylvester, um sich plötzlich übergangslos in Luft aufzulösen. Etwas Ähnliches erlebte das Ehepaar Bale im Juli 1964, als auf einer Landstraße nahe Dartmouth (Devon) hinter ihnen ein schwarzer Daimler Laundette aus den Zwanzigerjahren auftauchte. Auch dieser Phantom-Wagen verschwand mit einem Mal vor ihren Augen im Nichts.

Einer meiner engsten Freunde will während eines Urlaubs im bayrischen Ruhpolding im September 1994 ein ähnlich verblüffendes Erlebnis gehabt haben. Bei einem Tagesausflug nach Berchtesgaden musste er an einer schwach befahrenen Kreuzung nach links abbiegen, um auf eine Bundesstraße zu gelangen, die sich, gut überschaubar, nach beiden Seiten kilometerweit kerzengerade dahinzog. Vorsichtig fuhr er an den Straßenrand, schaute nach links und dann nach rechts. Auf der rechten Seite, wo man, nach Aussage meines Freundes, aufgrund der Geradlinigkeit der Straße schätzungsweise einen Kilometer weit blicken konnte, war kein einziger Wagen zu sehen, was ihm von seiner neben ihm sitzenden Ehefrau bestätigt wurde. Daraufhin fuhr er unverzüglich los, erreichte er in längstens zwei Sekunden knapp die Mitte der Kreuzung, wo er urplötzlich von einem von rechts mit wahnwitziger Geschwindigkeit heranbrausenden Wagen fast gerammt worden wäre. Selbst wenn die geschätzte Entfernung auf dem rechten Streckenabschnitt nur etwa ein Drittelkilometer betragen hätte, müsste die Geschwindigkeit des Rasers mehr als 34 000 km/h betragen haben, um in zwei Sekunden an der Kreuzung zu sein, ein bißchen viel, selbst für einen Sportwagen der Spitzenklasse. Anzumerken wäre noch, dass es auf dem gesamten Streckenabschnitt keine Nebenstraßen gab, aus denen der »Phantom-Wagen« so schnell hätte hervorbrechen können.

Dieser haarsträubende Fall lässt sich mit den anderen Vorkommnissen nicht unmittelbar vergleichen, da der »Verflüchtigungseffekt« ausblieb. Der Wagen setzte nach der Sichtung seine Raserei fort und entschwand schon nach wenigen Sekunden den Blicken des erschrockenen Ehepaars, das sich noch Jahre danach an diese unerklärliche Begebenheit erinnerte.

Die Landstraße A 23 zwischen London und Brighton entlang der englischen Südküste scheint nach Devereux' Feststellungen immer wieder von einsamen »Ghosts« heimgesucht zu werden. An einem regnerischen Abend im Juli 1976 waren Patrick und June Geary auf der A 23 in Richtung Norden unterwegs, als ihnen am Straßenrand ein Mädchen in heller Regenbekleidung auffiel, das weder Hände noch Füße zu besitzen schien. Urplötzlich rannte die Gestalt direkt vor ihren Wagen. Doch da war kein Aufschlag. Phantome kann man nicht überfahren; es sind eben nur Bilder (oder »Filme«) in unserem Bewusstsein. Sie existieren gar nicht in unserer vierdimensionalen, materiellen Welt.

Jahre zuvor hatte bereits ein anderes Paar vom Auto aus eine Gestalt in einem Trenchcoat beobachtet, wie sie die A 23 überquerte und … sich plötzlich in Luft auflöste. Weitere Autofahrer haben auf der gleichen Landstraße ähnliche spektrale Erscheinungen beobachtet. So gibt es zahlreiche Berichte über einen Mann in einem weißen Hemd, der vor herannahende Autos taumelte, vor dem vermeintlichen Aufprall aber verschwunden war. In einem anderen aufsehenerregenden Fall ist von zwei dieser geisterhaften Typen die Rede, die sich in Nichts auflösten, als sie vom Lichtkegel eines Frontscheinwerfers erfasst wurden.

Am 26. August 1998 gegen 22 Uhr fuhr der Anästhesist Guy Routh auf der Landstraße B 4068 etwa in Höhe der kleinen Gemeinde Naunton in den englischen Cotswolds, als sein Scheinwerfer eine cremefarben gekleidete Frau erfasste, die am Straßenrand stand. Da sie ihm zuwinkte, hielt Routh an, um sich zu erkundigen, ob sie seiner Hilfe bedürfe. Plötzlich roch es im Wageninneren nach verbranntem Holz. Als Routh ausstieg, waren der penetrante Geruch, aber auch die Anhalterin mit einem Mal verschwunden.

Im April 2000 hatte ein Angestellter einer Sicherheitsfirma, der auf der gleichen Strecke zum Nachtdienst fuhr, ein ähnliches Erlebnis. Diesmal war es eine mönchähnliche, weiß gekleidete Gestalt, die, aus dem Nichts kommend, direkt vor seinen Wagen lief. Zum Bremsen war es zu spät. Der geschockte Wagenlenker durchfuhr die Gestalt, ohne dass es zu dem von ihm erwarteten Aufprall kam. Der Zwischenfall sollte nicht der letzte dieser Art sein. Von besagtem Straßenabschnitt wurden in der Zwischenzeit weitere Begegnungen dieser Art gemeldet.

Dass es sich bei Erscheinungen im Freien häufig um durch »natürliche« Zeitverwerfungen und/oder Zeitschleifen bewirkte holographische »Bilder« aus der Vergangenheit handeln kann, wurde bereits am spukhaften Geschehen anlässlich der jährlich in den USA abgehaltenen »Reenactment«-Veranstaltungen deutlich (vgl. Kapitel 4.3). Überzeugender noch dürften spektrale Kontakte mit »Ghosts« aus viel früheren Zeitepochen sein, weil in solchen Fällen Verwechslungen und Fehlinterpretationen ausscheiden.

Einen geradezu klassischen Sichtungsfall erlebte der englische Archäologe R. C. C. Clay, der an einem Wintertag im Jahre 1927 eine enge Landstraße befuhr, die Bottlebush Down im südlichen Teil der Grafschaft Dorset durchquert – eine abgelegene Gegend, übersät mit prähistorischen Grabhügeln und anderen frühen Erdmonumenten.

Während er nichts ahnend dahinfuhr, nahm Clay mit einem Mal einen Reiter wahr, der auf dem hügeligen Gelände offenbar in der gleichen Richtung wie er unterwegs war. Clay verlangsamte die Geschwindigkeit seines Wagens, um sie der des Reiters anzupassen, wodurch er deutlich erkennen konnte, dass die Beine des Mannes trotz beißender Kälte völlig unbekleidet waren und dass er einen langen, losen Umhang trug. Der Reiter drehte sich ständig nach Clay um und fuchtelte mit einer Art Waffe, die er drohend über seinem Kopf hielt. Erstaunt will Clay in ihm ein prähistorisches Wesen erkannt haben. Seine Kompetenz bei der Beurteilung einer solchen Sichtung steht außer Frage.

Plötzlich waren Ross und Reiter verschwunden – übergangslos, als hätten sie sich nie zuvor dort aufgehalten. Später erfuhr Clay von Schäfern, die bei Bottlebush Down ihre Herden weideten, dass auch sie schon hin und wieder eine ähnliche Gestalt aus grauer Vorzeit beobachtet hätten.

Aus der Reaktion des Phantom-Reiters ist zu schließen, dass auch er Clay in seinem Wagen gesehen haben müsste. Was mag ihm beim Anblick des pferdelosen Gefährts durch den Kopf gegangen sein? Sind es vielleicht solche »Begegnungen der unheimlichen Art« – »Kurzschlüsse« im Raum-Zeit-Gefüge –, aus denen im Laufe der Jahrhunderte Sagen entstehen?

Um es nochmals klar und unmissverständlich zu formulieren: Die »Begegnung« zwischen Clay und dem Geistreiter fand mit Sicherheit nicht in unserer materiellen Raum-Zeit-Welt statt, sondern in der zeitlosen Zwischenwelt der Bewusstseine beider Personen. In der Regel werden solche spektralen Erscheinungen nur von Jetztzeitlern wahrgenommen, nicht hingegen von den Wesenheiten auf der anderen Seite des Zeitvorhangs. Im vorliegenden Fall muss auch das Bewusstsein des kriegerischen Reiters auf das des Archäologen abgestimmt gewesen sein. Vielleicht war, da Clay aus beruflichen Gründen ständig mit Vorgeschichtlichem zu tun hatte, eine mediale Brücke zwischen beiden entstanden, die dem Reiter einen Blick in die Zukunft, das Jetzt, gewährte.

Devereux fragt, ob die spukbefallenen Straßen oder Örtlichkeiten vielleicht von so genannten »Störungszonen« (engl. *zones of disturbance*) überlagert werden, d. h. von Schwachstellen im Raum-Zeit-Gefüge, an dem das normale Zeitgewebe gestört ist und unser Bewusstsein ungehindert in die Vergangenheit vordringen kann. So wird eine Straße, die das Dorf Nunney mit der Stadt Frome in der Grafschaft Wiltshire (England) verbindet, als besonders spukträchtig bezeichnet. Dort soll im Jahre 1977 ein Autofahrer einen Anhalter mitgenommen haben, der kurz darauf aus dem fahrenden Wagen heraus (!) verschwunden war.

Auf einer relativ neuen Umgehungsstraße im Norden Englands, die die Stadt Stocksbridge nahe Sheffield umrundet, ereigneten sich bereits zahlreiche Verkehrsunfälle, die auf unerklärliches Spukgeschehen zurückzuführen sind. Der Volkskundler David Clarke, der in seinem Buch *Supernatural Peak District* (Übernatürlicher Peak-Distrikt) die ungewöhnlichen Vorgänge in dieser Gegend analysiert hat, berichtet, dass schon vor dem Bau der Umgehungsstraße ein Phantom-Mönch und Erscheinungen tanzender Kinder beobachtet worden waren.

Sichtungen spektraler Mönchsgestalten werden auch aus der unmittelbaren Nähe der Ortschaft Winchcombe (südlich von Birmingham) berichtet. Oberhalb der Stadt gibt es einen gut erhaltenen Grabhügel aus der Steinzeit, dort als Belas Knap bekannt. In dieser Gegend hielt sich vor Jahren Paula C. mit ihrem Ehemann, einem Geologen, und ihrem Sohn auf. Als Frau C. die Spitze der Aufschüttung allein erklommen hatte, bemerkte sie eine Gruppe kapuzentragender Gestalten, die über die angrenzenden Felder der Begräbnisstätte zustrebten. Deren untere Gliedmaßen blieben ihr verborgen, was sie auf den hohen Stand des Grases zurückführte. Trotz ihrer offensichtlich beherzten Gangart kamen die Kapuzenträger dem Grab nicht näher. Verängstigt kletterte Paula C. rasch nach unten, um ihre Familie zu informieren, dass sich ihnen merkwürdig aussehende Fremde näherten. Als aber niemand in Sicht kam, stieg Frau C.

erneut nach oben. Doch jetzt war die Gruppe verschwunden, und es gab auf der baum- und strauchlosen Hügelebene nichts, wo sie sich in der Kürze der Zeit hätten hinflüchten oder verbergen können.

Dem Autor kommen beim Korrespondieren mit Personen, die eigene Erfahrungen mit Erscheinungen sammeln konnten, auch Berichte über Phantom-Häuser zu Ohren. Einer seiner Informanten, J. Grimes aus Wilkes-Barre in Pennsylvania (USA), war durch den Umzug seiner Eltern mit acht Jahren aus dem dörflichen Zanesville im Süden Ohios in die Stadt gekommen, wo er mit gleichaltrigen Freunden nach der Schule per Rad die dortigen Bahnanlagen aufsuchte, um den Zügen beim Ein- und Ausfahren zuzuschauen. Auf dem Weg zum Bahngelände sahen sie, besonders in stürmischen, bewölkten Nächten, in der Ferne die Umrisse eines Hauses, über dessen Besitzer sie noch nie etwas gehört hatten. Eines Tages fassten sie den Entschluss, dorthin zu gehen, um nachzusehen, wer das Haus bewohne. Zusammen mit fünf seiner Kameraden machte sich Grimes auf den Weg. Da während ihres Marsches keine direkte Sichtverbindung zu dem Haus bestand, schlugen sie eine Richtung ein, die ihrer Schätzung nach zum Ziel führen musste. Schließlich gelangten sie an die Stelle, wo, der zurückgelegten Wegstrecke nach zu urteilen, das bewusste Haus hätte stehen müssen. Was sie dort vorfanden, war aber nur ein flaches Stück Land, das allem Anschein nach vor vielen Jahren einmal maschinell eingeebnet worden war, vermutlich, um an dieser Stelle ein Haus zu bauen. Die Arbeiten am Bau mussten dann aber irgendwann einmal eingestellt worden sein. Komisch nur, dass, aus der Ferne betrachtet, hier tatsächlich ein Haus zu sehen war.

Jahre danach, als Grimes längst verheiratet war, wohnte er einmal einer Unterhaltung zwischen seiner Frau Marta und seiner Mutter bei, in der es um jenes »Schattenhaus« aus seiner Jugendzeit ging, von dem er beiden erzählt hatte. Seine Mutter erinnerte sich an ein jung vermähltes Ehepaar, das genau an der Stelle, wo ihr Sohn und seine Freunde die Umrisse eines Hauses gesehen hatten, ein solches errichtet hätte, wenn es auf der Hochzeitsreise nicht tödlich verunglückt wäre. Sie hatten damals ihren Honeymoon auf dem Luftschiff »Hindenburg« angetreten und waren auf der Rückreise von Europa bei der Explosionskatastrophe von Lakehurst (New Jersey) am 6. Mai 1937 mit vielen anderen tödlich verunglückt. Nachdem die Eigentümer des Grundstücks nicht mehr am Leben waren, wurde der Bau des Hauses gestoppt. Die Baustoffe verfielen im Laufe der Zeit, und das brachliegende Grundstück kehrte allmählich in seinen ursprünglichen Naturzustand zurück.

Grimes, der sich im Erwachsenenalter mit quantenmechanischen Phänomenen beschäftigte, glaubt, dass sich zu bestimmten Zeiten, wenn natürliche Einflüsse »geeignete Bedingungen« schaffen, so genannte Quanten-Zeitschleifen zu einer anderen Realität öffnen. Was sie in ihrer Jugend aus der Ferne gesehen hatten, war vielleicht genau das Szenarium gewesen, wenn sich das junge Paar entschieden hätte, nicht mit der »Hindenburg« zu fliegen, und das Haus doch gebaut worden wäre. Dies würde genau die Auffassung der Mystiker reflektieren, die glauben, dass sich immer dann, wenn jemand eine Entscheidung trifft, unser Universum weiter teilt.

Ein anderer Fall, in dem von einem englischen Ehepaar, das mit dem Bus in Cornwall unterwegs war, ein Phantom-Haus gesehen wurde, erscheint noch unerklärlicher als Grimes' Erlebnis. Mr und Mrs Pye verbrachten im Jahre 1933 ihren Urlaub in Falmouth an Cornwalls Südküste. Nach zehntägigem Aufenthalt beschlossen sie, einen Standortwechsel vorzunehmen und den Rest ihres Urlaubs in Boscastle an der 50 Kilometer entfernten kühleren Nordküste von Cornwall zu verbringen. Sie fuhren mit dem Zug von Falmouth nach Wavebridge und von dort weiter mit dem Bus entlang der hoch gelegenen Küstenstraße, vorbei an Camelford und Tintagel. Auf dem letzten Abschnitt der Fahrt hielten sie ständig Ausschau nach einem schönen Hotel oder Gästehaus, das ihnen, nahe Boscastle, einen angenehmen Resturlaub bieten könnte.

Clifford Pye und seine Ehefrau beschreiben ihr sonderbares Erlebnis mit einem Gästehaus, das offenbar nur in beider Bewusstsein existierte, in einem Bericht an die renommierte *Society for Psychical Research* (S.P.R., Gesellschaft für Psychische [paranormale] Forschung), der 1942 in deren Zeitschrift veröffentlicht wurde, und von dem der Autor bei einem Besuch Cornwalls erstmals Kenntnis nahm: »Wir waren (mit dem Bus) etwa 1,5 Meilen von Boscastle entfernt und hielten nach einem geeigneten Hotel oder Gästehaus Ausschau. Als wir uns Boscastle näherten, etwa 150 bis 200 Yards (45 bis 60 Meter) vor Erreichen des Scheitelpunktes eines von Haarnadelkurven durchzogenen Hügels, stoppte der Bus, um Passagiere herauszulassen. Er hielt fast vor dem Eingang eines stattlichen Hauses, das sich in Fahrtrichtung auf der linken Seite befand. Es stand etwa sechs Meter von der Straße weg, hatte eine halbkreisförmige Auffahrt, die vom Außentor, wo wir angehalten hatten, zum rund 15 Meter entfernten Innentor führte. Der Garten war durch eine Hecke von der Straße abgeschirmt, vom Bus aus aber gut einsehbar. Die Architektur des Hauses deutete auf eine Bauzeit Ende 1860, Anfang 1870 hin. Es bot einen gepflegten Eindruck und schien erst kürzlich einen neuen Anstrich erhalten zu haben. Das charakteristischste Merkmal aber war der Rasen, wo neben Beeten mit scharlachroten Geranien mehrere Korb- und Rohrstühle, Tische sowie große schwarze und orangefarbene Sonnenschirme herumstanden. Niemand war zu sehen, und ich fand auch keinen Hinweis darauf, dass es sich bei diesem Anwesen tatsächlich um ein Gästehaus handelte.

Ich machte meine Frau auf das Haus aufmerksam, und sie meinte sofort, dass es genau das sei, was ihr gefallen würde. Bevor wir uns entschließen konnten, fuhr der Bus weiter, und in zwei, drei Minuten waren wir schon in Boscastle, einem Ort, der dann weder mir noch meiner Frau sonderlich zusagte … Meine Frau meinte, sie würde lieber in dem Haus auf dem Hügel wohnen, und sie machte sich gleich auf den Weg, um dort ein Zimmer zu buchen … Nach etwa eineinhalb Stunden sah ich sie ziemlich abgehetzt den Hügel herunterkommen. Als ich sie fragte, warum sie so lange gebraucht habe, antwortete sie, dass sie das bewusste Haus nicht gefunden habe. Sie hatte an verschiedenen Haustüren nachgeschaut, konnte aber nichts entdecken. Ihre Suche führte sie schließlich zum rund eineinhalb Meilen entfernten Trevalga, wo sie gleich ein Zimmer gebucht hatte. Ich sagte ihr, dass ich nicht verstehen könne, wie man ein einzeln stehendes Haus mit so auffälligen Sonnenschirmen im Garten übersehen könne. Meine Frau schien über ihre Unfähigkeit, das Haus zu finden, selbst verärgert zu sein. Ich tröstete sie und meinte, dass wir auf dem Rückweg nach Trevalga mit dem Bus, der die gleiche Strecke befahren würde, auf der wir gekommen waren, bestimmt an dem fraglichen Haus vorbeikämen, zumal es keine Alternativstrecke gab.

Als wir auf der Rückfahrt die fragliche Anhöhe erreicht hatten, sagte ich meiner Frau, dass das Haus auf der rechten Seite nach etwa weiteren 50 Yards (etwa 15 Meter) auftauchen müsse. Zu unserer größten Verblüffung gab es aber dort kein Haus, nur leere Felder, die zu den Klippen hinführten. Konnten wir uns so getäuscht haben?

Im Verlauf unseres Aufenthalts in Trevalga suchten wir die betreffende Gegend gründlich ab, ohne eine Lokalität zu entdecken, die mit dem ursprünglich wahrgenommenen Haus im Entferntesten Ähnlichkeit hatte. Bei einem späteren Besuch des gleichen Gästehauses in Trevalga sprach ich mit dem Wirt über unser Erlebnis mit dem Phantom-Haus. Aber auch ihm war ein Haus, das unserer Beschreibung entsprach, nicht bekannt.«

Clifford Pye und seine Ehefrau wurden, wie schon erwähnt, zu ihrem sonderbaren Erlebnis später von Mitarbeitern der S.P.R. unabhängig voneinander befragt. In ihren Schilderungen gab es kaum Abweichungen. In diesem einmaligen Fall tippte das S.P.R.-Team weniger auf die Manifestation eines Hauses, das dort tatsächlich einmal existierte oder doch zumindest in allen Plänen festlag, sondern auf eine telepathisch zustande gekommene Halluzination. Es meinte, einer der Pyes könnte sich im Unbewussten ein ideales Gästehaus vorgestellt und das geistige Bild dieser Idealvorstellung telepathisch auf den Partner übertragen haben. Es wäre dies eine Art »Stimmgabeleffekt«. Dass das menschliche Bewusstsein geistige Konstrukte wie das hier erwähnte Phantom-Haus selbst in Details auszumalen vermag, ist schon erstaunlich genug und lässt Rückschlüsse auf seine Fähigkeiten und Autonomie zu.

In religiösen Niederschriften, in Sagen und Legenden der Völker ist häufig von spektralen Flammen und Feuern die Rede. Auch heute noch wird gelegentlich über solche Manifestationen, also Phantom-Feuer, berichtet, über Flammen, die (im Bewusstsein des Beobachters) »sichtbar« brennen, aber nichts verzehren, zerstören, die leuchten, aber dennoch keine Wärme abstrahlen.

Im Jahre 1911 berichtete der englische Autor John D. Seymour über einen solchen Fall, der sich in einer kleinen, am Meer gelegenen Gemeinde an der Südküste Irlands zugetragen haben soll. Von einem großen Haus im Ort glaubten Einheimische zu wissen, dass es dort verschiedentlich zu Spukerscheinungen käme, die sich auf die oberen Räume des Hauses konzentrierten, wo zwei Schwestern wohnten. In bestimmten Nächten erwachten die Mädchen, um entsetzt festzustellen, dass der Holzboden ihres Zimmers in Flammen stand. Hierzu Seymour wörtlich: »Die zwei älteren Schwestern schliefen zusammen, und sie sahen Flammen überall aus dem Fußboden schießen, obwohl sich weder Wärme noch Brandgeruch feststellen ließen. Als die zwei zu Tode erschrockenen Mädchen dieses Phänomen zum ersten Mal erlebten, liefen sie eilig zu ihrem Vater, weil sie vermuteten, dass das untere Stockwerk in Brand geraten sei.«

Die Flammen-Manifestation konnte sich in zwei oder drei Nächten hintereinander bemerkbar machen, danach einige Zeit ausbleiben, um dann plötzlich mit großer Heftigkeit wieder in Erscheinung zu treten. Obgleich sich die Phantom-Feuer hauptsächlich im Schlafzimmer der Mädchen ausbreiteten, ließen sie sich hin und wieder auch in anderen Räumen beobachten. Im Laufe der Zeit waren die Bewohner des Hauses durch das unerklärliche nächtliche Flammenspektakel derart genervt, dass sie schließlich das Anwesen verließen, lange bevor der Mietvertrag abgelaufen war.

Ein ähnlicher Fall wird aus dem kanadischen Neufundland, aus Willicott's Lane, nahe der Stadt St. John berichtet. Dieses Gebiet war früher einmal als Tanrahan's Town bekannt, eine ziemlich heruntergekommene Stadt mit schlecht gebauten Häusern, öffentlichen Müllgruben und offenen Abwasserkanälen. Die in 200 armseligen Häusern zusammengepferchten 1500 Bewohner kamen bei einem verheerenden Brand im Jahre 1855 allesamt ums Leben. Eine in unmittelbarer Nähe errichtete neue Stadt wurde nur 37 Jahre später durch eine weitere Brandkatastrophe völlig eingeäschert, wobei noch mehr Menschen als beim ersten Brand ihr Leben lassen mussten. Nach dieser furchtbaren Katastrophe errichteten Neubürger auf dem dortigen Gelände ein Fachwerkhaus im englischen Kolonialstil, in dem bis Mitte des 20. Jahrhunderts eine alte Frau allein lebte. Als der Besitz nach dem Tod der Greisin in andere Hände überging, konnte dort alsbald ein seltsames Phänomen beobachtet werden.

Der Hausbesitzer, aber auch verschiedene Mieter sahen im Kamin ein Feuer brennen, das bei näherer Betrachtung ... einfach verschwand. Hielt danach jemand seine Hand an den Feuerrost, verspürte er keine Wärme, und auch die Vermauerung erwies sich beim Berühren als kalt. Im Jahre 1980 lag einer der Mieter im oberen Stockwerk bereits im Bett, als die Schlafzimmertür von selbst aufging und den Blick zum Nachbarraum freigab. Vom Bett aus beobachtete der Mieter das Flackern eines Feuerscheins, der von den Wänden reflektiert wurde. Da der Mann in dieser Nacht allein im Haus war, stand er auf, um nachzuschauen, ob etwas in Brand geraten sei, doch er fand in dem Raum nichts, was auf ein Feuer hingedeutet hätte.

Er schloss die Tür und legte sich beruhigt ins Bett. Kurz darauf flog die Tür erneut auf und gab den Blick auf das gleiche Szenarium wie zuvor frei. Wieder erhob er sich und wieder fand er nichts, was seine ursprünglichen Befürchtungen gerechtfertigt hätte. Als dann die Tür zum dritten Mal aufsprang und der Feuerschein an der gegenüberliegenden Wand zu sehen war, blieb der Mann im Bett liegen, drehte sich auf die Seite und schlief unbehelligt weiter.

»Ghost«-Feuer sind ein offenbar weltweit verbreitetes Phänomen. In Schottland haben sie bereits Tradition. John und Anne Spencer berichten über einen interessanten Phantomfeuer-Fall in ihrer *Encyclopedia of Ghosts And Spirits* (Enzyklopädie der Geister und Gespenster).

Zu Beginn des 20. Jahrhunderts entdeckte man ein solches Feuer an der Ostküste der Insel Lewis auf den Äußeren Hebriden, nahe der Ortschaft Stornoway. Ein Einheimischer namens Kenneth MacDonald war nachts mit vier Freunden unterwegs, als in unmittelbarer Nähe vor ihnen eine gewaltige Flamme aus dem Boden schoss. Die Männer waren so erschrocken, dass sie so schnell sie konnten nach Hause liefen. Ortsansässige wollten wissen, dass diese Sichtung nichts Gutes bedeute und dass in der Folge jemand an der Brandstelle sterben müsse. Damals wurde ein junger Mann aus der Gegend als vermisst gemeldet, den man später an besagter Stelle tot auffand. Bezeichnenderweise folgten späteren Sichtungen der Stornoway-Lichter jedes Mal unzeitige Todesfälle, die sich immer dort ereigneten, wo die Flammen-Manifestationen in Erscheinung traten. Dass es sich hierbei nicht um echte Brände handelt, zeigt ein Fall, der sich 1960 südwestlich von Tain in den schottischen Highlands ereignete. Susanna Stone, die dort mit ihrem Wagen unterwegs war, um eine Freundin heimzubringen, sah plötzlich ganz in der Nähe ein brennendes Haus. Sie nahm ganz deutlich Flammen wahr, die aus den Fenstern schlugen. Susanna fuhr spornstreichs auf das brennende Haus zu, um dort möglicherweise eingeschlossenen Menschen zu helfen. Doch wenige Augenblicke später verlor sie die Sicht zu dem Flammeninferno, was sie auf sichtverdeckende Hindernisse – Büsche und Zäune am Wegesrand – zurückführte. Als sie mit ihrem Wagen eine Kurve umrundet hatte, war von einem in Flammen stehenden Haus nichts mehr zu sehen. Später, nachdem sie ihre Freundin zu Hause abgesetzt hatte, suchte sie die örtliche Feuerwache auf. Dort war seltsamerweise kein Brand gemeldet worden.

Neugierig geworden, forschte Susanna weiter und stieß bei ihren Erkundigungen schließlich auf ein Ehepaar, welches das brennende Haus ebenfalls gesehen hatte. An das nächtliche Erlebnis sollte sie sich noch Jahre danach in allen Details erinnern: »Ich sah dort keine Leute (Bewohner) oder Feuerwehrmänner und ich weiß, dass an besagter Stelle zuvor nie ein Haus gestanden hatte.«

All diesen unterschiedlichen Erscheinungsarten liegen offenbar auch ganz unterschiedliche psychische Auslöser zugrunde, so z. B. Manifestationen virtueller Bewusstseinskörper Verstorbener (sog. *ghosts*); Psi-Halluzinationen früherer Situationen, d. h. ortsgebundene, emotionsgeladene Szenen, die in die holographische Ordnung eingraviert zu sein scheinen und wie bei einer Zeitschleife immer wieder in unser Bewusstsein »eingespielt« werden, oder das vorübergehende Versetzen des Bewusstseins eines Jetztzeitlers in eine vergangene Epoche aufgrund äußerer natürlicher Einflüsse und/oder des Vorhandenseins einer gewissen Medialität. Welche Mechanismen jeweils am Wirken sind, entzieht sich allerdings unserer Kenntnis.

Paul Devereux bewertet all diese »Open air«-Erscheinungen – die hier angeführten Phantom-Autos, -Anhalter, -Häuser, die unheimlichen »Kapuzenmänner«, Ladys in Weiß, anachronistisch anmutende prähistorische Reiter, aber auch die in England traditionellen »schwarzen Hunde« usw. – mehr als Ideenkonstrukte denn als individuelle Phänomene.

Zusammenfassend will er in ihnen, wie der berühmte Schweizer Psychologe C. G. Jung (1875–1961), archetypische Qualitäten entdeckt haben. Archetypen sind fundamentale Bilder (Vorstellungen), die sich aus dem kollektiven Unbewussten des Menschen herleiten, die immer wieder in Träumen und in Mythen auftauchen.

Physiker und Hirnforscher versuchen heute gemeinsam auszuloten, auf welche Weise die Mechanismen ortsgebundener Erscheinungen mit subatomaren Quantenprozessen an den Ursprüngen von Bewusstsein und Materie in Verbindung stehen. Die hierdurch gewonnenen Erkenntnisse könnten vielleicht der Schlüssel zur Lösung der heute noch mysteriös anmutenden Erscheinungs- und Spukphänomene sein.

5.4 Holo-Projektionen aus dem Jenseits

Erscheinungen im klassischen Sinne werden entsprechend unseren bisherigen Feststellungen ausschließlich von unserem Bewusstsein registriert. Es sind virtuelle Objekte, die jenseits unserer materiellen Raum-Zeit holographisch (real) existieren und daher nicht mit dem menschlichen Auge (visuell) wahrgenommen werden können.

In der Folge werden wir uns allerdings mit einer Sonderform der Erscheinungen befassen, die zu den umstrittensten Phänomenen der an Überraschungen nicht gerade armen Paraphysik gehören: mit so genannten *Materialisationen.* Unter einer im Verlauf einer spiritualistischen Séance zustande kommenden Materialisation verstehen Spiritualisten die Verdinglichung eines sich manifestierenden Verstorbenen, eine Behauptung, die selbst von aufgeschlossenen Wissenschaftlern kritisch hinterfragt wird.

Animisten, die hinter allen Psi-Phänomenen das Wirken lebender Personen vermuten, wollen in Materialisationen gestaltende Kräfte des Bewusstseins Lebender erkennen, die sich als formbildende Masse des überall in der Natur vorkommenden *Bioplasmas* (biologisches Plasma; früher Ektoplasma) bedienen. Die überwiegende Zahl der Materialisations-Medien »produziert« ihre oft recht plastisch erscheinenden Phantom-Objekte – Körperteile bzw. vollständige unbewegte bzw. sich bewegende Gestalten – im Dunkeln, angeblich wegen der Lichtempfindlichkeit des in Anspruch genommenen Bioplasmas (Ektoplasma). Doch gerade diese Behauptung, so berechtigt sie auch sein mag – zwischen Photonenaktivitäten (Lichtteilchen) und Bewusstseins- bzw. bioplasmatischen Prozessen gibt es tatsächlich quantenmechanische Zusammenhänge –, begünstigt andererseits gewisse Manipulationen, bei denen gelegentlich simple Hilfsmittel wie Gaze, Watte, Papier und Bindfäden benutzt werden.

Im Verlauf der letzten 150 Jahre gab es weltweit wohl einige hundert fähige Materialisations-Medien, die nicht nur Gegenstände, sondern sogar so genannte »Phantome«, d. h. spektrale Gestalten Verstorbener und vereinzelt sogar solche von Haustieren voll materialisiert erscheinen lassen konnten. Einige der leistungsfähigsten Medien, wie z. B. der berühmte Schotte Daniel Dunglas Home (1832–1886) und der Brasilianer Carlos Mirabelli (1889–1951) konnten solche Phantome sogar bei Tageslicht hervorbringen. Die Schottin Helen Victoria Duncan konnte angeblich nicht nur Phantome von verstorbenen Menschen, sondern auch von Haustieren herbeizitieren. Ein ganz starkes Medium war der Däne Einar Nielsen, der in etwa 1800 Sitzungen durchschnittlich bis zu zehn spektrale Gestalten »produzierte«. Nielsen war bis in die Siebzigerjahre des vorigen Jahrhunderts aktiv, und seine Sitzungen wurden von vielen namhaften Wissenschaftlern kritisch überprüft, kontrolliert und seriös protokolliert.

In den Zwanzigerjahren des letzten Jahrhunderts war in Boston die ursprünglich aus Kanada stammende Arztgattin Minna Harrison mit überzeugenden Materialisations-Darbietungen medial tätig. Ihr Sohn hat über die Manifestationen seiner Mutter eine Broschüre veröffentlicht, in der auch Infrarot-Aufnahmen nicht nur von materialisierten Phantomen, sondern auch von »ectoplastic rods« (ektoplasmischen Stäben) zu sehen sind.

Besondere Erwähnung verdienen die Leistungen des berühmten brasilianischen Universal-Mediums Carlos Mirabelli, der in nahezu 400 Sitzungen von der *Academia de Estudios Psíquicos ›Cesare Lombroso‹* in São Paulo untersucht wurde. Zu den von ihm selbst bei hellem Licht in Trance hervorgebrachten Phänomenen sollen neben Apporten, Teleportationen, Levitationen, automatischem Sprechen und Schreiben auch Materialisationen gehört haben. Ein Phänomen »origineller Perversität« (nach Fanny Moser) soll sich im Beisein des damaligen Präsidenten der Republik, Dr. de Souza, zugetragen haben: »... das Medium ist noch in einem Stadium der Erschöpfung. Im Kabinett schlägt ein Schädel gegen die Türen. Sie öffnen sich, und der Schädel fliegt in die Luft. Bald erscheinen die Knochen eines Skeletts, einer nach dem anderen, vom Nacken bis zu den Füßen. Das Medium befindet sich in einem Delirium, schlägt sich selbst und strömt einen Geruch wie von Aas aus. Das Skelett fängt an zu gehen, zu taumeln und wieder zu gehen ... Es geht, während Dr. de Souza es berührt, im Zimmer umher. Er fühlt feste trockene Knochen. Auch die anderen berühren es. Dann verschwindet es langsam, bis der Schädel allein übrig bleibt und schließlich auf einen Tisch fällt. Das Medium war während der Sitzung gefesselt.«

Der englische Physiker und Chemiker Sir William Crookes (1832–1919) war einer der ersten Naturwissenschaftler, der sich in den Siebzigerjahren des 19. Jahrhunderts unvoreingenommen experimentell mit Materialisations-Phänomenen befasste. Er untersuchte seinerzeit mit Hilfe »selbstregistrierender« Messgeräte das noch junge Medium Florence Cook sowie Home, die sich im Verlauf der Experimente strengsten Kontrollen zu unterziehen hatten.

Der deutsche Arzt Freiherr von Schrenck-Notzing experimentierte zu Beginn des 19. Jahrhunderts mit der Französin Béraud, die in seinen zahlreichen Untersuchungsberichten mit dem Pseudonym Eva C. (C. = Carrière) vorgestellt wurde. Sie produzierte angeblich mit Hilfe ihrer jenseitigen Vermittlungspersönlichkeit (»Kontrollgeist«) »Berthe« unter strengsten Sicherheitsmaßnahmen, die von v. Schrenck-Notzing persönlich überwacht wurden, oft erstaunlich gute statische Materialisationen.

Natürlich setzten sich in der Vergangenheit die mit Materialisations-Medien experimentierenden Wissenschaftler auch mit jenem Stoff, aus dem die sichtbaren Erscheinungen bestehen, eben jenem Ektoplasma (heute Bioplasma), kritisch auseinander. Bei einer Sitzung am 8. September 1912 zeigte sich an Eva C. eine graue, bindfadendicke Schnur, die aus einer sehr feinen zusammengedrehten Haut zu bestehen schien. Sie begann zwischen Daumen und Zeigefinger der linken Hand und verlief geradlinig zum Kopf des Mediums. Die Schnur verlor sich im Dunkel des Kabinetts, dessen Vorhänge etwa drei bis vier Zentimeter weit geöffnet waren. Nach Beendigung der Sitzung stellte von Schrenck-Notzing an Brust- und Schoßteil des Kleides der Eva C. eine Anzahl unregelmäßiger, weißgrauer Flecken fest, die zuvor dort noch nicht zu sehen gewesen waren. Ihm fiel vor allem ein 22 Zentimeter langer und etwa 5 bis 7,5 Zentimeter breiter Streifen unterhalb der Taille ins Auge, und zwar an der Stelle, wo er zuvor einen leuchtenden Streifen verschwinden gesehen hatte. Er ließ von diesen Rückständen einige mikroskopische Präparate herstellen, die er dem chemischen Labor *von Schwalm*, München, zur Untersuchung aushändigte. Die Laborchemiker stellten fest, dass die Proben reich an Eiweißen und auch an anderen, nicht im lebenden Körper vorkommenden Substanzen waren. Beim Veraschen dieser Substanzen konnte man Stickstoff nachweisen. Untersuchungen, die man in neuerer Zeit im Hochfrequenzfeld durchführte, zeigten deutlich die zwitterhafte Konsistenz dieses Materials. Ihrem Ursprung nach gehören Bioplasma-Felder einer »höheren Ordnung« an; sie sind außerhalb unserer vierdimensionalen Raum-Zeit angesiedelt und, da virtuell, prinzipiell unsichtbar. Unter bestimmten Bedingungen – offenbar unter dem Einfluss des Bewusstseins des Mediums – können sie sich bis zu einer gewissen Konsistenz materialisieren. Und diese Erscheinungsformen lassen sich mitunter anfassen und fotografieren.

Dem in seinem Bestreben um Aufhellung des Materialisations-Phänomens unermüdlichen von Schrenck-Notzing verdanken wir mehr als 200 gelungene Fotos über von ihm selbst erlebte Materialisationen und Teilmaterialisationen. Er selbst stand seinen Beobachtungen und Aufnahmen nicht unkritisch gegenüber, heißt es doch am Schluss seines Standardwerkes *Materialisations-Phänomene*: »Die Beobachtung der Phänomene durch die photographischen Objekte von verschiedenen Seiten lässt nun aber keine Zweifel am Fragmentalcharakter des Dargestellten, besonders wo es sich um Nachbildungen von menschlichen Gesichtszügen und Organen handelt. Mit dem optisch wahrnehmbaren resp. dem Licht exponierten Teil ist in den meisten Fällen das Materialisationsprodukt erschöpft. So fehlen offenbar bei den Gesichtsaufnahmen die dem Beschauer abgewendeten Gesichtshälften. Niemals wurde auch bei im Relief ausgeprägten Köpfen rückwärtig ein Hinterkopf konstatiert. Die Stereoskop-Diapositive zeigen bei genauem Studium Löcher und schwarze Stellen ... Auf den Phantombildern fehlen die Füße, und die Lage einer Hand ist zeichnerisch roh angedeutet. Man kann also wenigstens für die bis jetzt gemachten Beobachtungen an Eva C. den Satz als Regel aufstellen, dass eine Fortsetzung der Materialisierung von Organteilen außerhalb des Gesichtsfeldes der Beobachter nicht gemacht werden konnte.«

Weiter heißt es hier: »Während bei einem wirklichen Lebewesen die plastische Anatomie nach allen Richtungen hin entwickelt ist, sind in den vorliegenden Beobachtungen nur die sichtbaren Teile – und zwar diese auch mit Beschränkung auf die notwendigsten Ausdrucksmittel – gestaltet oder künstlerisch zur Anschauung gebracht. Wohl findet man im Schatten der Vorhänge stielartige Verlängerungen und Ansätze zu den Formen und Gesichtern, niemals aber Organe und Teile, die als notwendiger ergänzender Bestandteil bei lebenden Organismen vorhanden sein müssten. Hier liegt zweifellos eine Absicht der schöpferischen Kraft vor, deren Mittel und Können beschränkt zu sein scheinen, so dass es sich nur um die Erzeugung flüchtiger, materieller, mehr oder minder gut entwickelter Impressionen von Formfragmenten handelt, mit dem Zweck einer bestimmten Wirkung auf das Auge des Beschauers. Damit ergibt sich die wichtige Frage, ob bisher nicht das Wesen des ganzen Materialisationsprozesses missverstanden und falsch gedeutet worden ist, indem man … die Analogien dieser teleplastischen Erzeugnisse des Mediumismus mit den lebenden Organismen überschätzte und sich von dem Bann der ›Geistervorstellung‹ nicht mehr freizumachen imstande war.«

Diese Feststellung eines ehrlich bemühten Forschers lässt zwar keine Zweifel aufkommen, dass die von ihm bei Eva C. beobachteten Materialisations-Produkte echt waren, vermag aber nichts über deren Herkunft und Zustandekommen zu sagen. Nach unseren bisherigen Erkenntnissen könnte man vermuten, dass sich Materialisationen sowohl animistisch – als (psychokinetisch) durch unser Bewusstsein erzeugte oder herbeigeschaffte Produkte – wie auch spiritualistisch – als Schöpfungen jenseitiger Bewusstseinspersönlichkeiten – deuten lassen.

Wer glaubt, dass Materialisations-Séancen der Vergangenheit angehören, im »aufgeklärten« 21. Jahrhundert nichts mehr verloren hätten, irrt. Vor allem in Südamerika und England sind solche Sitzungen, die meist von spiritualistischen Vereinigungen abgehalten werden, als Kontaktmöglichkeit zu Verstorbenen immer noch beliebt.

Mein langjähriger Schweizer Freund, der Jurist Dr. jur. Hans U. Schaer, Mitglied der Schweizerischen Parapsychologischen Gesellschaft, hat seit Anfang der Neunzigerjahre zahlreichen Materialisationssitzungen in England, in der Schweiz und in Spanien beigewohnt. Er hat mir exklusiv für dieses Buch das Gedächtnisprotokoll einer Sitzung mit dem heute wohl stärksten englischen Materialisations-Medium David Thompson zur Verfügung gestellt. Diese Sitzung fand am 15. Dezember 2003 in Haywards Heath (West Sussex, England) statt, und zwar als so genannte *Childrens Christmas Party*. Ich gebe das von ihm verfasste Dokument in der Originalfassung und nur unwesentlich verkürzt wieder. Dr. Hans U. Schaer hat mich auch ermächtigt, hier anzuführen, dass er eine eidesstattliche Erklärung abgibt, dass die in diesem Buch beschriebenen Ereignisse sich tatsächlich genau so zugetragen haben, wie nachstehend geschildert:

»Im Sanctuary (eigentl. Heiligtum; hier Séancenraum), einem 4 m × 12 m messenden Holzhaus, fanden sich am 15. 12. 2003 insgesamt 20 Personen ein, das Medium nicht mitgezählt. Zuvor hatte ich (am Nachmittag) in David Thompsons Haus zugeschaut, wie seine Ehefrau Bianca Kinderspielzeug (Spielautos und hauptsächlich Stofftiere von ca. 25 bis 30 cm Höhe) sorgfältig in Weihnachtspapier verpackt hatte. Ein Sitzungsteilnehmer (engl. Sitter) hatte als seinen Beitrag eine runde Blechdose, Durchmesser 28 cm, Höhe 12 cm, mitgebracht, die mit in Papier verpackten Süßigkeiten angefüllt war. Das Gewicht der vollen Dose dürfte 2 bis 2,5 kg betragen haben.

Zu Beginn des Sittings wurden alle Geschenke auf den Boden des Sanctuarys gelegt, etwa ein Meter vom Kabinett (Kabine, in der sich das Medium während der Séance aufhält) entfernt. Daneben lagen unverpackt die bei Davids Séancen üblichen Gegenstände, d. h. ein Paar Trommelschlägel, eine ›trumpet‹, Mundharmonika, Stoffpuppe, Holzrassel und einige leere Blatt Papier einschließlich Kugelschreiber oder Filzstift. Bei der ›trumpet‹ handelt es sich nicht etwa um eine Trompete, sondern um einen aus einem sehr leichten Material (Aluminium oder Karton) gefertigten, etwa 30 Zentimeter langen Gegenstand, dessen Vorderteil einen Durchmesser von 10 Zentimeter hat und der sich hinten auf 2,5 Zentimeter verjüngt. Der vordere Rand wird mit einer Leuchtfarbe bestrichen, so dass er in der Dunkelheit gut beobachtet werden kann.

Das Medium (Thompson) wurde wie üblich mit Plastikriemen sorgfältig an den Lehnstuhl mit hölzernen Seitenlehnen geschnallt. Seine Wollweste wurde mit Plastikriemen vorne zugeschnürt und deren Enden direkt nach dem Verknoten abgeschnitten. Einen schwarzen Seidenschal zog man dem Medium durch den Mund und verknüpfte ihn an seinem Hinterkopf.

Derart mit Händen und Beinen an den Lehnstuhl gefesselt und ohne die Möglichkeit, sich aus dieser Fesselung selbst zu befreien sowie deutlich zu sprechen, wurde das Medium in das Kabinett gehoben oder geschoben, woraufhin dessen Vorhänge geschlossen und das Licht ausgelöscht wurde. Nach dem Anfangsgebet und der Bitte um Schutz der Teilnehmer vor ›bösen Geistwesenheiten‹ wurde die Zirkelmusik eingeschaltet. Alle Sitzungsteilnehmer saßen entlang der Wände in einer Reihe. Nach wenigen Minuten Musik und Gesang der Sitzungsteilnehmer stieg die ›trumpet‹ in die Höhe und bewegte sich zuerst langsam, dann immer schneller, teilweise in unheimlichem Tempo (wie es niemand von Hand zuwege bringen könnte) durch den Raum. Sie bewegte sich zudem in einer Raumhöhe von etwa vier Meter über dem Boden und durchflog den ganzen Raum innerhalb von Sekunden. Die ›trumpet‹ becircte mehrere Sitters, darunter auch mich, indem sie zuerst an meine linke Stirnhälfte flog, dagegenklopfte und sich dann auf die Mitte meines Kopfes setzte, wo sie mehrmals auf und ab wippte.

Dann begann der indianische Geistführer des Mediums die Gäste kurz zu begrüßen und ihnen mitzuteilen, dass die Voraussetzungen für eine sehr gute Séance gegeben seien. Zuerst kam der Geistführer des Zirkels, William, und bat uns, Fragen zu stellen. Einige Sitters stellten Fragen, die von William mittels ›direkter Stimme‹ (evtl. ektoplasmischer Kehlkopf) beantwortet wurden.

Daraufhin erklang die Stimme von Timothy, dem Cockney-Boy, mit seinem unverkennbaren Akzent sowie seinem überspannten Lachen. Offenbar hatte er eine am Nachmittag von mir gemachte Aussage, dass ich ihn manchmal schlecht verstehe, weil er so schnell spricht, mitbekommen, denn er fragte: ›Hans, can you understand me?‹ (Hans, kannst du mich verstehen?) Als ich antwortete: ›Yes, when you speak slowly‹ (Ja, wenn du langsam sprichst.), sprach er aus Spaß einige Worte übertrieben langsam aus. Im weiteren Verlauf des Gesprächs fragte er …, ob ich mich freuen würde, wenn er mir ein Geschenk machen würde. Er präzisierte dann, dass dieses Geschenk ein Knopf seiner Jacke sei, in der er beerdigt worden war, und er fragte, ob ich dieses Geschenk annehmen möchte. Natürlich sagte ich, dass ich mich darüber sehr freuen würde. Alle Séancen-Teilnehmer mussten nun die Hände ihrer jeweiligen Nachbarn auf beiden Seiten halten. Es dauerte nur zwei oder drei Minuten, bis eine kleine materialisierte Hand meine rechte Hand von der meines Sitznachbars Paul Barker zu trennen versuchte und mir, als dies geschehen war, einen alten Metallknopf von etwa 3,5 Zentimeter Durchmesser und 1,5 Zentimeter Dicke in meine Hand legte. Im weiteren Verlauf des Gesprächs teilte Timothy mit, dass er im Jahre 1902 beerdigt worden sei, und er entschuldigte sich dafür, dass sich der Knopf nicht mehr in neuwertigem Zustand befände.

Ich konnte fühlen, wie der materialisierte Timothy vor mir stand, als er mir den Knopf in die Hand gab. Seine materialisierte Kinderhand fühlte sich ganz normal an. Der apportierte Metallknopf war nicht besonders warm, als ich ihn in die Hand bekam, wie dies bei Apporten oft der Fall ist. Timothy nahm ein oder zwei der auf dem Fußboden liegenden Geschenke und öffnete die Verpackung, was wir sehr gut am Rascheln des Weihnachtspapiers beim Auspacken hören konnten … Nachdem Timothy sich verabschiedet hatte, kam ein weiteres Kind, das ebenfalls zu uns sprach, allerdings viel scheuer und zurückhaltender als jener. Dann erschien ein weiterer ›Erwachsener‹ namens Joe. Er beantwortete zunächst mehrere Fragen aus dem Sitterkreis und gab einleuchtende Kommentare zu verschiedenen Sachverhalten des Spiritualismus, aber auch zur Weltlage usw. …

Nach Joe präsentierte sich (evtl. in anderer Reihenfolge) Louis Armstrong, und wieder mussten sich alle Sitters bei den Händen fassen. Er sagte nun, es sei jemand im Kreise der Anwesenden, der eine (hier: richtige) Trompete hätte mitbringen sollen. Also hatte auch er dieses Gespräch am Nachmittag irgendwie zur Kenntnis genommen (Dr. Schaer hatte den Thompsons von einem erfolgreichen Trompeten-Experiment mit der Scole-Gruppe auf Ibiza erzählt). Er wollte wissen, wer dies wäre. Ich sagte ihm, dass ich es sei, woraufhin er meinte, es sei schade, dass ich meine Trompete nicht mitgebracht hätte.

Ich fragte ihn, ob er für mich auf der Trompete spielen würde, wenn ich sie bei meinem nächsten Besuch mitbringen würde, was er mir denn auch zusagte. Dann verlangte er von Bianca (Davids Frau) nach ›seiner Musik‹ vom Tonbandgerät. Es ist dies eine von einem Orchester gespielte Version von Louis Armstrongs Lieblingsmelodie, die er bei zahllosen Auftritten gesungen hatte, als er nicht mehr Trompete spielen konnte: ›What a wonderful world.‹ Bianca ließ diese Melodie vom Recorder abspielen und Louis begann zur Musik zu singen. Als er bei der Passage ›I see friends, shaking hands and say how do you do‹ (Ich sehe Freunde, schüttele Hände und sage, wie geht's) war, fühlte ich, wie eine warme Hand meine rechte Hand ergriff und sie 7 bis 10 Sekunden freundschaftlich schüttelte. Eine sinnige Geste, die mit dem Text des Songs übereinstimmte. Trotz der Dunkelheit konnte ich spüren, dass eine materialisierte Gestalt vor mir stand, zu der die Hand gehörte …

Nach einer Sitzungsdauer von etwa eineinhalb Stunden kam eine angenehme, gesetzte Stimme, die sich als die von Arthur Findley (1883–1949), einem spirituellen Forscher und erfolgreichen Buchautor, vorstellte. In äußerst gepflegtem Englisch beantwortete er diverse Fragen aus dem Sitterkreis, unter anderem betreffend der Entwicklung von Stanstead Hall, seinem großartigen Anwesen, das er der englischen Spiritualist Association vererbt hatte. Findley wurde unter anderem auch gefragt, ob er seine zu Lebzeiten empfundene starke Aversion gegen religiöse Organisationen aufgrund seiner Bewusstseinserweiterung im Jenseits geändert habe, was er vehement verneinte. Er führte aus, dass er diesen nach wie vor kritisch und ablehnend gegenüberstehe, da sie den Fortschritt unter den Menschen aus egoistischem Machtdenken verhinderten. Er habe seine Meinung in keiner Weise geändert und gab dafür auch noch weitere Gründe bekannt.«

Dann folgten einige rein private Mitteilungen von Dr. Schaers verstorbener Mutter, die sich auf seine Kniebeschwerden und deren nicht-operative Heilung durch den bekannten Heiler Rolf Drevermann bezogen. Weiter heißt es in Dr. Schaers Report:

»Kurz nach Arthur Findleys Auftritt teilte die Geistentität ›William‹ mit, dass der Energievorrat leider zu Ende gehe und die Sitzung bald beendet werden müsse, um die Gesundheit des Mediums nicht zu gefährden. Kurz darauf vernahmen wir einen lauten Knall aus der Mitte des Raumes. William und Timothy verabschiedeten sich. Daraufhin wurde ein Abschlussgebet gesprochen und gedämpftes Licht eingeschaltet. Und in diesem erblickten wir den Stuhl mit dem angeschnallten, sich immer noch in Trance befindlichen Medium. Er stand jetzt mitten im Raum, 3,5 Meter vom Kabinett entfernt, dessen Vorhänge nun zurückgezogen waren. Der Seidenschal war immer noch durch den Mund des Mediums gezogen. Auch trug das Medium noch seine Strickjacke. Nur: Anders als zum Sitzungsbeginn, als die Jacke vorn durch Plastikbänder über Bauch und Brust verknüpft worden war, hatte sie das Medium jetzt verkehrt herum an, d. h. sie war auf dem Rücken verknüpft. Die Knoten der Bänder waren unversehrt. Sie hätten, da die Enden unmittelbar hinter den Knoten abgeschnitten worden waren, unmöglich auf- und später wieder zugeknüpft werden können …

Nachdem das Medium aus der Trance erwacht war, wurden auch noch all die Plastikriemen überprüft, mit dem es an dem Lehnstuhl angeschnallt worden war. Sie waren völlig intakt, genau so wie zu Beginn der Sitzung. Die Ursache des lauten Knalls, den alle Teilnehmer kurz vor Séancenende gehört hatten, war, nach Aussage der Zirkelmitglieder, durch die Energie verursacht worden, die bewirkt hatte, dass der Lehnstuhl samt dem draufgefesselten Medium über eine Distanz von etwa

3,5 Meter aus dem Kabinett in den Sitzungsraum hinaus transportiert worden war. Die gesamte Séance hatte etwas länger als zwei Stunden gedauert.«

Montague (Monty) Keen, ein englischer Journalist, engagierter Forscher und Publizist von Beweisen für ein Überleben des Bewusstseins (des Geistes, der Seele oder Persönlichkeit) nach dem physischen Tod, hatte am 25. Oktober 2003, knapp zwei Monate vor seinem eigenen Ableben am 15. Januar 2004, noch einer Sitzung mit David Thompson im Haus von Denzil Fairbain in Chalgrove (Oxfordshire) beigewohnt. Er hatte fast 60 Jahre lang der englischen *Society for Psychical Research (S.P.R.)* angehört, unter anderem in führenden Positionen als Sekretär des *Survival Committees* (Komitee für Überlebensforschung) und als Mitglied des *Board of Directors.* Weit über die Landesgrenzen hinaus bekannt geworden war er als Verfasser des mehr als 300 Seiten umfassenden *Scole Reports,* in dem er seine Erfahrungen von mehr als 30 Sitzungen mit der so genannten *Scole Group* in den Neunzigerjahren detailliert und akribisch beschreibt. In diesem Report werden auch die umfassenden Kontroll- und Vorsichtsmaßnahmen, die er jeweils vor, während und nach jeder Sitzung getroffen und überprüft hatte, erwähnt.

Wir begegneten »Monty« einmal vor Jahren während der *Basler Psi-Tage*, wo wir uns während eines gemeinsamen Essens ausführlich über die Bewusstseins-Überlebensproblematik unterhielten. Seine nüchterne, humorvolle Art, mit der er selbst dieses schwierige Thema anging, war bestechend. Die Erinnerung an diese Persönlichkeit moderner Überlebensforschung, an seine gewinnende Art, ist für uns unvergesslich.

Bei der zuvor erwähnten Sitzung am 25. Oktober 2003 im Haus von Denzil Fairbain waren neben Montague Keen und seiner Ehefrau Veronica ein gewisser Paul als Séancenleiter, Bianca und David Thompson als Medium sowie weitere zwölf Personen anwesend.

Es würde hier zu weit führen, wollte man alle Vorbereitungen und Vorsichtsmaßnahmen für die Sitzung – das übliche Fesseln von Händen und Beinen des Mediums an den Stuhl, die Anbringung eines Knebels in seinem Mund sowie die Bereitstellung der psychokinetisch zu beeinflussenden Gegenstände – in allen Details beschreiben.

Während der Séance am 25. Oktober meldeten sich nach Keens Bericht zwei Hauptkommunikatoren: ein William Charles Cadwell (gestorben 1897) und der zuvor erwähnte englische Physiker und Chemiker Sir William Crookes (1832–1919). Beide beantworteten die Fragen der Anwesenden deutlich und recht flüssig. »Monty« wollte unter anderem wissen, wie die sich manifestierenden Jenseits-Stimmen (so genannte »Direktstimmen«) entstehen, da diese ja nicht von dem perfekt geknebelten Thompson herrühren konnten. Hierzu äußerte sich Kommunikator Cadwell wörtlich: »Ich selbst bin teilweise materialisiert. Das benötigte *Ektoplasma* entströmt verschiedenen Körperöffnungen des Mediums und es formt sich an dessen ›voice box‹ (Stimmenbox), wo es einen Kehlkopf-Effekt (ektoplasmischen Kehlkopf) erzeugt. Ich aber spreche zu dir mit meiner eigenen Stimme, indem ich mich in das Ektoplasma ›einklinke‹, das vom Medium abgegeben wird …«

Auf die Frage, ob sich die Geistwesenheit im Séancenraum fortbewegt habe oder ob sie sich noch am Ausgangsort befände, antwortete diese, in dem sie auf ihre Konsistenz anspielte: »Ich fühle mich so fest, wie man sich nur vorstellen kann.« Der skeptisch eingestellte »Monty« hakte nach: »Du bezeichnest dich als ›fest‹, bist aber nur eine Kreation deines eigenen Bewusstseins, ist das nicht so?« Die Antwort ließ nicht lang auf sich warten: »Aufgrund der Vibrationen des jungen David (Medium) gelingt es mir, durch Vibrationsveränderungen meines ätherischen Leibes die Erdschwingungen zu durchdringen. Dann bin ich in der Lage, mich in eine ektoplasmische Form zu bringen (eine sichtbare Gestalt anzunehmen) …«

Veronica fragte Cadwell, wie sie ihrer Schwester die Angst vor dem Sterben nehmen könne. Seine Antwort ist für die spiritualistische Philosophie typisch und soll hier in vollem Wortlaut wiedergegeben werden: »Sage ihr, der Übergang in die geistige Vibration ist eine wunderbare Wiedervereinigung mit den Seelen derer, die zuvor gegangen sind. Deine Schwester braucht nichts zu fürchten. Man wechselt nur die Schwingung, von der irdischen zur spirituellen. Oftmals sind die Sterbenden wegen ihrer Glaubensvorstellungen gehemmt, die suggerieren, dass sie sich (beim Tod) zu einem Ort des ewigen Schlafes begeben. Natürlich kann es am Anfang, beim Eintreffen in der spirituellen Dimension, sein, dass jemand Schlafbedarf empfindet. Oft wachen diese Personen auf und fragen sich, was sie ohne die Unterstützung durch ihren biologischen Körper tun sollen …«

Auf die während dieser eindrucksvollen Sitzung aufgetretenen psychokinetischen Manifestationen soll in diesem Kapitel nicht näher eingegangen werden. Sie ähneln im Prinzip den Phänomenen, die schon von den Pionieren der Materialisationsforschung wie Sir William Crookes, Dr. A. Freiherr von Schrenck-Notzing, Charles Richet und vielen anderen beobachtet wurden.

Die von spiritualistischen Zirkeln gewollt herbeigeführten Materialisationen einschließlich der begleitenden akustischen Äußerungen von Geist-Persönlichkeiten Verstorbener, der Direktstimmen, zählen, wie diesem Kapitel bereits kritisch vorangestellt, zu den heikelsten Phänomenen der Nachtod-Forschung. Vor der Beteiligung an solch spiritualistischen Veranstaltungen warnen nicht nur christliche Glaubensgemeinschaften, sondern auch mit psychiatrischen Problemen befasste Ärzte und Psychologen. Würde man sich jedoch völlig unvoreingenommen mit dem natürlichen Zusammenwirken zwischen Geist und biologischer Materie befassen und nicht in mittelalterlichen Denkkategorien verharren, bräuchte man vor den vermeintlich verderblichen Einflüssen solcher Séancen nicht zu warnen.

Interessant sind vor allem medien-unabhängige psychokinetische Manifestationen jenseitiger Wesenheiten, unabhängig davon, ob sie durch Energien Verstorbener oder durch so genannte »Interdimensionale« – Wesenheiten/Kräfte aus anderen

Dimensionen – ausgelöst werden. Bevor wir uns mit diesem hochinteressanten, autonom ablaufenden Phänomen – den offensichtlich jenseits-gesteuerten »Minilabs« – ausführlich befassen, wollen wir uns erneut einem Status zuwenden, den die Wissenschaft vorschnell als »Realität« bezeichnet, den aber niemand so recht zu definieren weiß.

6 Wenn die Realität zerbricht

»Realität ist eine Treppe, die weder hinauf- noch hinabgeht.«

OCTAVIO PAZ in *The Endless Instant*

Der Realitätsbegriff scheint sich in der orthodoxen *Physik auch heute noch ausschließlich auf Materielles – Sichtbares, Greifbares – zu beziehen. Bewusstsein, geistige Prozesse schlechthin werden geflissentlich ausgegrenzt, als etwas Subjektives gewertet, das auf materielle Systeme keinen Einfluss zu nehmen vermag.*

Jetzt aber haben amerikanische Wissenschaftler eine erstaunliche Technologie entwickelt, die es z. B. Behinderten erlaubt, kraft ihrer Gedanken Geräte zu bedienen, sich notfalls selbst zu helfen.

Auf einer im Jahre 2004 in Phoenix (Arizona) abgehaltenen Konferenz für Physikalische Medizin und Rehabilitation stellte ein Ärzteteam den erstaunten Berufskollegen eine Steuervorrichtung vor, mit der ein 25-jähriger Quadriplegiker – seine vier Extremitäten sind gelähmt – ohne Muskelbewegung, nur durch Gedankenbefehle einen Schachcomputer zu bedienen, einen Fernseher zu betätigen oder seine E-Mails zu öffnen vermag. Kybernetisch-neurotechnologische Systeme »Braingate« verdeutlichen, dass bewusste geistige Prozesse etwas ganz Reales, Substantielles sind. Unser derzeitiger Realitätsbegriff greift zu kurz, bedarf dringend einer Neudefinition.

6.1 Descartes' fundamentaler Irrtum

Was ist Realität, was Schein und Einbildung? Gibt es überhaupt so etwas wie Realität? Wissenschaftler argumentieren, nur was konstant, d. h. stets mit gleichbleibendem Resultat mess- und verifizierbar sei, könne als real bezeichnet werden. Dabei wissen wir seit Einführung der Quantentheorie, dass dies nicht stimmt, dass es eine echte, ultimative Realität gar nicht geben kann. Alles, was wir bedenkenlos als »Wirklichkeit« akzeptieren, beruht ausschließlich auf Beobachten und Messen einer Ansammlung ständig vibrierender Atomhaufen. Verwirrender noch: Wir müssen uns fragen, was dieses Beobachtete und Gemessene wert ist, wenn es auch nur wieder an einer Projektion einer weiteren Projektion usw. – im Grunde genommen am Schatten eines anderen Schatten ad infinitum – gemessen wurde. Es ist dies genau die gespenstische Situation, in die uns die Subquantenwelt hineinversetzt. Daraus wäre zu folgern: *Etwas absolut Reales gibt es nicht!*

Was aber hat es dann mit all dem Geschehen auf sich, das es – unter Zugrundelegung der »reinen« naturwissenschaftlichen Lehre – gar nicht geben darf … und das es, von unabhängigen Beobachtern immer wieder bestätigt, dennoch gibt? Ist es in solchen Fällen womöglich so, dass alle Beobachter dieser unverständlichen, scheinbar irrealen Vorgänge irrten, dass sie getäuscht wurden oder gar allesamt die Unwahrheit sagten? Oder könnte es vielleicht so sein, dass unsere im Alltag ansonsten bewährten Naturgesetze unter gewissen Umständen doch nicht immer stimmen? Weder noch.

Missverständnisse in der Interpretation anomal erscheinender Ereignisse beruhen vorwiegend darauf, dass seit René Descartes' unglückseliger Trennung von Geist und Stoff *(res cogitans – res extensa)* konservative Naturwissenschaftler physikalisches Geschehen und Geistiges, d. h. Bewusstseinsprozesse, auseinander halten, obwohl doch Werner Heisenbergs Quantenphilosophie gerade Gegenteiliges besagt. Und mit genau dieser Haltung verbauen sich die Anhänger der »unverfälschten wissenschaftlichen Lehre«, die Engdenker von heute, den Zugang zu einer tieferen, umfassenderen Erkenntnis.

Die klassische Mechanik geht beim Betrachten mikroskopisch kleiner Teilchen in die Quantenmechanik über. Den Pionieren dieser »Mechanik des Winzigkleinen« zufolge gleicht die Materie einem Wirrwarr nur mathematisch kalkulierbarer Wellen, obwohl wir von diesem außer einigen Interferenzen und Partikel – Physiker nennen diese respektlos »Wahrscheinlichkeitsknoten« –, gar nichts weiter wahrnehmen. Komischerweise scheinen diese »Knoten« in unserer Raum-Zeit-Welt nur dann zu existieren, wenn man sie gerade beobachtet.

Das Grundsätzliche an der Quantenmechanik war die Einführung der *Wahrscheinlichkeit* als neue physikalische Kategorie. Sie lässt nicht einen, sondern unendlich viele Zustände *nebeneinander* zu. Mit anderen Worten: Das System befindet sich stets in allen Zuständen *gleichzeitig*. Nur wenn man beobachtet und/oder misst, findet es der Beobachtende in einem einzigen Zustand, was von Physikern als *Unschärferelation* bezeichnet wird.

Einstein, ein entschiedener Gegner der Unschärferelation, konterte mit dem Argument, wenn die Unschärfegesetze der Quantenmechanik stimmten, wäre die Fähigkeit der *Ubiquität* (der Allgegenwart) möglich, die sich aber aufgrund der wesentlichen Grundlagen modernen Denkens, dass ein Objekt sich nicht *gleichzeitig* hier und an einem anderen Ort befinden kann, verbietet. Hieraus folgerte Einstein, dass sich die Quantenmechanik irren müsse.

In den Fünfzigerjahren entwarf Professor David Bohm von der Universität London, ein Schüler Einsteins, erstmals ein experimentelles Protokoll, das es ermöglichen sollte, dieses Paradoxon im Labor zu testen. Damals war allerdings die Technologie noch nicht so weit. Man musste das Ende der Siebzigerjahre abwarten, bis das Experiment schließlich realisiert werden konnte, was in Frankreich, am Institut für Optik der Université d'Orsay im Labor des Physikers Alain Aspect, geschah. Dem amerikanischen Physiker John Bell sollte es vorbehalten sein, mit einem Gedankenexperiment die Richtigkeit des Aspect'schen Versuchs zu beweisen. Alles deutete darauf hin, dass Einstein irrte und die so genannte *Kopenhagener Schule* (benannt nach dem Wohnort des berühmten dänischen Physikers Niels Bohr) recht behielt: Zwei aus derselben Kollision hervorgegangene Teilchen verhielten sich tatsächlich so, als blieben sie untereinander in dauerhafter und unmittelbarer Beziehung. Wenn Bell willkürlich beschloss, eines von ihnen sollte sich nach rechts drehen, drehte sich das andere automatisch nach links. Mit anderen Worten: Es sieht so aus, als stellten diese beiden aus der gleichen Kollision hervorgegangenen Teilchen zwei Facetten ein und derselben Realität dar – obwohl sie sich mit einer Geschwindigkeit von zweimal 300 000 Kilometer pro Sekunde voneinander entfernten.

Trotz allem kann sich innerhalb unseres Raum-Zeit-Universums ein und dasselbe Objekt noch immer nicht an zwei Orten gleichzeitig aufhalten. Und dennoch stimmen die Gesetzmäßigkeiten der Quantenmechanik: Zigmilliarden Lichtjahre voneinander entfernte Teilchen können sich tatsächlich so verhalten, als seien sie eine Einheit. Widersprüchlich, unverständlich? David Bohm hält eine plausible Erklärung parat: »Was wir jetzt wissen, zeigt, dass die Elementarteilchen den Gesetzen unserer Raum-Zeit-Welt nur teilweise gehorchen. Ein ganzer Teil ihres Verhaltens scheint von Gesetzen einer *anderen Ordnung* beherrscht zu werden, einer Ordnung, die der unseren zugrunde liegt und von der wir nur sehr wenig wissen. Einer Ordnung, die in Bewegung ist und für die das Universum, wie wir es kennen, nur ein möglicher Ausdruck oder eine mögliche Erklärung ist. Es ist dies eine Ordnung, die ich deshalb als *implizite Ordnung* zu bezeichnen wage.« Einfacher ausgedrückt: Bohms »Ordnung« liegt gewissermaßen *eingefaltet auf dem Grund aller Dinge.* Wir können sie freilich nur erkennen, wenn sie sich *entfaltet*, d. h. nach Bohm, *explizit*, für jeden sichtbar wird.

Wenn die Welt von René Descartes ausgedient hat, dann vor allem deshalb, weil das eigentliche Substrat der Welt sich nicht aus Objekten (wie klein sie auch immer sein mögen) bestehend erweist und auch nicht aus Raum, sondern aus untereinander in Beziehung stehenden Feldern, die sich in ständiger Bewegung befinden. Bohm bezeichnet diesen Zustand als *Holobewegung der Leere.*

Auf dem Grund unseres Gedächtnisses, im zentralen Knoten unseres Bewusstseins, da, wo sich unser Wille und unsere Empfindungsfähigkeit kreuzen, vermuten Physiker eine Art »Loch«: ein Loch, durch das wir mit unserem Bewusstsein der Raum-Zeit entweichen können ... ein geistiger Fluchtpunkt, ähnlich den *schwarzen Löchern* im All oder den so genannten *Wurmlöchern* im mikrokosmischen Bereich. Und Bohm war fest davon überzeugt, dass wir durch dieses Loch in uns an der impliziten Ordnung – der primären, virtuellen Ordnung des materiellen Fließens der Welt – teilhaben.

Alle hier geschilderten, uns zunächst sonderbar erscheinenden Vorkommnisse lassen erkennen, dass es tatsächlich andere Wirklichkeiten hinter unserer materiellen Realität geben muss – Welten hinter der unsrigen –, in die unser Bewusstsein mitunter kurzzeitig einzutauchen vermag. Vordenker wissen um ihre Existenz, versuchen sie auf Umwegen nachzuweisen ... das Virtuelle transzendieren zu lassen, es »sichtbar« zu machen. David Bohm war einer von ihnen. Seine Philosophien und Hypothesen gemahnen uns, dem Unglaublichen – auch den Manifestationen aus »jenseitigen«, andersdimensionalen Bereichen – akribisch nachzugehen, um herauszufinden, was es mit Phänomenen wie *Erscheinungen, Spuk, Materialisationen, Besessenheit* und anderen, nur scheinbar anomalen Formen bewusstseinsgesteuerter Eingriffe in unsere materielle Alltagswelt auf sich hat. Und genau dieses Ziel hat sich der Autor dieses Buches zur Aufgabe gemacht.

6.2 Realitätsverzerrung – Die Welt der Archetypen

»Wir sehen Schatten, halten sie aber für das Wesentliche.«

R. D. Laing in *Self and Others*

Grundlage jeder Wissenschaft sind Hypothesen und Theorien. Sie beruhen grundsätzlich auf Beobachtung und Glaube, woraus sich wiederum Modelle ableiten lassen, die aber nicht der Wahrheit – der Realität – entsprechen müssen. Meint doch der englische Philosoph und Wissenschaftstheoretiker Sir Karl Raimund Popper (1902–1994), dass »keine Beobachtung eine Theorie beweisen, sondern ihr bestenfalls zu überleben ermöglichen kann, bis sie erneut auf die Probe gestellt wird«.

U. Warnke geht in *Diesseits und Jenseits der Raum-Zeit-Netze* diesem Missstand auf den Grund: »Wenn wir Wissenschaft betreiben, dann verwenden wir Instrumente, die von unserem Geist entwickelt wurden. Wir erdenken Instrumente, konstruieren sie, bedienen sie und lesen sie ab. Alle diese Aktivitäten sind allein reine Geisttätigkeiten. Der Geist wird damit zu einem Basisinstrument aller Untersuchungen. Die Instrumente sind also geprägt von Geiststrukturen.« Weiter heißt es hier: »Wir können deshalb sogar sagen, dass vorab unser Geist als Instrument zum Messen dient ... Die so erhaltenen Ergebnisse werden wiederum durch unseren Geist interpretiert, und diese Interpretation ist von dem geprägt, was gerade in unserer Kultur und Gesellschaft gelehrt und anerkannt ist, was also durch Autoritäten zum Wissenschafts-Dogma erhoben wurde. Die postulierte rationale Objektivität der Wissenschaft weicht damit einer Pseudo-Objektivität, einer *Selbsttäuschung*.« (Kursiv durch Autor)

Wissenschaftler wollen festgestellt haben, dass die Welt eines Kindes quasi-halluzinatorisch funktioniert. Wenn die Kinder heranwachsen, lernen sie gewisse Aspekte ihrer Realität, die von Erwachsenen in ihrem Umfeld als Halluzinationen gewertet werden, zu ignorieren. In dem Buch *Hyperwelt* (ISBN 3-7844-2555-0, LangenMüller 1995) hat sich der Autor im Kapitel IV/9 *Psychowelt der Kids* mit spektralen »Spielgefährten« – für Erwachsene nur Auswüchse kindlicher Phantasie – und anerzogenen Verdrängungsmechanismen eingehend befasst.

In Jean Piagets Werk *The Child and Reality* (Kind und Realität) ist das Ausmaß, bis zu dem die Wahrnehmung *angelernt* ist, besonders augenfällig. Das Kind lernt geometrische Formen zu sehen, drei Dimensionen zu erkennen, Objektbeziehungen herzustellen usw. Die Fähigkeit, dies alles wahrzunehmen, kann angeboren sein, aber es ist eine erwiesene Tatsache, dass wir grundsätzlich lernen, was wahrzunehmen ist.

Man muss sich allerdings fragen, ob allein deshalb schon etwas Realität ist, weil wir es sehen. Der Biologe Richard Dawkins behauptet, dass sich die Menschen nicht durch einen direkten Bezug zur Außenwelt orientieren, sondern an einer im Gehirn erzeugten Nachbildung des Originals. Dieses virtuelle Modell wird nur angepasst, wenn das Gehirn mit einer merklichen Differenz zwischen Außenwelt und virtueller Nachbildung konfrontiert wird.

Nehmen wir nur einmal den Erlebnisraum unserer Kindheit, der uns noch so in Erinnerung ist, wie wir ihn als Kind erlebt und im Gedächtnis gespeichert haben, der uns bei einem Besuch nach Jahren oder Jahrzehnten plötzlich so klein, so kompakt erscheint. In unserem Gedächtnis hatte sich das Modell einer viel größeren virtuellen Welt eingegraben. Sollte Dawkins Recht haben, so produzieren wir beim Eintauchen in eine virtuelle Welt virtuelle Nachbildungen von virtuellen Bildern.

Es dürfte denn auch kaum überraschen, dass einige unterentwickelte Kulturen, die kaum Kontakt zur Zivilisation hatten, bestimmte Arten von Bildern wie Fotos und Filme nicht zu sehen vermögen. In einem Referat, das Professor John Wilson dem *African Institute of London University* vorlegte, beschrieb dieser, wie Angehörige eines primitiven afrikanischen Dorfes einen Film gezeigt bekamen, mit dem man ihnen hygienisches

Verhalten beibringen wollte. Zu Wilsons größter Überraschung vermochte nicht einer der mehr als 30 Zuschauer den Film zu »sehen«. Als man sie fragte, was sie gesehen hätten, waren die Dorfbewohner nicht in der Lage zu antworten. Ihnen war nur ein Hühnchen aufgefallen, das in dem Film kurzzeitig zu sehen war. Wilson meinte, dass Geflügel für sie »ein Stückchen Realität bedeute«.

Der berühmte Kybernetiker Heinz v. Förster meinte einmal, dass das menschliche Bewusstsein nicht wahrnimmt, »was da ist«, sondern das, von dem es glaubt, »dass es sich dort befinden soll«. Wir können sehen, weil unsere Netzhäute Licht von der Außenwelt absorbieren und die Signale zum Gehirn weiterleiten. Gleiches gilt für all unsere sensorischen Rezeptoren. Unsere Netzhäute sehen jedoch keine Farben. Nach v. Förster sind sie für die Qualität ihrer Stimulation »blind«, nur für die Quantität verantwortlich. Wörtlich: »Das sollte eigentlich nicht überraschen, denn ›da draußen‹ ist kein Licht und keine Farbe, da gibt es nur elektromagnetische Wellen. ›Da draußen‹ gibt es keinen Laut, keine Melodie, nur eine periodische Veränderung des Luftdrucks. ›Da draußen‹ gibt es keine Wärme, keine Kälte, nur bewegte Moleküle mit mehr oder weniger kinetischer Energie usw. Schließlich gibt es mit Bestimmtheit ›da draußen‹ auch keinen Schmerz. Da die physikalische Natur des Stimulus – seine Qualität – nicht in der Nervenaktivität codiert ist, stellt sich die grundsätzliche Frage, wie unser Gehirn die gewaltige Vielfalt unserer farbigen Welt, die wir in jedem Augenblick unseres Wachseins und manchmal auch im Schlaf während unserer Träume erfahren, heraufbeschwört.« Die Antwort kann nur lauten, dass unser Gehirn allein das wahrnimmt, was es wahrzunehmen wünscht.

Kinder durchlaufen kontinuierlich Stufen wahrnehmender Entwicklung. Wir werden nicht in diese Welt hineingeboren, sondern in etwas, das wir zu dieser Welt machen. Wissenschaftlich korrekter drückt dies der österreichische Physiker Professor Franz Moser aus, der in seinem bedeutenden Werk *Bewusst-*

sein in Raum und Zeit meint, »dass das, was wir Realität nennen, an dem Ort entsteht, wo ein Informationsaustausch zwischen dem ›Bewusstsein‹ der Außenwelt und dem menschlichen Bewusstsein stattfindet«.

Weiter heißt es hier: »In diesem Sinne wird also die Realität zu jedem Zeitpunkt *von uns in uns* erschaffen. Daraus würde folgen: Die Welt existiert nur, wenn sie von uns beobachtet wird. Oder: Erst durch den Informationsaustausch der Beobachtung wird die Welt erschaffen. Dadurch ist es offensichtlich, dass der Beobachter immer am Beobachtungsprozess teilnimmt, also davon nicht auszuschließen ist. Die scheinbare Subjekt/Objekt-Trennung fällt weg.«

Moser glaubt denn auch, dass die entstehende biologische Realität immer eine Abstraktion, d. h. eine »Verfälschung« bzw. etwas nicht Ge-fundenes, sondern etwa Er-fundenes ist, weil nach und mit unseren Vorstellungen Geschaffenes. Abschließend zitiert Moser noch B. H. Maturana, der so treffend formuliert, »dass wir die Welt, in der wir leben, buchstäblich erzeugen, indem wir sie leben«.

In den Worten von v. Försters: »Die Umgebung, wie wir sie erfahren, ist unsere Erfindung.« Hier gelangen wir schließlich zum Kernpunkt unserer Überlegungen. Es ist offenkundig, dass wir bezüglich der Wahrnehmung eine Erkenntnis analog Werner Heisenbergs (1901–1976) Unschärferelation (vgl. Kapitel 6.1) erreicht haben. Wir beobachten nicht die physikalische Welt als Außenstehende, wir partizipieren an ihr. Unsere Sinne sind nicht getrennt von dem »da draußen«, sondern vielmehr eng einbezogen in einem äußerst komplexen Feedback-Prozess, dessen Endergebnis die tatsächliche Erschaffung von dem »da draußen« ist. Dies aber führt zu der ganz entscheidenden Frage, was wir uns unter dem Begriff »da draußen« vorzustellen haben.

Die Wissenschaftler in ihrer Mehrheit – so auch v. Förster – behaupten, dass das »da draußen« die »eine Realität« ist. Wir haben uns so an den Gedanken gewöhnt, an dem Universum, das wir wahrnehmend geschaffen haben, beteiligt zu sein, dass wir einfach annehmen, es gäbe ein »da draußen«. Bei näherer Betrachtung erscheint die Konzeption vom »da draußen« lächerlich, denn wir haben keinen Beweis, dass es existiert. Wie können wir hoffen, von der Existenz von etwas zu wissen, das jenseits unserer Sinne (Vorstellungskraft) zu suchen ist? Physiker können uns bei der Suche nicht behilflich sein. Sie haben ihre eigene Illusion enthüllt. In der Hoffnung, Elektronen zu finden, haben sie festgestellt, dass unser Bewusstsein genau das findet, was es finden möchte. Wenn das Bewusstseins-»Feld« mit dem Raum-Zeit-Feld zusammenhängt, dürfen wir erwarten, ein »da draußen« nur deshalb zu finden, weil wir an seine Existenz glauben.

Der Schweizer Psychologe C. G. Jung (1875–1961) berichtete in seinem dem Ufo-Phänomen gewidmeten Buch *Ein moderner Mythus*, wie er einmal an einer spiritualistischen Sitzung teilnahm, in der vier von insgesamt fünf Personen über dem Leib des Mediums eine Lichtkugel schweben sahen. Er selbst sah nichts, was die vier anderen unverständlich fanden. In Jungs Erfahrung mit einer *kollektiven Vision* besitzt die schwebende Lichtkugel etwa die gleiche Realität wie der Film, den Wilson den afrikanischen Dorfbewohnern vorführte.

Den Schlüssel für dieses Rätsel finden wir in Carlos Castañedas Bestseller *Reise nach Ixtlan.* Der indianische »Zauberer« (Schamane) Don Juan Matsus, Angehöriger des Yaqui-Stammes, hatte den amerikanischen Anthropologie-Studenten Carlos Castañeda als seinen Schüler angenommen. Am 19. August 1961 ließ er Carlos wissen, dass er in der Wüstenlandschaft von Arizona eine bestimmte Stelle kenne, wo er einem »Geist« begegnen könne. Er wäre bereit, ihn zu diesem *Ort der Kraft* zu begleiten. Nach einer ermüdend langen Fahrt fanden die beiden schließlich den »Geist«, der sich als ein zusammengekauerter Hund erwies. Nach Castañedas Beschreibung hätte die Kreatur ihrer Größe nach auch ein (braunes) Kalb sein können. Sie war jedoch zu »kompakt«, um ein Kalb zu sein, und nach Don Juans

Meinung dürfte ein solches auch keine spitz zulaufenden Ohren haben.

Bei näherer Betrachtung begann das Tier zu zittern, und Castañeda stellte fest, dass mit ihm etwas nicht stimmen konnte. Es krümmte sich im Todesschmerz und stieß unartikulierte Schreie aus. Castañeda will bemerkt haben, dass die Kreatur offensichtlich ein Säugetier war, das allerdings den Schnabel eines Vogels besaß. Plötzlich geschah etwas sehr Merkwürdiges. Castañeda schickte sich an, Don Juan zu bitten, ihm zu sagen, um was es sich bei dem »unglaublichen Tier« handele, brachte aber nur ein Murmeln über die Lippen. Don Juan und Carlos blickten einander und dann das »Tier« an. Mit einem Mal brachte irgendetwas in Castañedas Bewusstsein die Welt wieder »in Ordnung«, und er wusste sofort, um was es sich bei der merkwürdigen Kreatur handelte. Er ging zu »ihr« hinüber und hob es auf. Es war ein großer Ast.

Auf die Frage, ob der »sterbende Geist« tatsächlich dort war, antwortete Don Juan, »jener Zweig war ein echtes Tier und es lebte in dem Augenblick, als es von der Kraft berührt wurde. Da das, was es am Leben hielt, Kraft war, bestand, wie bei Träumen, der Trick darin, mit ihm in Sichtkontakt zu bleiben.«

Wenn wir daran glauben, dass es eine »Da-draußen«-Realität gibt, neigen wir wahrscheinlich dazu, wie Castañeda zu reagieren und arrangieren die Welt, bis wir einmal mehr unsere »geliebte Umgebung« wahrnehmen. Wir aber reagieren wie Jung und sehen nicht die Lichtkugel, sollten aber Vorsicht walten lassen und uns über die tatsächliche Realität kein Urteil erlauben. Realität oder Nicht-Realität hängen allein davon ab, wie die kollektive Vision die Welt gestaltet.

Paul Devereux will, wie zuvor (Kapitel 5.3) bereits angedeutet, in Erscheinungen jegliche Formen von Ideenkonstrukten, so genannten *Archetypen* – fundamentale Bilder, die dem kollektiven Unbewussten des Menschen entstammen – erkannt haben. Dr. Gregory Little glaubt, dass sich archetypische Energieformen sogar physikalisch materialisieren, d. h. sichtbar in unserer Realität auftauchen können. Solche »physikalische Archetypen« könnten sich seiner Meinung nach auf zweierlei Art manifestieren:

- unter Nutzung eines Magnetfeldes in ihrer Nähe. Solche Felder müssten mit denen der Archetypen kompatibel sein, damit letztere durch Verlangsamung ihrer Vibrationen auf die Frequenz des sichtbaren Lichts manifest werden;
- durch Nutzung des irdischen Magnetfeldes zum Modifizieren der Gehirnstruktur einer Person, die sich freiwillig auf eine archetypische Wesenheit einstimmen möchte. Ein Beispiel hierfür wäre das von Dr. Raymond Moody ersonnene so genannte *Psychomanteum* (oder kurz: Manteum), eine Art Spiegelkabinett, in dem Benutzer häufig quasi-visuelle Wahrnehmungen von Trans-Wesenheiten (verstorbenen Angehörigen) gehabt haben wollen (Näheres: *Hyperwelt*, LangenMüller, 1995, ISBN 3-7844-2555-0).

Physikalische Archetypen können auf unterschiedliche Weise in unserer Realität erscheinen: Entweder als kleine Lichtkugeln, die rasch Farbe und Form verändern, um dann eine gewünschte Gestalt anzunehmen, oder sie erscheinen direkt, indem sie das uns umgebende Realitätsgewebe lokal aufreißen. Archetypen, die durch solche Risse in unsere Realität vordringen, vermitteln anwesenden Personen oft den Eindruck, dass sich um sie herum eine Art Vorhang befindet, der beim Hochziehen den Blick auf die Trans-Entität freigibt – meist ein erschreckendes, paralysierendes Erlebnis. Wie aber haben wir das von unserer eigenen Realität aus zu sehen?

Der amerikanischen Psychologe Lawrence LeShan deutete darauf hin, dass innerhalb des Rahmens unserer klassischen Relativitätstheorie Phänomene wie Castañedas sterbender Dämon absolut unmöglich sind. In einer Welt, wie wir sie für uns »arrangiert« haben, sind kollektive Visionen, Phantome (Archetypen) usw. nicht existent. Das Problem bestünde, so LeShan, darin, dass sie trotzdem aufträten. Und echte, sowohl wissenschaftlich erhärtete, als auch auf Tatsachen beruhende Beweise sprächen dafür, dass es sie wirklich gibt und für jeden, der sich mit ihnen befasse, unwiderlegbar seien.

Für dieses Paradox hält LeShan zwei Realitäten bereit. Die erste wäre die unserer täglichen Erfahrung. Sie bestünde aus festen Objekten und leerem Raum. Sie ist in eine lineare Zeitsequenz fest eingebettet, in der unsere Wahrnehmung durch die Randgebiete der Gegenwart begrenzt wird. Was aber noch viel wichtiger ist: In dieser Realität sind unsere Bewusstseine vom Universum um uns deutlich getrennt.

Um die Existenz paranormaler Phänomene – also auch von kollektiven Visionen – zu verstehen, benötigen wir nach LeShan eine zweite Realität. Diese ist aber jenseits unseres Vorstellungsvermögens, jenseits der Grenzen unserer Raum-Zeit, im *Hyperraum*, zu suchen, um dessen Veranschaulichung sich der Autor schon seit Jahren bemüht (vgl. das zuvor erwähnte Buch *Hyperwelt*).

6.3 Cyberspace – Realität im Verborgenen

Der *Cyberspace*, die *virtuelle Realität* (VR), ist, im Gegensatz zur materiellen, sichtbaren Welt, ein gedachter oder »Informations-Raum«, der ebenso wie unsere Gedankenwelt (Bewusstsein) jenseits unserer Raum-Zeit zu finden ist. Es dürfte der gleiche »innere Raum« sein, den der geniale englische Physiktheoretiker David Bohm als *implizite* (eingefaltete) *Ordnung* bezeichnete. Und diese Ordnung enthält alles nicht unmittelbar Wahrgenommene, alles Verborgene. Bohm stellte ihr eine *explizite Ordnung* gegenüber, unsere »entfaltete« materielle Alltagswelt, die aufgrund der Unvollständigkeit unserer klassischen Physik, unseres fehlenden holistischen Durchblicks, bedauerlicherweise immer noch als die einzig real Existierende angesehen wird.

Virtuelle Realitätssysteme – manche nennen sie einfach »Realitätsmaschinen« – erlauben die Erkundung einer computergenerierten Welt. Mit ihrer Hilfe können wir in das Informationsmeer der virtuellen Welt eintauchen, uns dort bewegen und, wie im richtigen Leben, visuell wahrnehmen sowie haptisch (tastend, berührend) eingreifen. Fachleute unterscheiden zwischen drei VR-Qualitäten:

1. Bei der einfachsten Methode arbeitet man mit kleinen Bildschirmen, Kopfhörern im Datenhelm sowie mit einem Datenhandschuh oder einem Joystick bzw. einer 6D-Maus mit sechs Freiheitsgraden.
2. Bei der fortgeschrittenen Version versetzen Videokameras das Bild (die Bilder) eines oder mehrerer Benutzer in eine virtuelle graphische Welt, in der sie mit virtuellen Objekten umgehen. Das Videobild lässt sich auch in eine graphische Darstellung vom Benutzer umsetzen und dieses in die virtuelle Welt einspiegeln.
3. Die dritte Version verwendet eine dreidimensionale Darstellung, die allerdings eine 3D-Brille erfordert. Alternativ kann man die virtuelle Welt auf einen Flachbildschirm bzw. einen gekrümmten Schirm projizieren, um einen besseren Immersions- oder »Eintaucheffekt« sicherzustellen.

So genanntes *Virtual Reality Engineering* – der Einsatz von Cyberspace-Systemen in allen Bereichen der Wissenschaft, Technik, Unterhaltung usw. – dürfte in den nächsten Jahrhunderten einen Entwicklungsstand erreichen, der die Lebensweise künftiger Generationen nachhaltig verändern wird. Mit dem Aufkommen solch »synthetischer Welten« wird eine Evolution bislang ungekannten Ausmaßes einhergehen, deren Folgen derzeit noch nicht überschaubar sind.

Die Teilnehmer an virtuellen Realitätsszenarien müssen ablenkungsfrei interagieren, sich in dieser künstlichen Welt bewegen, Objekte bzw. Situationen verändern und die nächsten Schritte frei bestimmen können. Zwischen der Idee des Benutzers, der Anweisung und Ausführung darf es keine zeitliche Verzögerung geben, d. h. der Prozess hat in Echtzeit zu erfolgen, damit das Gefühl des tatsächlichen Aufenthalts im Cyberspace gewahrt bleibt. Eine passive Berieselung wie in einem Kinofilm oder im Fernsehen würde den Realitätseffekt vermissen lassen. Um sich voll im Cyberspace »materialisieren« zu können – eine Total-Immersion zu erreichen – muss der Benutzer von allen Sinneseindrücken der Normalwelt abgeschnitten sein.

Die virtuelle Realität ist Grundlage für heutige Computerschnittstellen, wo die körperlichen Attribute der Benutzer selbst Kommunikationsmittel sind. Dieses System erfasst sensorisch, wo sich Kopf, Hände oder Körper im Raum augenblicklich befinden. Der Computer verfolgt dann die weiteren Bewegungen, um darauf anzusprechen. Ein magnetisches Abtastsystem, dessen Fühler im Datenhelm eingebaut ist, lässt den Computer die Position des Kopfs verfolgen. Neigt sich der Benutzer, weiß der Computer sofort, dass er eine neue Bildersequenz anfertigen muss, um die Situation aus der Froschperspektive zu erreichen, so dass man z. B. unter einem Tisch einen Teppich erblickt. Dreht der Benutzer den Kopf nach rechts, weiß der Computer, dass er Bilder produzieren muss, die dem Blickfeld nach einer solchen Drehung entsprechen.

Unverzichtbar ist der Datenhandschuh, der Magnetsensoren und faseroptische Kabel enthält. Einmal programmiert, reagiert der Computer auf Bewegungen und Positionsveränderungen der Hand, die auf diese Weise virtuelle Objekte aufnehmen und bewegen kann. Durch bestimmte Handzeichen kann sich der Benutzer nach allen Richtungen durch die virtuelle Welt bewegen. Komplette Datenanzüge, die verdrahteten Overalls gleichen und dem Computer Informationen übermitteln, lassen den gesamten Körper des Benutzers zur Schnittstelle werden.

Die für uns reale, materielle Welt besteht aus Atomen und Molekülen, die virtuelle Welt hingegen aus so genannten *Vielecken* (Polygonen). Je mehr dieser Vielecken zur Schaffung der virtuellen Welt benutzt werden, desto diffiziler, filigraner wird das Bild, desto realistischer wird es dem Betrachter erscheinen. Die Erhöhung der Anzahl dieser Polygone pro Sekunde geht mit einer Steigerung der Leistungsfähigkeit des Computers einher. Eine genaue Imitation der realen Welt macht die Erzeugung von 80 bis 100 Millionen Polygonen pro Sekunde erforderlich, was mit den heutigen Geräten selbst ansatzweise noch nicht möglich ist.

Datenhandschuhe, 6D-Mäuse und so genannte *space balls*, Bälle auf Stativen, die man drehen und nach allen Richtungen bewegen kann, sowie Datenhandschuhe sind nicht die einzigen Eingabegeräte. Zur berührungslosen Eingabe und Steuerung dienen auch Bewegungen der Lippen, Augenlider, Augäpfel und Muskeln. Top-gun-Piloten auf der Wright-Patterson Air Base in Dayton, Ohio, lernen in einem Flugsimulator sogar kraft ihrer Gedanken (!) einen Überschall-Jet zu steuern, da ihre Hände und Füße zur Bewältigung der komplizierten Schaltvorgänge bei den hohen Geschwindigkeiten nahezu überfordert sind.

Reparaturen bzw. Montagen im Weltraum, die problematisch sein könnten, wird man in Zukunft von ferngesteuerten Telepräsenz-Robotern durchführen lassen, die von ihren auf der Erde oder in einem Raumschiff stationierten Bedienern mit Datenhelm und -handschuhen gesteuert werden. Alle Bewegungen des Operateurs werden dann vom Roboter vor Ort in Echtzeit nachvollzogen. Bei simulierter Tastempfindung (Kraft-Rückkopplung) spürt der Operateur sogar das, was der Robby gerade greift. Sogar die Blickrichtung des Bedienenden wird von ihm simuliert. Das Phantastische an solchen Mensch/Maschine-Systemen ist die Tatsache, dass der Operateur, anders als bei den üblichen Fernsteuerungen, den Roboter selbst gar nicht sieht, sondern nur das, was dieser mit seinen Kamera-Augen erkennt. Anders ausgedrückt: *Der Operateur bedient nicht einfach einen Roboter. Er ist der Roboter.* Dabei kann es durchaus passieren, dass er glaubt, *neben sich zu stehen,* obwohl er geradeaus schaut und dabei sein virtuelles Ich von der Seite betrachtet. Dies geschieht gewissermaßen auch bei den aus der Parapsychologie hinlänglich bekannten *Astralkörperaustritten* (sog. außerkörperlichen Erfahrungen), bei denen sich der bewusstseinsgesteuerte feinstoffliche Leib von der Physis trennt, was den Autor in seiner Überzeugung bestärkt, dass sich VR-Engineering geradezu ideal zum »Erlernen« paranormaler und paraphysikalischer Fähigkeiten eignen müsste. Denn: In der virtuellen Realität wird das in unserer 3D-Welt Unmögliche mit einem Mal machbar. In ihr können wir körperlich unversehrt und ohne irgendwelche Spuren zu hinterlassen, d. h. ohne Gewaltanwendung, durch Wände gehen (Penetrieren und Teleportieren), genau wie bei Astralkörperaustritten (AKEs) ähnlich »Superman« in einer virtuellen Landschaft dahinfliegen oder wie Levitationsmedien frei in der Luft schweben (vgl. *Transwelt*; LangenMüller 1992; ISBN 3-7844-2424-4).

Da im VR-Zustand Vorgänge, anders als bei Fotos, Filmen und TV-Darbietungen, nicht einfach nur betrachtet, sondern – scheinbar dreidimensional in eine synthetische Welt eingetaucht – als am dortigen Geschehen unmittelbar beteiligt erlebt werden, müsste jemand, der in der virtuellen Realität Psi-Fähigkeiten trainiert, diese nach einer gewissen Zeit auch in unserer 3D-Alltagswelt beherrschen. Genauer: Wenn jemand in der virtuellen Realität die Überzeugung gewinnt, dass alle diese physikalisch völlig »absurden« Fähigkeiten dennoch realisierbar sind, müsste er theoretisch die »Vernunfthemmschwelle« überwinden und entsprechende Phänomene auch im Alltag hervorbringen können, zumal es genügend echte Medien gibt, die mit vergleichbaren Leistungen die Existenz von Psi-Manifestationen längst bewiesen haben. Mediziner wissen, dass psychosomatische Mechanismen nach einem ähnlichen Prinzip funktionieren. Lückenloses, totales Überzeugtsein kann realitätsverändernd wirken, kann bekanntlich »Berge versetzen«.

Wenn es möglich sein sollte, sich mittels Computer bestimmte paranormale bzw. paraphysikalische Fähigkeiten anzueignen, wäre es dann so abwegig anzunehmen, dass bei spontanem Tod während des Surfens im Internet sich das Bewusstsein des Dahinscheidenden in dessen Datenwelt einklinkt, mit Trilliarden Daten verschmilzt und mit Lichtgeschwindigkeit in der neuen

Ewigkeit entschwindet? Müsste dieses Bewusstsein letztlich nicht selbst zu einem Datensatz werden? Es wäre eine Neugeburt in der virtuellen Welt, in der es sich, anders als in seinem todgeweihten biologischen Körper, in alle Ewigkeit aufzuhalten vermag – frei von Zwängen und Schmerzen, frei von Hunger und Durst. Und mit der zeitabhängigen Welt »da draußen« könnte es fortan als virtuelles Hologramm – vielleicht als harmlose *Erscheinung*, vielleicht aber auch als *multiple Persönlichkeit*, die Lebende besessen macht – in Verbindung treten. Vielleicht sind es gerade solche virtuellen Mehrfachpersönlichkeiten, die Lebende, Menschen mit psychischen Leiden, mit irgendwelchen Abstrusitäten und Macken »besetzt« halten, sie quälen und schikanieren, so dass manche von ihnen in ihrer Verzweiflung als allerletzten Schritt den Freitod wählen. Wir wollen uns als nächstes mit dieser unangenehmen Gruppe von »Überlebenden« befassen, die auf Kosten labiler Zeitgenossen ihr irdisches Leben fortsetzen möchten.

7 Psychopiraten – Einflüsse aus der virtuellen Welt

Westukraine in den frühen Achtzigerjahren. Facharzt Dr. Ian Sokolovich, der an der Staatsuniversität in Kiew Vorlesungen über klinische Psychiatrie hielt, hatte seinerzeit noch unter dem renommierten Psychotherapeuten Dr. Stanislav Grof promoviert, der als Erster den LSD-Drogenrausch therapeutisch als eine Art »Initialzündung« nutzte. Paranormalen Phänomenen gegenüber war Sokolovich sehr skeptisch eingestellt. Er weigerte sich Dinge zu akzeptieren, die in keinem Lehrbuch standen, die ganz einfach dem »gesunden Menschenverstand« widersprachen.

Seine vorgefasste Meinung sollte sich jedoch grundlegend ändern, als er unmittelbar mit dem Fall eines Medizinstudenten – nennen wir ihn Andrej (Pseudonym) – konfrontiert wurde, der nach etlichen erfolgreich abgeschlossenen Semestern mit einem Mal die Universität verließ, da er unter Erregungszuständen, Depressionen und anderen schlimmen psychischen Störungen litt. Als sich die meisten konventionellen Therapien bei ihm als nutzlos erwiesen, griff Dr. Sokolovich zu einer ungewöhnlichen, noch umstrittenen Behandlungsmethode, die damals mehr experimentell angewandt wurde: zum LSD-Rausch.

Während der ersten therapeutischen Sitzung mit Andrej ereignete sich etwas, mit dem niemand der Anwesenden gerechnet hatte. Dr. Sokolovich: »Die Gesichtszüge des jungen Patienten veränderten sich urplötzlich, glichen dem Aussehen nach einer böse dreinschauenden Frau. Selbst seine Stimme nahm einen weiblichen Klang an. Und diese ›Wesenheit‹ sprach mit zornigem, drohendem Unterton.

Zuerst teilte sie uns mit, dass die psychischen Probleme des jungen Mannes ihr Werk seien. Später begann sie blamable Dinge aus dem Privatleben der anwesenden Therapeuten zu erzählen. Sie griff mich in gemeinster Weise an, enthüllte rufschädigende Vorkommnisse aus meinem Eheleben, so auch über meine jüngste Scheidung. Die privaten Dinge wurden zu meinem Erstaunen selbst in Details korrekt wiedergegeben.

Erstaunlicher noch war die Drohung der bösartigen Entität, sie würde die LSD-Therapie sabotieren, indem sie das lokale Fernsehen und die Presse über unsere Experimente informieren wolle. Im Westen waren diese zwar durch Dr. Grofs Arbeiten schon längst bekannt, bei uns in der Ukraine aber immer noch verboten. Alle unsere Versuche, die Wesenheit umzustimmen, schlugen fehl.

Einer der Therapeuten wollte bei einem Besuch in Rumänien in einem alten Buch über okkulte Praktiken gelesen haben, dass bösartige Wesenheiten die Vorstellung von weißem Licht scheuen, ihr nicht standzuhalten vermögen. Besagter Therapeut schloss die Augen, meditierte und visualisierte sich selbst, den Patienten sowie das ganze Team in gleißend weißes Licht eingehüllt. Im gleichen Augenblick wurde der Student zunehmend ruhiger, sein entstelltes Gesicht entspannte sich, und die feminine Stimme verstummte. Andrej war wieder er selbst. Er hatte auf die Therapie spontan angesprochen. Ihm gelang es schließlich, sein Studium fortzusetzen und mit Erfolg zu beenden. Heute praktiziert er selbst als klinischer Psychologe.«

7.1 Übernommen – »Untermieter« aus der Zwischenwelt

Für die Fortexistenz unseres Bewusstseins und seine Körperunabhängigkeit sprechen, wenn auch mehr auf inakzeptable, tragische Weise, die zahllosen Fälle von Besessenheit, die medizinisch unter dem Begriff *Mehrfachpersönlichkeiten* geführt werden, ohne indes Ursachen und Bedeutung derselben verständlich zu machen. Unter *Multiple Personality Disorder* (MPD) verstehen Mediziner einen Geisteszustand, in dem das Bewusstsein in völlig differente Teilpersönlichkeiten aufgespaltet ist, die sich nicht nur in ihrem äußerlichen Verhalten, sondern auch physisch merklich voneinander unterscheiden können. Vielen Psychologen und Psychiatern genügt diese eher dürftige Definition als Erklärung für solche, wie wir noch sehen werden, doch ungewöhnlichen Zustände. Andere wiederum sehen in der Besessenheit ein Krankheitsbild, das auf einer abartig religiösen Basis beruht. Die hiervon Betroffenen glauben, eine fremde geistige Wesenheit (Verstorbene, Dämonen usw.) habe von ihnen Besitz ergriffen. In einem solchen Zustand können dann unterschiedliche Psi-Phänomene wie Telepathie, Hellsichtigkeit, Vorauswissen (Präkognition), ja selbst psychokinetische Phänomene (z. B. Levitation) auftreten. Besessene berichten über »Gesichte«, hören »fremde Stimmen« und glauben von irgendwelchen Dämonen heimgesucht zu werden.

Der Autor stand über E-Mail längere Zeit mit einer jungen, in Deutschland lebenden Kurdin in Kontakt, die bereits seit vielen Jahren von solchen inneren fremden »Stimmen« belästigt wurde, die schließlich ihre Gesundheit ruinierten, sie in Arbeitslosigkeit und Isolation trieben. Das gar nicht so weltfremde, intelligente Mädchen hatte zuvor schon etliche Psychologen und Psychiater konsultiert, ohne dass diese ihr helfen konnten. Aufgrund der Beiträge des Autors in einer alternativ-medizinischen

Zeitschrift wandte sich das Mädchen hilfesuchend an ihn. Er empfahl ihr, nachdem sie ihm ihre Situation ausgiebig geschildert hatte, das Buch *The Unquiet Dead* (Die unruhigen Toten) der amerikanischen klinischen Psychiaterin Dr. Edith Fiore zu lesen, in dem diese zur Abwehr bösartiger »Besetzer« ihre *Weißlicht-Methode* empfiehlt. Auch riet der Autor ihr, wegen ihrer momentanen Kontaktunfähigkeit mit einer einschlägig befassten Selbsthilfegruppe Verbindung aufzunehmen. Da er inzwischen nichts mehr von ihr hörte, nimmt er an, dass sich ihr Zustand gebessert hat.

Der Schweizer Psychiater Dr. Hans Naegeli-Osjord, Schüler von C. G. Jung und mit der Besessenheitsszene wie kein anderer vertraut, hat dem mit ihm befreundeten Autor während seiner letzten Lebensjahre viel über seine praktischen Erfahrungen mit den von Fremd-Entitäten geplagten Menschen erzählt. Er selbst bedauerte es sehr, dass Wirkungen auf Psyche und Körper seitens fremder Bewusstseinswesenheiten mit eigener Individualität im naturwissenschaftlichen Weltbild auch heute noch undenkbar sind. Er meinte, dass bei Nichtakzeptanz solcher Wesenheiten bei Schizophrenie, der die Besessenheit mehrheitlich zugeordnet wird, nur noch die »Hypothese von der chemisch-physikalischen Fehlsteuerung im Gehirn und Säftehaushalt« verbliebe. Wörtlich heißt es bei Dr. Naegeli-Osjord: »Eine nahezu wissenschaftlich gültige Unterscheidung zwischen Schizophrenie und Besessenheit aufgrund chemo-physikalischer Befunde wird also schwerlich gelingen.«

»Erbfaktoren und krankhafte Persönlichkeitsentwicklungen werden zu Recht dem Spaltungsirresein zugebilligt. Aber alle psychologischen Erklärungsversuche bleiben im strikt naturwissenschaftlichen Sinne unbeweisbar. Dagegen vermag eine naturphilosophische Betrachtungsweise, eine Wesensforschung, die phänomenologischen Gegebenheiten sowohl bei der Schizophrenie wie beim Besessensein zu vergleichen und wesensmäßig abzuwägen. Es geht dabei vor allem darum, vermittels der Erhellung von Wesensgegensätzen zu entscheiden, ob es sich bei einem Wahnkranken um ein nur innerpsychisches, vom Patienten allein fehlgesteuertes Geschehen (Schizophrenie) oder um einen Fremdeinfluss, eine Steuerung durch ein feinstoffliches Wesen (Besessenheit), handelt.«

Eine klinisch-psychologische Definition von Besessenheitszuständen würde, nach Naegeli-Osjord, als »affektive Psychose« bezeichnet werden, bei einem nur anfallmäßigen Dominiertwerden durch einen sehr negativen Persönlichkeitsanteil im psychologischen Sprachgebrauch meist *Teilpersönlichkeit* genannt. Des Weiteren heißt es bei Naegeli-Osjord: »Die dämonische Besessenheit kommt in Wort und Tat und gelegentlich auch in paranormalen Geschehnissen zum Ausdruck: im Wort durch Gotteslästerungen und unflätige Beschimpfungen der Anwesenden, in Taten durch Zerstörungswut gegenüber sakralen Gegenständen, jederlei Gebrauchsutensilien und nicht selten in selbstzerstörerischen Handlungen. So wird der Kopf gegen die Wand geschlagen, und häufig bringen sich die Kranken schmerzhafte Schnittverletzungen bei. An paranormalen Geschehnissen finden sich *Poltergeistphänomene* jeder Art. Hinzu kommen Verwesungsgerüche und Schwefelgestank. In den drastischsten Fällen begegnen wir dem Auftreten von *Materialisationen* aus dem Körper …

Ein praktisch symptomfreier Zustand in anfallsfreier Zeit bietet einen der besten Unterscheidungsmerkmale zum Spaltungsirresein. Der Schizophrene kann sich zwar in alltäglichen Verrichtungen … sehr normal verhalten, wird er jedoch in persönlichen Angelegenheiten angesprochen, so reagiert er während Monaten/Jahren und zu jeder Tageszeit stets gleich im Sinne seiner Wahnvorstellungen, Befürchtungen und Aggressionen. Der Besessene aber unterliegt in der anfallsfreien Zeit – und diese kann Tage oder Wochen dauern – keinem abnormalen Wahnsystem und verfügt über eine praktisch ausgeglichene Psyche.«

In der neueren Literatur wird, ähnlich wie bei Naegeli-Osjord, zwischen unterschiedlichen Besessenheitsformen unterschieden:

- Bewusstseinspersönlichkeiten Verstorbener, die sich ihrem früheren irdischen Wirkungsbereich nicht entziehen können und sich daher gewissermaßen als »Untermieter« bei noch (meist labilen) Lebenden einquartieren;
- nicht-menschliche Wesenheiten, die ihren Wirt quälen und psychisch/physisch zu zerstören versuchen. Manche Theologen sehen in ihnen dämonische Wesenheiten, ohne sie einfachen Menschen plausibel erklären zu können. Bei ihnen könnte es sich nach Auffassung des Autors durchaus um Wesenheiten aus anderen Dimensionen, um so genannte *Transcendentals* handeln, denen ihre destruktive Einflussnahme auf die besetzte Person gar nicht einmal so recht bewusst ist.

Gerade Fälle von *Multipler Persönlichkeit* zeigen, sofern es sich um Bewusstseine Verstorbener handelt, einmal mehr den Einfluss des menschlichen Geistes/Bewusstseins auf die Physis. Wie sonst kann es sein, dass während einer bestimmten Zeitdauer eine Teilpersönlichkeit vorherrscht, um plötzlich, aus unerfindlichen Gründen, einer anderen Teilpersönlichkeit zu weichen? Leidet Teilpersönlichkeit A z. B. unter Diabetes, kann es durchaus sein, dass beim Auftauchen der Teilpersönlichkeit B diese Krankheit völlig verschwunden ist. Die einzelnen Teilpersönlichkeiten wissen häufig nichts voneinander, und keine kann sich der Aktivitäten der anderen erinnern. Verblüfft fragt man sich, wie es eigentlich kommt, dass ein und derselbe Körper als eine Persönlichkeit gesund und als andere krank sein kann. Die Antwort liegt auf der Hand: Unser Körper wird eindeutig vom Bewusstsein beherrscht. Und dieses Bewusstsein existiert unabhängig von unserem Körper.

Die Phänomenologie der »Multiplen« und deren Unterpersönlichkeiten erscheint noch viel geheimnisvoller, wenn man bedenkt, dass sie nicht nur unterschiedliche Gehirnstrommuster aufweisen, sondern auch psychologisch ganz erheblich voneinander abweichen können. Vielfach unterscheiden sie sich auch durch die Handschrift, das vermeintliche Geschlecht, den kulturellen und rassischen Hintergrund, die künstlerische Begabung, die Beherrschung von Fremdsprachen und den Intelligenzquotienten. Noch erstaunlicher sind jedoch die biologischen Veränderungen, die bei einem Persönlichkeitswechsel in einem solchen Menschen vorgehen.

Dr. Bennet Braun von der *International Society for the Study of Multiple Personality* mit dem Sitz in Chicago hat einen Fall dokumentiert, in dem alle Unterpersönlichkeiten eines Patienten bis auf eine einzige gegen Orangensaft allergisch waren. Wenn die betreffende Person Orangensaft trank, während eine ihrer allergischen Unterpersönlichkeiten dominierte, bekam sie einen schlimmen Hautausschlag. Sobald sie sich jedoch in ihre nicht-allergische Persönlichkeit versetzte, ging der Ausschlag sofort zurück. Dann konnte die Person soviel Saft trinken, wie es ihr beliebte.

Ganz typisch für den Einfluss von Subpersönlichkeiten auf das körperliche Befinden eines Menschen ist ein Fall, den die Psychiaterin Dr. Francine Howland aus Yale (USA) zu berichten wusste, die sich auf die Behandlung von Multiplen spezialisiert hat.

Bei ihr erschien eines Tages einer ihrer Patienten mit einem durch einen Wespenstich zugeschwollenen Auge zum vereinbarten Termin. Howland erkannte, dass der Mann dringend einen Augenarzt benötigte und rief diesen sofort an. Der aber hatte erst eine Stunde später einen Termin frei. Da der Patient starke Schmerzen hatte, entschloss sich die Ärztin, selbst etwas zu unternehmen.

Da eine der multiplen Varianten des Mannes eine »anästhetische Persönlichkeit« war, die absolut keinen Schmerz empfand, ließ Howland diese Teilpersönlichkeit die Kontrolle über den Körper übernehmen, und tatsächlich verschwand der Schmerz wenig später. Als der Mann die Praxis des Augenarztes betrat, hatte sich auch die Schwellung zurückgebildet und das Auge war wieder normal, so dass keine Behandlung nötig war. Nach einer Weile verlor die »anästhetische Persönlichkeit« die Kontrolle über den Körper. Die ursprüngliche Persönlichkeit kehrte zurück und damit auch der Schmerz und die Schwellung, so dass doch eine Behandlung erforderlich war.

Bei den verschiedenen Unterpersönlichkeiten sind auch Narben, Brandmale, Zysten, Rechts- und Linkshändigkeit Veränderungen unterworfen. Die Sehschärfe kann ebenfalls variieren, und manche Multiplen müssen gleich zwei oder mehr verschiedene Brillen benutzen, um ihren wechselnden Persönlichkeiten gerecht zu werden. Es gibt Fälle, in denen eine Teilpersönlichkeit farbenblind ist, die andere hingegen nicht. Auch kann die Augenfarbe, je nach vorherrschender Persönlichkeit, unterschiedlich ausfallen.

Die klinische Therapeutin Dr. Edith Fiore, Saratoga (Kalifornien), die in ihrer Praxis Tausende hypnotisierter Patienten in frühere Existenzen zurückführen konnte, will festgestellt haben, dass sich diese unmittelbar nach ihrem körperlich Tod genauso »lebendig« wähnten wie vor ihrem Ableben. Fiore hatte schon früh erkannt, dass viele ihrer Patienten während hypnotisch herbeigeführter Trance in die Rolle anderer Persönlichkeiten schlüpfen. Sie bewertete solche Erfahrungen entsprechend der Fachliteratur zunächst als Fälle »multipler Persönlichkeiten« und behandelte ihre Patienten dementsprechend konventionell. Im Laufe der Zeit erschien es ihr jedoch höchst merkwürdig, dass einige ihrer Patienten über so viele »Persönlichkeiten« verfügen sollten, die immer wieder »durchkamen«. Diese Fälle ließen sich so gar nicht in den erkenntnistheoretischen Bezugsrahmen der Psychoanalyse einordnen, und mit ihrer bloßen Klassifizierung als »multiple Persönlichkeiten« war den Hilfesuchenden auch nicht gedient.

Mit ihren Problemen allein gelassen, begannen die »Besessenen«, die von den tieferen Ursachen ihrer Leiden nicht die geringste Ahnung hatten, sich mit ihrem Zwitterzustand allmählich abzufinden, sich unbewusst mit ihrer Zweitpersönlichkeit zu arrangieren. Dies alles erkennend, stellte Dr. Fiore ihre Therapie um und begann während der hypno-analytischen Behandlungen genauer hinzuhören, selbst auf scheinbar banale Bemerkungen ihrer Klienten zu achten. Viele beschwerten sich über »jemanden in ihnen«, über ein anderes Ich, das ihre guten Absichten, z. B. Diät zu halten, mit dem Rauchen oder Trinken aufzuhören usw., sabotierte. Diese Patienten behandelten ihre Konflikte ganz offen, weil sie der festen Überzeugung waren, über zwei grundverschiedene Teile ihrer Persönlichkeit zu sprechen, die sich offenbar in einer Art »Kriegszustand« miteinander befanden. Und in vielen Fällen sollte sich Fiores einfache Theorie, nach der gewisse Patienten außer ihrem eigenen noch ein weiteres, fremdes Bewusstsein oder gar eine größere Anzahl solcher Psycho-»Piraten« beherbergten, die um den dominanten Einfluss auf ihr lebendes Opfer kämpften, als eine brauchbare Ausgangsbasis für die nachfolgende Therapie erweisen. Falsche Vorstellungen vom »Danach« hätten, nach Fiores Hypothese, die »Besetzer« zum Eindringen in einen anderen irdischen Körper veranlasst und damit ihren Übergang in die jenseitige Welt blockiert.

Neben diesen eher harmlosen, verwirrten Bewusstseinspersönlichkeiten, die sich nach Dr. Fiore hypno-therapeutisch zur Aufgabe ihres Opfers und zum Übergang in eine ihrem neuen Zustand angemessene geistige Überwelt bewegen lassen, gibt es nach den Lehren der großen Weltreligionen noch andere, ausgesprochen bösartige, d. h. diabolische Wesenheiten nichtmenschlichen Ursprungs. Wie bereits erwähnt, könnte es sich hierbei um dimensional anders beschaffene Entitäten handeln, die wir, mangels einer plausiblen Definition, als Teufel oder Dämonen bezeichnen. Zu ihrer Bekämpfung bedient sich in Fällen nachgewiesener echter Besessenheit die römisch-katholische Kirche des Exorzismus, des *Rituale Romanum*.

Für den Nachweis der Fortexistenz des menschlichen Bewusstseins nach dem biologischen Tod erscheinen allein Fälle von »Übernahmen« durch verwirrte menschliche Bewusstseinswesenheiten interessant. Es dürften zur heutigen Zeit nicht wenige sein, denn wer von uns könnte schon von sich behaupten, ganz ohne Zwänge – frei von gewissen psychischen *Ticks* und *Auffälligkeiten* – zu sein?

Näheres über das Wesen solcher Teil- oder Unterpersönlichkeiten, die Besessenheitszustände verursachen, berichtet der amerikanische Arzt Dr. Raymond A. Moody in seinem zweiten Erfolgsbuch über Nahtod-Erlebnisse (*Nachgedanken über das Leben nach dem Tod)* von Personen, die im Zustand des Totseins (mit nachfolgender Wiederbelebung) solchen verwirrt umherirrenden Wesenheiten begegnet sein wollen. Sie schienen sich in einem höchst unglücklichen Seinszustand zu befinden und waren offenbar nicht in der Lage, ihre Bindungen an die materielle Welt aufzugeben, das Irdische loszulassen. Sie konnten einfach nicht »zur anderen Seite« hinüberwechseln.

Aus allen Schilderungen nachtodlicher Szenen wird deutlich, dass sich die meisten Verstorbenen – vor allem, wenn sie ganz plötzlich oder gewaltsam aus dem Leben gerissen wurden – ihres neuen, immateriellen Zustandes gar nicht bewusst sind. Viele von ihnen wähnen sich immer noch am Leben, wollen am irdischen Geschehen teilhaben und versuchen dies dadurch zu erreichen, dass sie in die Bewusstseinsstruktur geschwächter Lebender eindringen. Von ihrer neuen Position zwischen der niedrigen irdischen und der höherdimensionalen jenseitigen Welt aus gesehen müsste für sie unsere materielle Realität eine Art Traumwelt sein, was ihre Verwirrtheit und Orientierungslosigkeit weiter steigern dürfte. Wesenheiten mit lasterhafter oder krimineller Vergangenheit könnten dann den von ihnen infiltrierten lebenden »Wirt« zu unüberlegten Handlungen veranlassen.

Dr. Edith Fiore, die in der Vergangenheit im Verlauf hypnotherapeutischer Sitzungen hunderte besessener Personen erfolgreich behandelt und von ihren »Besetzern« befreit hat, nennt für das Verlangen jener verwirrten Wesenheiten, die niederdimensionale, dem Irdischen nahe Ebene nicht zu verlassen, zahlreiche einleuchtende Gründe: unerfüllt gebliebene Wünsche, Ignoranz, Verwirrtheit über den unbegreiflichen neuen Zustand (vor allem bei plötzlichem Unfalltod oder Selbstmord), Angst vor der »Hölle«, Anhänglichkeit an zurückgelassene Angehörige, Süchte, unerledigte Geschäfte, Reue über begangenes Unrecht, Rachegefühle usw. Nach Dr. Fiore haben sich diese verwirrten Wesenheiten in den »Schwingungen der niederen astralen Ebene« nahezu hoffnungslos verfangen. Da sie sich aus eigener Kraft kaum befreien können, würden sie versuchen, auf dieser, der niederen materiellen Welt nahen Ebene ihre irdischen Süchte zu befriedigen, wodurch ihr spiritueller Fortschritt zum Erliegen käme. In dem Bestreben, ihre früheren Aktivitäten durch Inbesitznahme des Bewusstseins Lebender ungehemmt fortzusetzen, halten die desorientierten Bewusstseinspersönlichkeiten nach Personen Ausschau, deren Aura aufgrund irgendeines Defektes geschwächt ist. Solche Schwachstellen sind geradezu ideale »Fenster« im Bewusstsein der Betroffenen, durch die die Fremdwesenheiten einsickern können.

Dr. Fiore, die im Verlauf hypno-therapeutischer Sitzungen nicht den besetzten Patienten selbst, sondern nur den ihn beherrschenden »Besetzer« anspricht, kann sich meist recht schnell über dessen Beweggründe für die Übernahme informieren. Beim Befragen bestreiten die Fremdbewusstseine meist, gestorben zu sein und argumentieren: ›Wenn man tot ist, ist man tot.‹ Oder: ›Da ich nun mal hier bin, bin ich ebenso wenig tot wie Sie!‹ usw. Fiore führt dann die fremden Wesenheiten bis zum Zeitpunkt ihres Todes zurück, fordert sie auf, sich den von ihnen besetzt gehaltenen Körper anzuschauen. Dank ihrer Hartnäckigkeit kann Dr. Fiore, mit wenigen Ausnahmen, durch Rückführen selbst die verstocktesten Wesenheiten zur Aufgabe ihrer Opfer und zum Transit ins eigentliche Jenseits veranlassen.

Besessenheit kann ganz unterschiedliche negative Auswirkungen haben, wie z. B. körperliche Symptome (Entkräftung, Verkrampfungen, Schlaflosigkeit, Allergien, Bluthochdruck usw.), mentale/psychische Probleme (Gedankenschwäche, Depressionen, bestimmte Geisteskrankheiten usw.), emotionale Probleme (nicht-definierbare Ängste, Phobien, rasche Stimmungsumschwünge, Suizidgefährdung, Neigung zu kriminellen Handlungen), Sucht- und sexuelle Probleme.

Im Prinzip wird zwischen aufgezwungener und erwünschter

Besessenheit unterschieden. Zur unerwünschten, klammheimlichen Übernahme kann es immer dann kommen, wenn Menschen irgendwie geistig »weggetreten« sind: bei Bewusstlosigkeit infolge von Unfällen, im Drogenrausch, nach Verabreichung von Anästhetika und in anderen Knock-out-Zuständen.

Aus den in diesem Kapitel dargelegten Fällen und Fakten dürfen wir folgern, dass der Mensch ständig mit »höheren geistigen Dimensionen« in Verbindung steht. Da die Sensitivität für subtile geistige Energien bei jedem von uns unterschiedlich entwickelt ist, werden diese auch ganz unterschiedlich wahrgenommen und bewertet. Ganz gleich, ob wir von der Existenz einer jenseitigen, geistigen Welt überzeugt sind oder nicht, dürfte der verständnisvolle und liebevolle Umgang mit Bewusstseinswesenheiten, die in jenen Transwelten angesiedelt sind, zu beider Vorteil gereichen.

7.2 Die Verwirrten – Versuchte Einflussnahme auf Lebende

Besessenheit macht sich in unterschiedlichen Erscheinungsformen und Abläufen bemerkbar, die sich kaum auf einen Nenner bringen lassen. Hier sollen einige interessante Besessenheitsfälle dargelegt werden, die von klinischen Psychiatern berichtet wurden und einmal mehr zeigen, wie sehr verwirrte jenseitige Wesenheiten davon überzeugt sind, noch am irdischen Geschehen teilhaben zu können.

Über einen besonders tragischen Fall einer Übertragung von Besessenheit auf den Ehepartner informierte mich bei einem Treffen in Bern der Schweizer Psychiater Hans Naegeli-Osjord: »Eine meiner Patientinnen, Frau C., die ich für besessen hielt und deren Leidensgeschichte ich in ihrer Vielfalt gut verfolgen konnte, war eine durchaus positiv eingestellte, ethisch-bürgerliche Frau. Sie hatte aber einen dämonisch-amoralischen Mann geheiratet, so dass ihr psychologischer Animismus wohl entsprechend wirkte und die geeignete Eingangspforte für negative Kräfte bildete.« Sie berichtete Dr. Naegeli-Osjord:

»Mein jetziger Mann sah mich vom ersten Moment an gern. Damals war ich zweiundzwanzig Jahre alt. Ich fand immer, dass er anderen zu viel den Hof machte und hatte auch sonst manches an ihm auszusetzen. Nach zwei Jahren aber erwischte er mich; ganz unerfahren war ich noch und wurde gleich beim ersten Mal schwanger. Er hätte gern eine Reichere haben wollen, und darum sollte ich das werdende Kind wegbringen. Er ließ mir sogar ein Zeugnis machen, dass ich lungenkrank wäre, worauf der Frauenarzt aber nicht einging. Unwillig heiratete er mich dann, als ich im siebten Monat schwanger war. Schon die Hochzeitsnacht war traurig, weil er eine üble Krankheit hatte.

Seit ich ihn kannte, konnte ich nie mehr fröhlich sein. Es ist mir dann auch immer sehr böse gegangen. Mein Mann wollte sich wegen anderer Frauen scheiden lassen, und er trank auch viel zu viel. Dennoch bemühte ich mich, ihm eine treue und gute Partnerin zu sein. Einmal kam er aus dem Ausland und hatte furchtbare Kopfschmerzen. Um ihm seinen Schmerz zu lindern, hielt ich seinen Kopf fest in meinen Händen. Dabei bekam ich aber den gleichen Schmerz im Kopf, und seither habe ich jenen Kopfschmerz von Zeit zu Zeit selbst. Kurz darauf vernahm ich auch die bewusste böse Stimme ... Als ich die Stimme das erste Mal hörte, überkam mich eine Lähmung. Es war ganz unheimlich, und ich fürchtete mich sehr. Sie sagte immer nur Böses. Es ist eine satanische Stimme, die mich plagt. Die Stimme befiehlt, ich solle die Kinder töten und auch die Tante Josy, obwohl ich alle in Wirklichkeit so lieb habe ...«

Frau C., die in ihrer Verzweiflung später die exorzistischen Dienste eines Laienpredigers, Herrn Z., in Anspruch nahm, wurde in der Folge von der sie in Besitz nehmenden Wesenheit noch mehr gequält. Auf dem Hinweg zur Gebetsstunde will sie sogar einmal Schnitte in die Fußsohlen erhalten haben.

Dr. Naegeli-Osjord hatte die Möglichkeit, einer der exorzistischen Sitzungen mit Frau C. beizuwohnen. Er protokollierte:

»Bald nach Beginn des Gebetes hörte man tierisches Knurren aus dem Mund der Leidenden, das aber bald in eine raue, fast männliche Stimme überging. Gotteslästerungen wechselten ab mit Drohungen gegen den Prediger und mich. Dann kam es zum eigentlichen Dialog zwischen der Dunklen und der Hellen Macht, welch letztere der Prediger meisterhaft zu vertreten verstand. Der Kampf entschied sich zugunsten des Predigers, und meine Patientin fiel in tiefe Ohnmacht, von der sie sich erst wieder nach etwa einer halben Stunde erholte.«

Naegeli-Osjord berichtete, dass es seiner Patientin nach der exorzistischen Behandlung einige Zeit besser gehe, dass sie aber bis heute noch nicht ganz geheilt sei, und meint, man müsse schon Psychiater sein, um zu wissen, dass all dies eine Erscheinung eigener Art sei und keineswegs unseren Vorstellungen und Begriffen von schizophrenem und hysterischem Kranksein entspräche.

Die amerikanische Psychiaterin und erfolgreiche Rückführungstherapeutin Dr. Hazel Denning berichtet über einen interessanten Besessenheitsfall: die gelegentliche geistige »Inbesitznahme« einer ihrer besten Freundinnen durch eine Wesenheit aus dem 17. Jahrhundert, einen Franzosen namens Pierre. Ihre Freundin – nennen wir sie Helen (Pseudonym) – gestand ihr eines Tages, dass sie häufig ohne Grund in Wut geraten würde, etwas, das sie an ihr noch gar nicht bemerkt hatte, weil sie alle Situationen mit Gelassenheit und einem Lächeln meisterte. Ihre heftigen Wutausbrüche spielten sich nach ihren Angaben fast ausnahmslos in ihrer Familie ab, genau genommen zwischen ihr und ihrem Ehemann. Sie ließ Hazel wissen, dass die Vorkommnisse, die sie wütend machten, meist belangloser Natur waren. Die Idee, dass es sich bei Helens Verhalten um so etwas wie Besessenheit handeln könnte, erschien Hazel zunächst völlig abwegig. Da Helen selbst über ihre zeitweilig unkontrollierten Reaktionen besorgt war, kamen beide Frauen überein, sie auf eine mögliche Besessenheit zu testen.

Helen war leicht zu hypnotisieren, und schon innerhalb weniger Sekunden befand sie sich in einem veränderten Bewusstseinszustand. Als Dr. Denning sie frug, ob jemand bei ihr wäre, der bereitwillig sprechen möchte, veränderte sich ihre Stimme ein wenig, nahm eine maskuline Färbung an und sprach: »Ja, ich bin schon die ganze Zeit bei ihr und denke gar nicht daran, sie zu verlassen.«

Auf Hazels Frage, wie sich die fremde Wesenheit nenne und warum sie gerade Helens Körper besetzt halte, erhielt sie die Antwort, dass *er* Pierre heiße und als Architekt in Paris arbeite. Daraufhin entwickelte sich zwischen der Therapeutin und dem Besetzer Pierre ein interessanter Dialog:

»Hazel: Warum machst du sie manchmal so wütend?

Pierre: Weil ich so verärgert bin.

Hazel: Aber warum rächst du dich gerade an ihr?

Pierre: Weil sie früher einmal einer meiner Richter war.

Hazel: Wie lange ist das her?

Pierre: Das war im Jahr 1692.

Hazel: Willst du damit sagen, dass du seit dieser Zeit nur bei dieser Person ›zu Gast‹ warst?

Pierre: Nein, während einiger Zeit hielt ich mich bei anderen auf, die meine Richter waren.

Hazel: Aber warum? Was taten sie, damit du all die Jahre in biologischen Körpern verbrachtest, wenn du dich als ›freie Seele‹ in deiner Dimension aufhalten könntest? Ich hätte gern gewusst, was mit dir geschah.«

Alsdann enthüllte ihr Pierre, dass er in der Zeit vor 1690 als erfolgreicher Architekt in Paris gearbeitet hatte, der eines Tages von der Stadt mit dem Bau einer Brücke betraut worden war. Da beim späteren Einsturz zahlreiche Menschen ums Leben gekommen waren, stellte man ihn vor Gericht. Alle seine Bemühungen, die Ankläger davon zu überzeugen, dass die Schuld bei den Kontraktoren lag, die schlechtes Material verwendet hatten, waren erfolglos. Pierre wurde für schuldig befunden, verurteilt und in schändlicher Weise gehängt. Seinen Kopf befestigte man an einem Haken und stellte ihn an einem öffentlichen Platz zur

Schau, damit ihn Vorbeikommende anspucken konnten. Man beließ sein Haupt dort, damit die Vögel seine Augen auspicken und sein Fleisch verzehren konnten. Es war dies die schändlichste und demütigendste Bestrafung, die man damals Kriminellen zuteil werden ließ. Und das musste gerade ihm – einem Unschuldigen – widerfahren.

Pierres Wut auf seine Richter war grenzenlos. Er schwor, sich an all jenen, die an dem Unrechtsurteil mitgewirkt hatten, bitter zu rächen, was ihm in der Folge auf die eine oder andere Weise auch gelungen sein will.

Im Verlauf der Hypnosesitzung konnte Dr. Denning der verwirrten Bewusstseinswesenheit klar machen, dass die Helen von heute an seinem schrecklichen Schicksal völlig unbeteiligt sei und dass er sich von seiner verstorbenen Mutter in die ihm zugedachte Dimension geleiten lassen könne, ein Rat, der von ihm erfreut entgegengenommen wurde.

Plötzlich fiel Helens Stimme in den gewohnten Tonfall zurück. Dankbar äußerte sie, ein Gefühl der Befreiung zu empfinden, so, als ob sie eine schwere Last losgeworden wäre. Im hypnotisierten Zustand hatte Helen das Gespräch zwischen dem aus ihr sprechenden Pierre und ihrer Freundin nicht mitbekommen, und sie war überrascht, alles über die Ursachen ihres Verhaltens zu erfahren.

Betty Wolter hatte zahlreiche emotionale Probleme. Eine ihrer Unzulänglichkeiten bestand in dem merkwürdigen Gefühl, »nicht komplett« zu sein, so, als ob sich ein Teil von ihr ganz woanders befände. Sie vermochte sich die Ursache dieses Mankos nicht zu erklären. Es schien unendlich tief in ihrem Bewusstsein vergraben zu sein. Zeit ihres Lebens hatte sie das Gefühl der »Unvollständigkeit« zu ignorieren versucht. Allmählich wurde es ihr zur Last, da es Minderwertigkeitskomplexe verursachte. Sie ließ ihre Psychotherapeutin wissen, dass sie zwangsweise etwas krampfhaft zu verbergen versuche, über das sie mit niemand sprechen dürfe.

Bei einer hypno-therapeutischen Rückführung fand sich die

Patientin während eines Drittels der Sitzungsdauer in einer ägyptischen Grabkammer wieder. Die Befragung der Rückgeführten ergab (zusammengefasst) folgende Situation: Betty war während der Regentschaft eines (hier nicht näher benannten) Pharaos dessen treuer Diener. Als der Herrscher starb, wurde er zusammen mit ihm nach Landessitte in der Pyramide eingeschlossen, um ihn für alle Ewigkeit zu bewachen. Er (sie) verhungerte schließlich in der hermetisch versiegelten Grabkammer, aber die Aufgabe als Grabwächter des Pharao war eine heilige Pflicht, die respektiert werden musste.

Die Therapeutin hatte größte Mühe, ihre Patientin – zu Pharaos Zeiten eine männliche Person – zum Sprechen zu bringen, da er/sie zum Schweigen verpflichtet war. Während der Rückführung kostete es einige Mühe, die Diener-Wesenheit in Betty davon zu überzeugen, dass es nicht länger nötig war, in der Grabkammer zu verbleiben. Als die ägyptische Teilpersönlichkeit von Betty schließlich den Gedanken akzeptierte, dass ihr alter Glaube sie nicht länger gefangen halten sollte, war sie bereit, sie von dem Gelübde zu befreien.

Die Wirkung der Rückführungstherapie war verblüffend. Betty wurde fortan nicht länger von Gefühlen der körperlichen Getrenntheit – der Einhaltung eines nicht mehr zeitgemäßen Gelübdes – geplagt. Man darf sich fragen, was wohl geschehen wäre, wenn Grabräuber die Ruhestätte dieses Pharaos geplündert hätten. Zweifellos hätte dies die Rache seiner Totenwache herausgefordert. Vielleicht hätte dann Bettys Persönlichkeit keine Spaltung erlebt.

In einem anderen Fall geht es um die schicksalhafte Verkettung zweier Freunde, die auch durch den Tod eines der jungen Männer nicht abreißen sollte. Perry war wegen seines nicht länger tolerierbaren Lebenswandels schon mit 16 Jahren aus dem Elternhaus gewiesen worden. Er war seinen Eltern total entfremdet. Chris und er waren schon während ihrer Schulzeit eng miteinander befreundet. Perry sprach mit seinem Freund oft über Selbstmord, was ihm Chris jedoch immer wieder ausreden konnte. Eines Nachts erwachte Chris plötzlich aus tiefem Schlaf. Perrys Name kam ihm in den Sinn, und er wusste sofort, dass mit seinem Freund etwas Außergewöhnliches geschehen war. Nach unruhig verbrachter Nacht versuchte er gleich am anderen Morgen Perry zu erreichen. Als dies nicht möglich war, rief er dessen Mutter an. Diese machte ihn auf die Frühausgabe der Tageszeitung aufmerksam, in der zu lesen war, dass sich Perry am Abend zuvor das Leben genommen hatte.

Von da an fühlte sich Chris äußerst depressiv. Er saß auf der Bettkante, und Selbstmordgedanken überfielen ihn. Seine Mutter sprach mit Hazel Denning und erbat deren Rat. Diese führte mit Chris ein längeres Gespräch, in dem sie ihm zu erklären versuchte, was geschehen war. Sie machte ihm verständlich, dass er Perry in dessen eigenes Energiefeld zurückschicken müsse, weil der bestehende Kontakt für keinen der beiden jungen Männer gut war. Chris fühlte, dass Perry einsam war und von ihm Hilfe erwartete, die er nicht so einfach ablehnen konnte. Er glaubte, wenn er allein in seinem Zimmer säße, mit ihm kommunizieren zu können, spürte seine Gegenwart und empfand sogar seine speziellen Gedanken.

Immer wieder versuchte die Therapeutin Chris davon zu überzeugen, dass eine zu enge Bindung an seinen Freund für ihn und seine Gesundheit gefährlich sein könne. Ihre Appelle an seine Vernunft waren allesamt erfolglos.

Zwei Wochen nach ihrer letzten Unterhaltung rief Chris' Mutter bei Dr. Denning an, um ihr mitzuteilen, dass ihr Sohn einen Autounfall hatte. Er war auf einen Telefonmast aufgefahren und hatte sich das Schlüsselbein gebrochen. Nach seinem Krankenhausaufenthalt kam ein klärendes Gespräch mit der Therapeutin zustande. Chris war jetzt fest davon überzeugt, dass sein verstorbener Freund den Unfall ausgelöst hatte. Als er mit seinem Wagen auf dem Heimweg war, habe »etwas« das Lenkrad ergriffen und sei direkt auf den Telefonmast zugerast. Er habe krampfhaft versucht, das Lenkrad unter seine Kontrolle zu bringen, was ihm aber nicht gelungen sei. Es habe sich blockiert angefühlt. Chris konnte nicht verstehen, dass ein Mensch, der jemanden zu lieben vorgab, den anderen, seinen Freund, töten möchte.

Dr. Denning versuchte Chris auch Perrys Standpunkt darzulegen. Perry hielt nach seinem Überwechseln in die neue Realität den Tod nicht für etwas Schlechtes und wünschte offenbar, dass Chris die neue »Freiheit« mit ihm teilen möge. Er hatte herausgefunden, dass es den Tod im eigentlichen Sinne nicht gab und wollte mit seinem Freund die unglaubliche Erfahrung teilen. Chris' depressive Phase war vorüber. Er konnte sich jetzt wichtigeren Dingen zuwenden und machte sich später in der Literatur einen Namen.

Harmlose Fälle von Besessenheit gibt es zuhauf. Es sind positive Einflüsse aus der virtuellen Welt, die den zeitweilig Besetzten sogar nützlich sein können, die aber als solche meist nicht erkannt werden. Befassen wir uns in der Folge, zum apparativen Nachweis der realen Existenz solcher im irdischen Bereich aktiver Transwesenheiten, die viele unter uns noch für Phantasiegebilde halten, mit einer Serie von Experimenten, die bereits vor längerer Zeit von Wissenschaftlern der *Western Studies Association* durchgeführt wurden. Gemeint sind die so genannten *Minilab-Experimente* der SORRAT *(Society for Research in Rapport and Telekinesis)*. Sie zeigen einmal mehr die Verflochtenheit der jenseitigen Welt mit unserer irdischen Existenz.

7.3 Minilabs – Unwiderlegbare Beweise für das Wirken jenseitiger Kräfte?

Die Szene, die mir eiskalte Schauer über den Rücken treibt, stocknüchterne Physiktheoretiker und abgebrühte Hochschuldozenten ob des Anblicks der konventionell-physikalisch total unerklärlichen Vorgänge im gut abgesicherten aquariumähnlichen Glasbehälter – dem Minilab – ins Grübeln bringt, ist unglaublicher noch als jedes getrickste Horrorszenarium im Science-

Fiction-Milieu à la Hollywood. Es ist nichtsdestoweniger nackte Realität, die sich im verschlossenen Keller des Hauses von Professor John Thomas Richards in Rolla, Missouri, in einem mit Zahlenschloss abgesicherten, versiegelten Glasbehälter abspielt ... vor einer bewegungsaktivierten Kamera, die direkt neben dem Minilab aufgestellt ist. Über die umfangreichen Sicherungsmaßnahmen, die im Zusammenhang mit dem Betrieb der Minilabs ergriffen wurden, kann sich der Leser in dem soeben erschienenen Buch *Psi Physics* von Ed Cox, Kapitel 5 und 6 (vorerst nur in Englisch), ausführlich informieren.

Konstruiert wurde Minilab von dem amerikanischen Parapsychologen Ed Cox, ehemaliger Mitarbeiter des international bekannten Psychologen und Begründers der modernen Parapsychologie, Professor J. B. Rhine, von Professor Dr. J. Thomas Richards und Professor Peter Philips, Gründer des *McDonnel Laboratory for Psychical Research* an der Washington University, St. Louis.

Nachdem das Minilab über längere Zeiträume in der Isolationskammer im Keller belassen worden war, konnte man beim Entwickeln der Filme sehen, wie sich z. B. adressierte Briefe von selbst verschickten, d. h. ganz einfach aus dem Blickfeld der Betrachter verschwanden. Die Realfilmdokumentation zeigt kleine Luftballone, die sich wiederholt von selbst aufbliesen, um anschließend in sich zusammenzusacken, wie drei Holzringe einander durchdrangen und eine Einheit bildeten, um sich kurz darauf wieder aus dem Verbund zu lösen (Interpenetration »Holz – Holz«), d. h., sich in Nichts aufzulösen. Faszinierend sind auch die zahllosen Objektbewegungen, das korrekte Sortieren zuvor gemischter Spielkarten wie durch Geisterhand sowie die plötzlichen Selbstentzündungen von Papier und andere paraphysikalische Phänomene. Die geradezu abenteuerlich anmutende Präsentation ist videografiert und kann von jedem in Augenschein genommen werden.

Das Video zeigt u. a. Schreibfedern, die, tintengetränkt, sich von selbst aufrichten, um auf Briefpapier von Experimentatoren gestellte Fragen zu beantworten. Die Briefe wurden von den Experimentatoren in an sie selbst adressierte und frankierte Kuverts gesteckt und im Minilab platziert, das dann mit einem Zahlenschloss verschlossen und einem Superkleber abgedichtet wurde.

Obwohl das Minilab nicht geöffnet werden konnte und die Anlage längere Zeiträume in der Isolationskammer (im Keller) belassen worden war, konnte man beim Betrachten der Filme beobachten, wie sich die Briefe von selbst verschickten, d. h. urplötzlich aus dem Minilab verschwanden. Die Personen, an die die Briefe adressiert waren – nämlich die Absender selbst – erhielten nach und nach alle Briefe. In einigen Fällen trafen sie auch bei einem anderen Experimentator ein.

Neben seinem berühmt gewordenen aquariumähnlichen Minilab entwickelte Ed Cox Ende der Siebzigerjahre Kleinstausgaben dieser Anlage, mit denen bis in die jüngste Zeit experimentiert wurde: die Mini-Minilabs. Mit diesen kleinen Einheiten – Medizinflaschen aus Glas – konnten all die Jahre erstaunliche Ergebnisse erzielt werden, deren Echtheit, was die strengen Kontrollbedingungen anbelangt, als gesichert gelten kann.

Im März 1979 nummerierte Cox zehn dieser umfunktionierten Medizinflaschen mit einem Fassungsvermögen von etwa einem halben Liter von eins bis zehn und bestückte sie mit jeweils genau denselben Gegenständen, bevor er sie versiegelte. Enthalten waren:

- ein rechteckiges Stück dickes, weißes Papier, auf das Cox seinen Namen schrieb und das mit Klebstoff auf der Rückseite an der Glaswand befestigt wurde;
- zwei gerade Pfeifenputzer;
- ein kurzer, gespitzter Bleistiftstummel;
- eine offene Sicherheitsnadel.

Nachdem die Deckel fest aufgeschraubt waren, wurden die Flaschen absolut sicher versiegelt. Über den Deckel wurde ein Stück textilverstärktes rotes Klebeband gelegt und auf zwei Seiten am Flaschenhals festgeklebt. Ein aus speziellen Kunststofffasern zusammengedrehter, verschiedenfarbiger Versiegelungsfaden wurde schließlich in der Einkerbung des Flaschenhalses fest um das Klebeband gewickelt und verknotet. Den Knoten versiegelte man zusätzlich mit Klebstoff und sengte die Fadenenden ab, so dass man das Ganze nicht mehr ohne mechanische Gewalt öffnen konnte. Unterhalb der Umwicklung wurde mit demselben Faden noch eine weitere angebracht, deren Knoten dem anderen gegenüberlag, den man in gleicher Weise sicherte. Die Stelle, wo die beiden Fadenumwicklungen das Klebeband kreuzten, versiegelte man gleichfalls mit Kleber.

Anders als bei den eingangs beschriebenen kastenförmigen Minilabs wollte Cox mit den Mini-Minilabs feststellen, ob sich in einer oder mehreren der Flaschen unter dem Einfluss der SORRAT-Gruppe – ihr Begründer war ein Dr. John G. Neihardt (†) – psychokinetische Effekte zeigen würden. Der Name SORRAT (*Society for Research on Rapport and Telekinesis:* Gesellschaft für die Erforschung von Rapport und Psychokinese) ist untrennbar mit der Erforschung der so genannten Gruppen-Psychokinese verbunden, dem Phänomen, bei dem eine Gruppe normaler Personen durch gemeinsame psychische Bewirkungen psychokinetische Effekte, wie z. B. die Levitation eines Tisches, zuwege bringt.

Als Ed Cox am 17. März 1979, zwei Tage nach dem Präparieren der Flaschen, in das Haus der Richards kam, um die dort deponierten Mini-Minilabs zu überprüfen, entdeckte er, dass die Sicherheitsnadel in Flasche 8 geschlossen war. Außerdem befanden sich auf dem Papier rohe Bleistiftzeichen, die Einsteins berühmter Formel $E = mc^2$ ähnelten, und ein Paar nicht identifizierbare »Krähenfüße«. Cox untersuchte das Siegel sorgfältig und kam zu der Feststellung, dass es völlig unverletzt war.

Eine weitere Flasche wurde während des Experiments am 6. Oktober des gleichen Jahres erfolgreich psychokinetisch beeinflusst. Die hierbei durch Gruppenpsychokinese erzeugten Klopflaute (Buchstabencode) »morsten«, dass sich in einer Flasche etwas getan hätte. Bei der nachfolgenden Untersuchung stellte sich heraus, dass die in der betreffenden Flasche befindliche Sicherheitsnadel geschlossen war. Einer der Pfeifenputzer war ringförmig gebogen, der andere an jedem Ende etwa eineinhalb Zentimeter aufgerollt. Auf dem Papier war vermerkt »111 × 111 … 111 × 111, am 3 × 3, I can write. Now I can write. I think I am.« (Etwa: Bin drei mal drei usw. … Ich kann schreiben. Jetzt kann ich schreiben. Ich denke, ich bin.) Auf der Rückseite des Papiers, das mit Klebstoff an der Glaswand angeklebt war, stand: »Now I can write on this side. Creator are you pleased with me?« (Jetzt kann ich auf dieser Seite schreiben. Schöpfer, bist du mit mir zufrieden?) Dem kürzlich erschienenen Buch *Psi Physics* von Ed Cox war ergänzend zu entnehmen, dass sich unter »111 × 111« die agierende Wesenheit aus dem Transbereich meldet.

Es würde zu weit führen, wollte man die zahllosen gelungenen Experimente der SORRAT-Gruppe im Detail beschreiben. Natürlich wäre es interessant zu erfahren, wer oder was sich letztlich hinter den psychokinetischen Aktivitäten im Minilab und den kleineren, flaschenförmigen Varianten verbirgt. Ausschließlich lebende menschliche Urheber – durch Lebende ausgelöste Psychokinese – dürften es wohl kaum sein, zumal die Minilabs, meist dem Gesichtsfeld der Betrachter entzogen, in den verschlossenen Kellerräumen aufgestellt waren.

Harvey Martin von *Metamind*, Savannah, der dem Autor eine Kopie des Videostreifens mit den unglaublichen Vorgängen im aquariumsähnlichen Minilab zur Verfügung stellte, sieht in den Manifestationen eindeutig das Wirken längst Verstorbener. Er bezieht sich hierbei sowohl auf Ed Cox, den Konstrukteur des Minilab, als auch auf den zuvor erwähnten Professor Dr. J. Thomas Richards. Die spektralen Wesenheiten sollen sich selbst als verstorbene Mitglieder einer *»Imperion Group«* bezeichnet haben. Als Anführer der Gruppe outete sich durch Klopflaute ein gewisser *John King*, der als letzte Inkarnation im 18. Jahrhundert als Privatier/Pirat unter Henry Morgan in der Karibik für die britische Krone aktiv gewesen sein will. Irgendwie scheint die Zeit, von der anderen Seite der Realität aus gesehen, stillzustehen, für Jenseitige bedeutungslos zu sein.

8 Die Realität der Interdimensionalen

> *»Zuerst nur vage und dann immer klarer erkenne ich, dass der Mensch auf diesem Planet ein Fremder ist.«*
>
> ERIC HOFFER in *First Things, Last Things*

Aus dem Tagebuch des Teenagers Beverly, zum Zeitpunkt des Geschehens wohnhaft in einer amerikanischen Kleinstadt in Ohio, nördlich der berühmt-berüchtigten Wright-Patterson Air Force Base:

»Erstes Anzeichen dafür, dass sich in jener klaren Sommernacht des Jahres 1951 etwas Ungewöhnliches ereignen würde, war mein Zaudern, jenes Stück ›Glas‹ aufzuheben, das da vor mir auf dem Boden lag. Ich hatte meine Freundin besucht und war auf dem Nachhauseweg. Als Schülerin der Junior High School mit einem ausgeprägten Sauberkeitsfimmel war es so gar nicht meine Art, irgendwelchen Dreck von der Straße aufzuklauben und mit nach Hause zu nehmen. Aber genau das tat ich.

Der große Zeh eines meiner Tennisschuhe hatte ein Stück dickes, konkaves Glas berührt. Zuerst hielt ich es für den Boden einer ganz gewöhnlichen Limoflasche. Irgendwie faszinierte mich das Stück Glas, hatte ich das zwanghafte Verlangen es aufzuheben. Erwartungsvoll eilte ich nach Hause, um es im Lichtschein unserer Veranda näher zu betrachten. Das Glas war glatt und völlig durchsichtig, anders als man es von Scherben einer Limoflasche erwarten konnte. Gebannt hielt ich es hoch zum abendlichen Himmel, Richtung Mond. Mir stockte der Atem, als sich ein unglaubliches Szenarium vor mir entfaltete: Ich sah Berge und Täler und so etwas wie immergrüne Bäume. An einer

Stelle hinter diesen ›Bäumen‹ konnte ich eben noch Teile eines rechteckigen Gebäudes erkennen. Das Szenarium war eingetaucht in ein überirdisches, sanftes Glühen, das von einem silbrigen Lichtschein herzurühren schien.

Ein Gefühl tiefsten Friedens und unglaublicher Euphorie durchströmte mich gleichermaßen, und ich wusste, dass das, was ich sah, etwas völlig anderes war als das, was ich zuvor je erlebt hatte. Meine angeborene Skepsis schmolz jäh dahin.

Ich rief meiner Mutter zu, sie solle kommen und sich den ›Mond‹ ansehen. Als ich ihr das Stück Glas zeigte, meinte sie zunächst, dass ich womöglich die Linse eines Teleskops gefunden hätte. Sie richtete das Glas Richtung Himmel … und rang nach Atem. Dass es sich bei dem Geschauten um ein Mondszenarium handeln sollte, glaubte sie nicht. Die Beschaffenheit der Mondlandschaft war ihr aus wissenschaftlichen Beschreibungen geläufig, und was sie erblickte, stimmte mit dem sich vor ihr entfaltenden Panorama so gar nicht überein.

Als ein Schulfreund vorbeikam, zeigte ich ihm stolz den mysteriösen Fund. Er hielt das Teil gegen den Himmel und reagierte wie wir. Mehr noch: Auf seinen bloßen Armen zeichnete sich Gänsehaut ab.

Wenig später nahm Mutter besagtes Glas an sich und meinte, dass wir wegen des Fundes den Sheriff oder die nahe gelegene Wright-Patterson Air Base benachrichtigen sollten. Diesem Ansinnen widersetzte ich mich mit einem entschiedenen ›Nein‹. Tränen schossen mir in die Augen, nötigten mich zu der ungewöhnlichen Bemerkung, dass wir ›sie in Frieden lassen sollten‹, wobei ich gar nicht wusste, auf wen ich mich da bezog.

Anstatt einer Schelte und eines Vortrags über korrektes Verhalten von Töchtern gegenüber Erwachsenen übergab sie mir wortlos das Glasstück zur Aufbewahrung. Ich legte den für mich kostbaren Fund in einen kleinen Karton und stellte diesen in das oberste Fach des Schrankes in meinem Zimmer.

Es sollte Wochen dauern, bis ich den Mut fand, nach dem Objekt zu schauen. Wie ich insgeheim befürchtet hatte, war der

Karton nebst Inhalt verschwunden. Doch wagte ich es nicht, Mutter zu fragen, ob sie das Glasstück entfernt habe ...«

Achtzehn Jahre später: Wir schreiben den 21. Juli 1969. Die erste Mondlandung mit der Mondfähre »Adler« und Astronaut Neil Armstrong ist in vollem Gang:

Beverley J. Combs, wie der Teenager von ehedem nach ihrer Verheiratung heißt, sitzt mit ihrem kleinen Sohn und ihrer Mutter vor dem Bildschirm, verfolgt gespannt das dramatische Geschehen der Mondlandung. Erinnerungen an die Episode im Jahre 1951 werden wach. Als dann Beverley schließlich ihre frühere Zurückhaltung aufgibt und ihre Mutter nach dem Verbleib des Kästchens mit dem merkwürdigen Inhalt fragt, versichert diese, dass sie es nie mehr angerührt, nie mehr gesehen habe.

Mrs Combs in einem Schreiben an den Autor:

»Könnte das von drei Personen unabhängig voneinander Erblickte durch einen Gießfehler im Glas (Lunker) verursacht worden sein? Oder war es vielleicht ein ganz natürlich erklärbares Phänomen, das sich womöglich auf ungewöhnliche atmosphärische Bedingungen zurückführen lässt?

Das plötzliche Verschwinden des ›Glasstücks‹ ist jedoch völlig unerklärlich. Ist es denkbar, dass dieses Teil einer friedlich gesonnenen, technisch weit fortgeschrittenen Zivilisation gehörte? Könnte es sein, dass jene Zivilisation wegen dieses unscheinbaren Teiles damals zurückkehrte, um es aufzuspüren und in ihre Welt zurückzuholen? Wir werden es wohl nie erfahren. Beverley J. Combs«

8.1 Das Hyper-Universum – Tummelplatz für »Geistwesen«

Stanislav Grof, Leiter der psychiatrischen Forschungsabteilung am Maryland Psychiatric Research Center und Assistenz-Professor für Psychiatrie an der medizinischen Fakultät der Johns Hopkins University veröffentlichte 1985 ein Buch, aus dem hervorgeht, dass die bestehenden neurophysiologischen Gehirnmodelle unzulänglich seien und nur ein holographisches Modell archetypische Erfahrungen, Begegnungen mit dem kollektiven Unbewussten und andere ungewöhnliche Phänomene, die in veränderten Bewusstseinszuständen auftreten, erklären könne.

Nach mehr als dreißigjährigem Studium außergewöhnlicher Bewusstseinszustände ist Grof zu der Erkenntnis gekommen, dass die holographische Vernetzung der Erforschung unserer Psyche unerschöpfliche Möglichkeiten eröffnet. In den Fünfzigerjahren begann sich Grof, als er am psychiatrischen Forschungsinstitut seiner Heimatstadt Prag die klinische Anwendung des Halluzinogens LSD untersuchte, für außergewöhnliche Bewusstseinszustände zu interessieren. Zweck seiner Forschungsarbeit war, den möglichen therapeutischen Nutzen von LSD zu ermitteln.

Das Einfühlungsvermögen von Grofs LSD-Kandidaten kannte allem Anschein nach keine Grenzen. Sie schienen die Fähigkeit zu besitzen, sich in jedes Tier und sogar in jede Pflanze der Evolutionsgeschichte hineinzuversetzen. Sie erlebten, was es bedeutet, eine Blutzelle, ein Atom, ein thermonuklearer Vorgang innerhalb der Sonne, das Bewusstsein des gesamten Planeten oder des ganzen Kosmos zu sein. Mehr noch: Sie vermochten Raum und Zeit zu transzendieren und entwickelten manchmal ein erstaunlich exaktes Vorauswissen. Auf ihren Bewusstseinsreisen begegneten sie mitunter selbst nicht-humanoiden Intelligenzen, körperlosen Wesen aus höheren Bewusstseinsebenen.

Grofs Patienten besuchten bisweilen auch Regionen, die andere Holowelten und Realitätsschichten zu sein schienen. Der Fall eines jungen Mannes, der an Depressionen litt, könnte für die Versetzung seines Bewusstseins auf eine andere dimensionale Ebene sprechen. Er will ein unheimliches Leuchten bemerkt und die Anwesenheit von »Geistwesen« gespürt, diese aber nicht gesehen haben. Plötzlich behauptet er, ein solches Wesen in seiner unmittelbaren Nähe gespürt und telepathische Kontaktversuche erlebt zu haben. Das Wesen bat ihn, sich mit einem Ehepaar in der mährischen Stadt Kromeriz in Verbindung zu setzen und den Leuten mitzuteilen, dass ihr Sohn Ladislav in besten Händen und wohlauf sei. Dann teilte es ihm den Namen, die Adresse und Telefonnummer der Eheleute mit.

Die Sache, die mit der Erkrankung des Patienten in keinerlei Zusammenhang zu stehen schien, ging Grof nicht aus dem Sinn. Grof wörtlich: »Nach einigem Zögern und mit gemischten Gefühlen beschloss ich schließlich, etwas zu unternehmen, das mir den Spott der Kollegen eintragen würde, wenn sie davon gewusst hätten. Ich ging ans Telefon, wählte die Nummer in besagtem Ort und fragte, ob ich mit Ladislav sprechen könnte. Zu meiner Überraschung begann die Frau am anderen Ende der Leitung zu weinen. Als sie sich gefasst hatte, erzählte sie mir mit gebrochener Stimme, dass ihr Sohn nicht mehr unter ihnen weile, dass er vor drei Wochen gestorben sei.«

Populär wurde die Idee von der Existenz jener Geistwesen aus höherdimensionalen Bereichen erst so richtig durch Carl Friedrich Zöllner (1834–1882), Professor für Astronomie an der Universität Leipzig, derselben Wirkungsstätte, an der August Möbius 1872 bewies, dass man einen dreidimensionalen Gegenstand durch Hyperraum-Rotation in sein Spiegelbild verwandeln konnte. An derselben Universität veröffentlichte auch Gustav Theodor Fechner 1846 seine Schrift *Der Raum hat vier Dimensionen.* Zöllner war zu dieser Zeit Professor für Astronomie an der Universität Leipzig. Er entdeckte sein Interesse für spiritualistische Theorien auf einer Englandreise im Jahre 1875, während der er William Crookes, Erfinder der Kathodenstrahlröhre, besuchte.

Zöllner wollte nun auf dem Weg über eine nächsthöhere (vierte) Dimension beweisen, dass Hyperraum-Rotationen und somit Psi-Phänomene möglich seien. Um in ein Hanfseil, das an beiden Enden mit Siegellack versiegelt war, Knoten zu schlagen, *ohne das Siegel zu erbrechen oder den geschlossenen Seilkreis anderweitig kurzzeitig zu trennen,* müsste als Operationsraum logischerweise eine nächsthöhere Dimension angenommen werden. Mit deren Vorhandensein ließen sich auch Apporte, Materialisationen und andere paraphysikalische Phänomene, wie im Minilab vorgestellt, erklären.

Zöllner nutzte die Aufenthalte des bekannten, aber auch umstrittenen englischen Mediums H. Slade in Leipzig, um allein oder zusammen mit Freunden entsprechende Knotenexperimente durchzuführen. Seine so genannten Lederstreifen-Experimente sind die wichtigsten und für den Beweis der Existenz höherdimensionaler Seinsbereiche ausschlaggebend.

Über ein Lederstreifen-Experiment, das während einer viertelstündigen Sitzung in einem hell erleuchteten Raum stattfand, berichtet die Parapsychologin Fanny Moser in ihrem Werk *Das große Buch des Okkultismus* im Detail: »Zwei aus Leder geschnittene Streifen von 44 Zentimeter Länge und 5 bis 10 Zentimeter Breite wurden, wie Zöllner schreibt, zusammengeknüpft und dann in derselben Weise mit einem Petschaft versiegelt wie früher die Bindfäden. Die beiden Lederstreifen (Ringe) wurden einzeln auf den Spieltisch gelegt, an dem wir saßen.« Zöllner: »Alsdann legte ich sie auf einen Raum zusammen, den ich ... mit meinen Händen bedeckte. Slade, der mir zur Linken saß (sonst war niemand zugegen), legte vorübergehend seine Hand leise auf meine Hände, während ich stets die

Anwesenheit der Streifen unter diesen durch das Gefühl kontrollieren konnte. Slade behauptete, Lichtausströmungen über meinen Händen zu sehen und einen kühlen Wind zu empfinden. Letzteren fühlte auch ich, konnte jedoch von den Lichtern nichts beobachten. Während ich abermals den kühlen Hauch ziemlich stark fühlte und Slades Hände die meinen gar nicht berührten, sondern zwei bis drei Dezimeter entfernt waren, fühlte ich eine deutliche Bewegung der Lederstreifen unter meinen Händen. Unmittelbar darauf klopfte es dreimal im Tisch. Als ich meine Hände fortnahm, waren die vorher getrennten Lederstreifen verknüpft. Die Zeit, während der sich die Lederstreifen unter meinen Händen befanden, hatte höchstens drei Minuten gedauert.«

Charles H. Hinton stellte in seinem 1907 erschienenen Buch *An Episode of Flatland: Or how a Plane Folk Discovered the Third Dimension* (etwa: Eine Flachlandepisode: Oder wie Flachländer die dritte Dimension entdeckten) die Frage, wie sich unsere Welt vom Hyperraum aus darstellen würde. Als Voraussetzung konstatierte er zunächst einmal: Unser 3D-Raum würde den 4D-Hyperraum in zwei Regionen unterteilen, so wie ein 0D-Punkt eine 1D-Gerade, wie eine 1D-Gerade eine 2D-Ebene und wie eine 2D-Ebene einen 3D-Raum teilt. Die Region, in die unser 3D-Raum den Hyperraum unterteilt, nennt er *ana* und *kata.* Diese entsprechen etwa den Begriffen »oberhalb« und »unterhalb«. Um einen Anhaltspunkt für unsere Spekulation zu haben, ließe sich z. B. der »Himmel« als *ana* (oberhalb unseres Raumes) und die »Hölle« als *kata* (unterhalb desselben) darstellen.

Stellen wir uns einmal vor, im vierdimensionalen Raum gäbe es – parallel zu unserer Welt – ein weiteres 3D-Universum. Könnten wir uns »in Richtung *ana*« durch den Hyperraum bewegen, würden wir in ein anderes, fremdartiges Universum gelangen. Es dürfte uns allerdings schwer fallen, die Richtung vierte Dimension einzuschlagen. Wie aber sollten wir dann je in das andere Universum kommen? Wissenschaftler spekulieren:

durch einen Hyperraum-Tunnel, die so genannte *Einstein-Rosen-Brücke.* Der Eingang dieses Tunnels müsste uns wie eine Kugel erscheinen, die ein komplettes Universum enthält, unvorstellbar geschrumpft und verzerrt. Würde man sich mit einem Kopfsprung in dieses Gebilde hineinstürzen, hätte man das Gefühl, hindurchzutauchen. Wenn man sich jedoch umschaut, würde man feststellen, dass man sich jetzt in einem anderen Universum befindet. Schaut man zurück in den Hyperraum-Tunnel, erblickt man eine Kugel, die unser gesamtes altes Universum enthält, ebenfalls geschrumpft und verzerrt.

Eine Vorstellung vom Aussehen des Eingangs zur Einstein-Rosen-Brücke – die durch den Hyperraum führt – bietet eine simple Christbaumkugel. Der kugelförmige Spiegel reflektiert gewissermaßen das gesamte umgebende Universum. Je weiter ein Objekt von der Spiegeloberfläche entfernt ist, desto mehr rückt sein Bild ins Zentrum des Spiegels. Schaut man vom Eingang eines Hyperraum-Tunnels aus in ein anderes Universum, sieht man natürlich nicht das Spiegelbild des eigenen Universums. sondern etwas, das wie das Spiegelbild eines anderen Universums aussieht. Die Frage nach der Möglichkeit, dass sich in unserem Kosmos eine Einstein-Rosen-Brücke bilden kann, lässt sich bejahen. Sollte es tatsächlich andere dreidimensionale Universen parallel zu unserem geben, könnte ein hinreichend dichtes Objekt unseren Raum so weit vorwölben, dass es einen anderen berührt. Dann könnten beide Räume verschmelzen, ähnlich wie Fettaugen auf der Suppe.

Irgendwie muss es Grofs Depressionspatient gelungen sein, mit seinem Bewusstsein in einen höherdimensionalen Bereich (in eine Hyperwelt) vorzudringen, um mit dem Bewusstseinskörper des kürzlich verstorbenen Ladislav Kontakt aufzunehmen.

Da die Synapsen unseres Gehirns nach dem Quantenprinzip funktionieren, sollten sie uns auch Zugang zu Realitäten außerhalb unserer gewohnten Raum-Zeit ermöglichen. Widmen wir uns daher ein wenig der Erhärtung dieser Vermutung.

8.2 Kontakt mit koexistierenden Welten

Viele ungewöhnliche Phänomene – die hier näher geschilderten paranormalen Erscheinungen aus unserer eigenen Vergangenheit und aus anderen Seinsbereichen, die verblüffenden Geschehnisse in den *Minilabs*, das gesamte Spektrum der Psi-Manifestationen – würden verständlich, wenn sich, analog zu unserem 4D-Heimatuniversum die Existenz weiterer »paralleler« Welten nachweisen ließe. Unter Einbeziehung solch höherdimensionaler Ereignisräume müsste sich das in diesem Buch vorgestellte paranormale Geschehen genau wie Zöllners Knotenschürzungsexperiment über die vierte Dimension logisch erklären lassen.

Solche temporären Kontakte mit parallelen Universen dürften allerdings ausschließlich auf der Bewusstseinsebene stattfinden, da unser ebenfalls höherdimensionales Bewusstsein als »geistiges Organ« eine ideale Verbindungsmöglichkeit zu den hier beschriebenen koexistierenden Welten darstellt.

Mathematik und Quantentheorie bieten eine Vorstellung von einer allem zugrunde liegenden Einheit, die alles Lebende miteinander verbindet und den Alltag nach dem Prinzip der »Wahrscheinlichkeit« bestimmt. Subatomare Teilchen verhalten sich wie Miniaturausgaben der berühmten *Cheshire-Katze* (Begriff aus der Quantenmechanik): Eben noch sieht man sie, dann wieder nicht.

Roney-Dougal behauptet, dass die Synapsen im Gehirn – Kontakt-/Umschaltstellen zwischen Nervenfortsätzen, an denen Reize von einem Neuron an ein anderes weitergeleitet werden – nach dem Quantenprinzip funktionieren, dass sie vielleicht den Zugang zu Realitäten außerhalb der normalen (gewohnten) Raum-Zeit ermöglichen. Bei diesen »anderen Realitäten« könnte es sich sowohl um Parallelwelten (P-Welten) als auch um Existenzebenen von Bewusstseinsinhalten Verstorbener handeln.

Ein berühmter Yogi soll einmal gesagt haben, dass alle paranormalen Phänomene ihren physikalischen Aspekt im Körper selbst haben. Das physikalische Terminal im Gehirn scheint die Zirbeldrüse, das so genannte »dritte Auge«, zu sein. Interessant ist, dass die südamerikanische Weinrebe, aus der man *Ayahuasca* (in Kolumbien: yagé oder yajé) – ein visionsauslösendes Halluzinogen – braut, der Substanz gleicht, aus der die Zirbeldrüse besteht.

Der Fall des selbstständigen Automechanikers Tom Sawyer aus Rochester im US-Bundesstaat New York, dessen Bewusstsein durch einen schrecklichen Arbeitsunfall rein zufällig in einen dieser unendlich vielen anderen Seinsbereiche geriet und dort offenbar mit einem umfassenden Wissen über die Grundlagen unseres Seins konfrontiert wurde, lässt den Schluss zu, dass es solche *koexistierenden Welten* tatsächlich gibt, spirituelle Universen, in die wir bisweilen unfreiwillig hineingeraten.

Toms Werkstatt liegt direkt neben seinem Wohnhaus. Gerade arbeitet er wieder einmal unter der Hebebühne an einem Kleintransporter. Plötzlich löst sich die Hebewinde und lässt den drei Tonnen schweren Wagen auf Toms Körper prallen. Er stößt einen markerschütternden Schrei aus, den seine beiden im Garten nebenan spielenden Kinder hören. Sie eilen herbei und finden ihren Vater, der zerquetscht unter dem Wagen liegt. Ein Nachbar alarmiert die Feuerwehr, die zehn Minuten später dort eintrifft. Immer noch ist Tom bei Bewusstsein. Sein Geist bewegt sich zwischen einem schwarzen und einem roten Nebelschleier. Die Schmerzen sind mörderisch. Als die Feuerwehr mittels einer Hebevorrichtung Tom von der Tonnenlast befreit, wird er ohnmächtig.

Im Krankenwagen hört Sawyer auf zu atmen. Herzstillstand. Die Rettungskräfte leiten unverzüglich die Wiederbelebung ein. Als der Krankenwagen nach 20 Minuten in den Hof des Hospitals einbiegt, beginnt Toms Herz wieder zu schlagen.

Sechs lange Jahre sollten vergehen, bis Tom wieder ganz hergestellt ist. Dann erinnert er sich mit einem Mal an sein Erlebnis während der Fahrt im Krankenwagen, als er praktisch klinisch tot war. Als die Feuerwehrleute ihn unter der Hebebühne hervorgezogen hätten, habe er sich auf einmal so ruhig wie nie zuvor und ganz leicht gefühlt. Das Gewicht seines Körpers schien wie das des Lieferwagens verschwunden zu sein. Er hatte das Gefühl, leichter als Luft zu sein, wie auf einem Kissen aus Nichts zu schweben. Dann sah er sich mit einem Mal auf dem Boden seiner Werkstatt liegend, umringt von Feuerwehrleuten. Blut lief aus seinem Mund und vermischte sich mit dem Öl des Lieferwagens. Er sah die ganze Szene, den roten Notarztwagen, der gerade eintraf, die Bahre, auf die man ihn bettete. Da waren auch seine Kinder, die auf einmal in diesen Alptraum geraten waren und von den Nachbarn zurückgehalten wurden.

Doch von wo aus sah er all das? Zuerst schien er etwa drei Meter über dem Boden zu schweben, dann will er das schreckliche Szenarium aus fünf, zehn, hundert Meter Entfernung beobachtet haben. Er erkannte – diesmal aus nächster Nähe – seinen reglosen Körper, der über die Autobahn abtransportiert wurde. Doch plötzlich erloschen die Bilder. Tom hatte das Gefühl, in eine Höhle gesaugt zu werden. Eine unvorstellbare Dunkelheit zog ihn an. Doch noch immer fühlte er sich völlig ruhig und wohl.

Er ließ sich ganz einfach treiben. Etwas zog ihn immer stärker an. Er schwebte noch immer, jetzt aber mit wahnwitziger Geschwindigkeit, die – so sein Eindruck – ihn bald zu den Sternen brächte. »Ich muss tot sein«, sagte er sich schließlich. Und dann begann das Licht aufzutauchen. Tom verglich es mit einer gigantischen Sonne, deren Substanz er etwas poetisch mit »reiner Liebe« verglich, einer totalen, unendlichen Liebe. Sein Erlebnis schien ihn auch anderweitig total verändert zu haben. Plötzlich interessierte er sich für Physik, insbesondere für Quantenmechanik. Bruchstückhaftes Wissen hierüber wollte er in seinen »Träumen« erfahren haben. Der kleine Automechaniker aus Rochester mit Grundschulkenntnissen »erinnerte« sich urplötzlich an Namen wie Max Planck und Niels Bohr, Personen, von denen er zuvor nie gehört hatte. Tom findet das durchaus normal: In Gegenwart des »Lichts« habe er alles »gewusst« ... war er alles.

Während seiner Genesungszeit will er in seinem Bewusstsein immer und immer wieder das Wort *Quanten* vernommen haben. Er erinnert sich, von seinem Nahtod-Erlebnis schemenhaftes Wissen über Quantenmechanik mitgebracht zu haben. Toms Wissbegierde ist grenzenlos. Er kauft sich Bücher über die Quantentheorie und belegt Einführungskurse für Autodidakten. Sechs Jahre später bereitet er sich auf ein Examen in Physik vor. Er behauptet, an der Universität habe er nur Stück für Stück ein Wissen wiedergefunden, zu dem er uneingeschränkten Zugang hatte, als er in das »Licht« eindrang.

Die Maiausgabe 2003 der amerikanischen Wissenschaftszeitschrift *Scientific American* berichtet in ihrer Titelgeschichte über jüngste kosmologische Beobachtungen, die Physiker vermuten lassen, dass neben unserem Heimatuniversum eine unendlich große Zahl alternativer Universen existiert. Der Autor des Beitrags, Max Tegmark, Professor für Physik und Astrophysik, meint, Universen jeglicher Art verkörperten unterschiedliche Wege, wie sich Ereignisse entfaltet haben könnten. Will heißen: Entsprechend der Quantenphysik gibt es eine unendlich große Zahl von Universen, die jede mögliche alternative Entwicklung (anders als in unserer jetzigen Welt) durchmachten. Und bei dieser Feststellung eines seriösen Wissenschaftlers handelt es sich nicht etwa um Science-Fiction oder paraphysikalische Spekulationen, sondern um fundierte *Mainstream*-Wissenschaft.

Gehen wir einen Schritt weiter. Wenn es diese alternativen Realitäten tatsächlich gibt, von denen die Physiker heute fest überzeugt sind, müsste es folgerichtig auch »Öffnungen« zwischen diesen und unserer Welt geben, interdimensionale Passagen, durch die »jenseitige Dinge« – Erscheinungen Verstorbener, Fremddimensionale, so genannte Ufos, Bigfoot-Monster und andere *Cryptide* (Fabelwesen) – zu uns vordringen. Andererseits dürften auch wir in veränderten Bewusstseinszuständen, wie Tom Sawyer, durch solche Öffnungen in andere koexistierende Seinsbereiche gelangen und gelegentlich an dem dort gestapelten Wissen teilhaben.

Indes dürfte die Existenz interdimensionaler Passagen das zeitlich begrenzte phantomartige Auftreten »jenseitiger Dinge« allein nicht erklären. Man muss vielmehr annehmen, dass sie beim Übergang von einer alternativen Realität in eine andere einen bestimmten Grad ihrer ursprünglichen Dimensionalität mitführen, der sie womöglich als schützende »Blase« umgibt. Eine solche »Quantenblase« könnte Wesen aus Alternativwelten umhüllen, ihnen gestatten, sich auch in unserer Welt nach den (uns merkwürdig erscheinenden) Gesetzen ihrer Ausgangsrealität zu bewegen. Zerfällt nach einiger Zeit die schützende Quantenblase, erlischt die Scheinrealität des Phantoms augenblicklich, d. h., sie löst sich übergangslos auf, weil ihr in unserer Realität die Existenzgrundlage entzogen ist. Daher lassen sich auch von Dingen aus anderen Welten/Realitäten nachträglich keine Spuren nachweisen.

Tausende psychisch stabiler Zeitgenossen berichten jahraus, jahrein zuverlässig über Erscheinungen jeglicher Art, über Nahsichtungen von Ufos, Fremd-Entitäten und Cryptide, über unerklärliche paraphysikalische Manifestationen – das »Unmögliche« schlechthin. Wegen ihrer dimensional andersartigen Beschaffenheit gibt es bedauerlicherweise keinen physikalischen Nachweis ihrer Existenz. Professor Tegmarks Forschungsarbeit und die an der Princeton University von Professor Robert Jahn durchgeführten Experimente lassen hoffen, dass im Rahmen einer *Hyperphysik* die Existenz koexistierender Welten und fremder Realitäten letztlich dennoch ihre Bestätigung findet. Machen wir uns auf die Suche.

8.3 Gateways – Schleichwege in parallele Welten

Die Vorstellung von der Existenz paralleler, uns »überlagernder« Welten wird auch heute noch von der Mehrzahl unserer Zeitgenossen vorschnell in den Bereich des Phantastischen – der Science-Fiction – verwiesen. Es sind die »verrückten Welten« auf der anderen Seite des Spiegels von Lewis Carrolls *Alice's Abenteuer im Wunderland*, das bizarre Reich der Narnia in C. S. Lewis' *Der Löwe, die Hexe und der Kleiderschrank* oder die vielen spannenden Parallelexistenzen, wie man ihnen zuhauf in der SF- und Fantasy-Literatur begegnet.

Parallel-(P-)Universen erlauben phantasiebegabten Autoren Konzeptionen zu entwickeln, die sie in der eigenen linearen Realität nicht finden, die in unserer Welt physikalisch unvorstellbar sind. Hier begegnen die Protagonisten des phantastischen Geschehens ihrem eigenen Double, erleben sie Welten, in denen Kriege einen anderen Verlauf als in der Ursprungsrealität nehmen, hier werden sie auf völlig differente Existenzebenen versetzt. Die Autoren solcher SF-Stories wären sicher überrascht, wenn sie wüssten, dass wahres Geschehen noch viel merkwürdiger als Fiktion sein kann, dass der Alltag oft Fälle parat hält, die noch fremdartiger als die Produkte ihrer Phantasie sind.

Um 500 v. Chr. postulierte ein griechischer Philosoph der ionischen Schule namens Anaxagoras eine Theorie, mit der er den Ursprung aller Dinge zu erklären hoffte. Er behauptete, Materie habe ursprünglich in atomarer Form existiert, und ebnete damit den Weg für die Atomtheorie des griechischen Philosophen Demokrit (um 460 v. Chr.), nach der alle Eigenschaften der Dinge auf Form, Lage und Größe von undurchdringlichen, unsichtbaren und unveränderlichen Atomen zurückzuführen sind, die sich im leeren Raum bewegen. Von seiner genialen Arbeit sind nur wenige Fragmente erhalten geblieben, die jedoch für die Nachwelt größte Bedeutung haben.

Anaxagoras glaubte auch, dass es auf einer Art Anti-Erde »andere Menschen« geben müsste, dass unser Gegenstück ebenfalls von einer Sonne und einem Mond bestrahlt würde und die Bewohner dieser Parallel-Erde Städte besäßen und »sinnvolle Objekte« fertigten. Der Philosoph vermutete diese Anti-Erde auf der Rückseite unserer – nach damaliger Auffassung – flachen, scheibenförmigen Erde. Die erhalten gebliebenen Fragmente seiner Abhandlung *Über die Natur* lassen nicht den Schluss zu, ob Anaxagoras auch Kontakte zwischen den Wesen beider Welten für denkbar hielt.

Tausende Kilometer von Griechenland entfernt gab es eine Gruppe von Philosophen, die eine ähnliche Kosmologie entwickelt hatten und diese zum Bestandteil ihrer Religion werden ließen. Die *Puranas* – eine Zusammenfassung der Hindu-Mythologie, -Philosophie und -Riten – sprechen von den *dwipas* als Teil ihres kosmologischen Glaubens. Gemeint sind (mangels einer besseren Beschreibung) »Existenzebenen«, bestehend aus sieben »Kontinenten«: *Jambu, Plaksha, Shalmali, Kusha, Krauncha, Shaka* und *Pushkara.* Alle haben ihre Ozeane, Gebirge und Bewohner.

Einige der Provinzen, in die »Jambu« eingeteilt wird, stimmen offenbar mit dem echten Subkontinent Indien überein, der im Norden an den Himalaja und im Süden an den Indischen Ozean grenzt. Jenseits dieser Begrenzung scheint die weitere Einteilung mit Unrealem zu verschmelzen, ähnlich wie im Westen die mythischen Regionen der Insel Lyonnesse abseits von Englands Land's End, die Inseln Tirn-Na-Og, Avalon bei Glastonbury und St. Brendan. Das Konzept der *dwipas* wurde im Westen erst durch die Arbeiten der Theosophischen Gesellschaft bekannt.

In den Sechzigerjahren interessierte sich der zum Okkultismus übergewechselte französische Wissenschaftler Jacques Bergier für die metaphysische Komponente des Hindu-Glaubens. Er vermutete, sie könne, nach den Prinzipien der modernen Mathematik, gewisse Wahrheiten enthalten. Bergier argumentierte, dass sich so genannte *Riemann-Oberflächen* (benannt nach dem deutschen Mathematiker Friedrich Bernhard Riemann, 1826–1866) aus einer vorgegebenen Anzahl von Schichten zusammensetzten, die (einfach dargestellt) weder über- noch untereinander liegen: Sie koexistieren ganz einfach. Wörtlich: »Wenn die Erde eine dieser Riemann-Oberflächen ist, wäre es möglich, so phantastisch dies auch klingen mag, dass es uns nicht bekannte Regionen gibt, die normalerweise unzugänglich, d. h. auf keiner Landkarte der Welt verzeichnet sind …, die aber dennoch existieren.«

Auch wir fragen uns, ob es solche »Räume innerhalb unserer Welt«, die sich unabhängig von uns entwickelt haben, tatsächlich gibt, Bereiche, die nur durch ganz bestimmte interdimensionale Portale – Falten in unserem Raum-Zeit-Gefüge – zugänglich sind. In der Folklore vieler Länder ist von Orten die Rede, von denen aus, sollte man sie zufällig betreten, eine Rückkehr ausgeschlossen ist. Manche dieser interdimensionalen »Gateways« sollen sich nur zu bestimmten Zeiten oder in Abständen von mehreren Jahren öffnen, Besucher aus unserer Welt Einlass gewähren. Es stellt sich indes die Frage, ob so genannte Phantomstädte, wie sie z. B. in Alaska unweit des Glacier-Bay-Nationalparks, nahe dem Muir-Gletscher gelegentlich gesehen werden, Luftspiegelungen von Städten sind, die von Bewohnern einer anderen parallelen Welt gebaut wurden, von Wesen, deren Existenz der geniale Anaxagoras schon vor Jahrtausenden vorausgeahnt hat (Details hierzu in dem Buch des Autors *Transwelt,* LangenMüller 1992; ISBN 3-7844-2424-4).

Im Jahre 1954 tauchte in einem Tokioter Hotel ein Besucher auf, dessen Papiere so weit in Ordnung zu sein schienen, bis auf eine Kleinigkeit: Die Behörde, die sie ausgestellt hatte, gab es nicht. Das Dokument wies keine Spuren einer Fälschung auf und das Passfoto des Inhabers war gestochen scharf, stimmte mit der Physiognomie des Mannes genau überein. Auch die Fingerabdrücke auf dem Dokument erwiesen sich als einwandfrei. Ausgestellt waren die Papiere von den Behörden einer *Republik Tuared*, einem Land, das auf keinem Atlas zu finden war. Der Fremde behauptete, sein Land umfasse den größten Teil der Sahara und erstrecke sich von Mauretanien im Westen bis zum Sudan im Osten. Er sei in geheimer Mission nach Japan gekommen, um Waffen zu kaufen, die alle Staaten im Nahen Osten benötigten, um sich von der ausländischen Unterdrückung zu befreien.

Dem namenlosen Tuaredianer gelang es sogar, auf einer hastig einberufenen Pressekonferenz seinen Fall einer Schar internationaler Journalisten vorzutragen. Doch auch diesen gelang es nicht, einen Staat *Tuared* ausfindig zu machen. In diesem Zusammenhang hatte man unter anderem die bei der UNO akkreditierten Staaten des Nahen Ostens und die Arabische Liga bemüht. Vergeblich, einen Staat *Tuared* gab es nicht – nicht auf unserer Erde.

Schließlich wies die ratlose Einwanderungsbehörde den Mann aus Tuared in eine psychiatrische Klinik ein. Und hier verliert sich die Spur des Fremden, dessen wahre Identität nie ermittelt werden konnte.

Die Koordinaten 47,9° S/118,15° W könnten nicht exakter sein. Sollten sie stimmen, müsste sich hier in den unendliche Weiten des Pazifiks eine Inselgruppe zeigen, die offenbar niemand zu finden vermochte, deren »Regierung« aber dennoch unentwegt Briefmarken in Umlauf brachte.

Der spanische Autor Antonio Ribera wurde erstmals von einem Kollegen auf diesen geheimnisvollen Archipel »Hesperiden-Inseln« aufmerksam gemacht. An der Stelle, wo sich entsprechend der Koordinaten die Hesperiden befinden sollten, erstreckte sich nichts als tiefblauer Ozean. Die nächstgelegenen Landmassen sind die Osterinseln und die Insel Juan Fernández. Ribera erhielt später aus dem Nachlass seines inzwischen verstorbenen Kollegen ein zwanzig Seiten umfassendes Büchlein *A Study of the Hesperides Islands* (Eine Studie über die Hesperiden-Inseln), das, von einem John Callender verfasst, 1962 in England veröffentlicht worden war. Dieses Büchlein enthält einige interessante Karten mit geographischen Merkmalen sowie einige Fotos. In einer Art Vorwort wird angedeutet, dass die Inseln insofern unbekannt seien, als dass sie in den meisten Seekarten und kartographischen Aufzeichnungen nicht mehr aufgeführt wären.

Gemäß dieser Publikation besteht der Archipel aus den Großen Hesperiden, der See-Insel und dem Inselchen Rap sowie fünf Atollen mit einer Gesamtfläche von etwa hundert Quadratkilometern. Auch sind die geographischen Merkmale der Hauptinsel beschrieben: der Berg Mt. Franklin, der Fluss Merced und ein großer See auf Lake Island (See-Insel). Kurze Regenschauer sollen der Inselgruppe ein gemäßigtes Klima verleihen.

Entsprechend den im Besitz von Ribera befindlichen Aufzeichnungen wurde die Inselgruppe im Jahre 1850 von dem schottischen Walfänger McNall entdeckt, der sie als persönliches Eigentum beanspruchte. Interessanter noch ist ein Memorandum an das spanische Marinekommando, welches besagt, dass der Archipel später von einem Madrider Syndikat gekauft worden war. Dieses taufte die Hesperiden in »Dougherty-Inseln« um, erklärte sie zum unabhängigen Staat, dessen Bewerbung als UNO-Mitglied allerdings zurückgewiesen wurde. Oberst Antonio Baeza, von dem diese Information stammte, beantragte die Entsendung von Einheiten der spanischen Marine zu den Dougherty-Inseln, um sie offiziell in Besitz zu nehmen. Seinem Antrag wurde jedoch nicht entsprochen. Die Marine wollte zum Anlaufen eines offenbar leeren Fleckens mitten im Ozean keinen Treibstoff vergeuden.

Die »Regierung« der scheinbar nicht-existenten Inselgruppe gab interessante Briefmarken in Esperanto heraus und entwarf in der gleichen Sprache auch eine Verfassung. Kollegen von Ribera versuchten anhand genauer Seekarten, das Geheimnis des Phantom-Archipels zu lüften. Einem von ihnen gelang es sogar, vom *North American Aerospace Defense Command*

(NORAD) äußerst präzises Kartenmaterial vom Südpazifik aufzutreiben. Die Enttäuschung blieb nicht aus: Die Koordinaten 47,9° S/118,15° W zeigten auch auf diesen Spezialkarten keine Spur von Landmasse. Sie erwiesen sich, wie auch die gesamte Umgebung, als eine einzige Wasserwüste. Sollte dieser Archipel womöglich das Produkt eines groß angelegten Täuschungsmanövers sein, vielleicht ein Phantomstaat für Steuerflüchtlinge? Oder verbirgt sich – dimensional verschoben – hinter den Koordinaten nicht doch ein Land, das uns aufgrund seiner andersdimensionalen Beschaffenheit normalerweise verborgen bleiben muss?

In den Siebzigerjahren korrespondierte der amerikanische Autor Brad Steiger mit einem aus Missouri stammenden Al Kiessig über dessen Erfahrungen mit dimensionalen Portalen, d. h. Zutrittsstellen zu anderen Realitäten. Kiessig ließ Steiger wissen, dass eines unserer (dimensionalen) Nachbaruniversen völlig »geräuschlos« sei. Hier gäbe es weder eine Sonne noch Wind, doch sei der Himmel ausreichend hell, um die Umgebung wahrzunehmen. Er selbst will im Dezember 1966 in Arkansas beim Ausführen seines Hundes in eine solche Parallelwelt hineingeraten sein. Diese stille Welt schien mehr einer ländlichen Umgebung zu entsprechen. Die Stille sowie das Fehlen von Menschen und Tieren waren für ihn unerträglich. Auch schien zwischen den Dimensionen ein beträchtlicher Zeitunterschied zu herrschen.

Steigers Korrespondent nannte eine nicht näher bezeichnete Region in den Ozark-Bergen von Missouri (USA), von der aus er deutlich in andere Dimensionen blicken und sehen könne, wie deren Bewohner mühelos in unsere Welt gelangten. Allerdings weiß niemand zu sagen, ob Kiessigs Behauptungen auf Tatsachen beruhen oder ob sie Ausfluss krankhafter Phantasien sind.

Der südamerikanische Professor Guillermo Terrera, der sich ein Leben lang mit metaphysischer Anthropologie befasste, postulierte die Existenz einer Anzahl interdimensionaler Bereiche mit einem Double in unserer (irdischen) Erst-Realität. Er führte unter anderem eine Stadt namens *Erks* an, die im so genannten »Kleineren Kräftedreieck« liegen soll. Das angeblich in der argentinischen Provinz Cordoba gelegene Dreieck soll von den Hügeln von Calaguala, dem Dorf Serrezuela und dem Cerro Colorado begrenzt sein.

Die mysteriöse Stadt Erks, deren Eingänge bislang von niemandem entdeckt werden konnten, soll nach Legenden einheimischer Stämme von drei riesigen Spiegeln umsäumt sein, die aus unterschiedlichen Materialien – einer aus Lapislazuli, einem blauen Schmuckstein – bestünden. Terrera will von einem unheimlichen weißen Licht erfahren haben, das öfter über den Bergspitzen der Region zu sehen sei und angeblich von der Stadt und den Spiegeln herrühre.

Wissenschaftler beginnen neuerdings über die Möglichkeit nachzudenken, dass in unsere vierdimensionale Welt Fremddimensionen »eingerollt« sein könnten, Existenzebenen, die also jenseits unserer Raum-Zeit existieren. Sie vermuten, dass der Zutritt zu diesen nur mit sehr hohem Energieaufwand bzw. bei »niedrigen Frequenzen« denkbar ist. Schon im Jahre 1921 veröffentlichte Theodor Kaluza eine wissenschaftliche Abhandlung, in der er die Existenz einer fünften Dimension postuliert. Und 60 Jahre später stellten John Schwartz und Michael Green die *Superstring-Theorie* vor, die ein zehndimensionales Universum vorsieht, in dem nach dem *Big Bang* sechs kompaktiert waren. Nach Ansicht dieser Forscher sind diese Dimensionen undurchdringbar und völlig unerschlossen. Befasst man sich jedoch mit den in diesem Kapitel geschilderten Berichten, mit den hier zuhauf erörterten merkwürdigen Phänomenen, kommen Zweifel an der Undurchdringlichkeit von Dimensionsbarrieren auf.

Auf unserer angeblich genau erforschten Erde gibt es zahlreiche Orte, wo es zu erheblichen gravitativen oder atmosphärischen Störungen kommt, die Mensch und Instrumente nachhaltig beeinflussen, deren Ursachen aber trotz immensen wissenschaftlichen Aufwands bislang nicht geklärt werden konnten. Hier verschwinden Menschen spurlos, elektrische Kommunikationseinrichtungen versagen kläglich, scheinen von irgendetwas Unerklärlichem blockiert zu werden. Einer dieser merkwürdigen Orte, der von Einheimischen als interdimensionales Portal bezeichnet wird, ist *Beaver Sands Hills*. Er liegt am Fluss Beaver in Oklahoma. Hier, entlang des so genannten *Coronado Trails*, führte der spanische Entdecker des amerikanischen Südwestens, Francisco Vasquez de Coronado (1510 bis etwa 1554), seine Männer Richtung Westen. Im Tagebuch des Expeditionspriesters wird über das Verschwinden dreier spanischer Soldaten berichtet, die zuvor ganz plötzlich von einem strahlend grünen Licht umgeben waren.

Ein weiterer Zwischenfall betraf eine junge Frau namens Nancy Wright, die im Sommer 1894 in den Hügeln ihren Freund treffen wollte und dann nie wieder gesehen wurde. Die gesamte Stadt beteiligte sich an der Suche nach ihr, aber man entdeckte nicht die geringste Spur von ihr. Viele der Suchenden wollen damals in der Gegend ihres Verschwindens wieder diese mysteriösen grünen Lichter beobachtet haben.

Im Jahre 1931 wurde von William Duncan Strong von der Smithsonian-Stiftung und dem Archäologen Asa T. Hill die Gegend entlang des Beaver-Flusses systematisch erkundet. Beide waren die ersten Akademiker, die das Beaver Sand-Gebiet – das »Portal« – wissenschaftlich untersuchten. Während Strong über seine dortigen Erlebnisse eisern schwieg, packte Hill aus und veröffentliche hierüber ein Buch, das aber von Fachkollegen nicht ernst genommen wurde.

Nach dem Zweiten Weltkrieg erlebte die Archäologie in den USA einen zuvor nie da gewesenen Boom. Merkwürdigerweise war das Beaver River-Portal hiervon ausgenommen, bis sich 1977 dort ein weiterer Verschwindensfall ereignete. Bill Gruendyke, ein Bankpräsident aus Colorado, campierte an einem kleinen See zwischen den Hügel. Zufällig dort Vorbeikommende entdeckten am Tag nach der Ankunft des Campers dessen Wagen und die komplette Campingausrüstung. Von Gruendyke keine Spur. Die eingeleitete Suche blieb erfolglos. Einheimische wollen in der Nacht zuvor in der dortigen Gegend einen grünen Blitz gesehen haben. Sie wissen offenbar mehr über die geheimnisvollen Vorgänge an den Sand Hills, verhalten sich aber gegenüber Fremden recht schweigsam.

In Lateinamerika kennt man ähnliche mysteriöse Gegenden. Etwa 400 Meilen südlich von El Paso (Texas) gibt es eine Wüstenregion, die als Mexikos *Zona del silencio* (Zone des Schweigens) bezeichnet wird. Nur wenige Einheimische kennen sie. In dieser kargen Gegend werden alle Radio- und TV-Signale gedämpft oder gar absorbiert. Sie verlieren sich im Nichts. Womöglich werden elektromagnetische Wellen von den dort vorhandenen gewaltigen Mengen des Eisenerzes Magnetit beeinflusst.

Die Erzvorkommen allein dürften für die hier auftretenden Phänomene nicht ausschlaggebend sein. So will 1976 ein Besucher der Bergregion ein in der Nähe des *Magnet Hill* gelandetes Ufo fotografiert haben. Die Fotos weisen deutlich ein silbrig scheinendes Objekt aus, das – bildlich gesprochen – einem großen Dampftopf glich. Dem Fotografen gelang es auch, den Abflug des Objektes im Bild festzuhalten.

Dr. Santiago Garcia behauptete, dass man in der dortigen Gegend seit Mitte des 19. Jahrhunderts ungewöhnliche Naturphänomene beobachten kann. Einheimische berichten von weißen Kieselsteinen, die vom Himmel fallen, und Piloten beklagen sich mitunter über den Ausfall der Bordelektronik innerhalb der »Zone des Schweigens«.

Erst in den Siebzigerjahren erfuhr die Öffentlichkeit Neues über die geheimnisvolle Zone, als eine *Athena*-Rakete – von der US-Raketenbasis White Sands aus abgefeuert – vom Kurs abkam und in der »Zone des Schweigens« niederging. Wenige Jahre später brach die obere Stufe einer *Saturn*-Startrakete an der gleichen Stelle auseinander.

Am 13. Oktober 1975 befuhren Ernesto und Josefina Diaz mit ihrem Pick-up die »Zone«, um nach ungewöhnlichen Felsformationen und Fossilien zu suchen, die dort in großen Mengen zu finden sind. Als sie bemerkten, dass ein heftiges Unwetter aufzog, packten sie rasch ihre Sachen zusammen und fuhren los. Nicht schnell genug, wie sich bald herausstellte. Rasch verwandelte sich die Fahrspur in Morast, und ihr Pick-up begann in dem aufgeweichten Terrain zu versinken. Das Paar arbeitete verzweifelt, um das Versinken ihres Wagens im Schlamm zu verhindern.

Plötzlich beobachteten sie, wie sich ihnen mitten im sintflutartigen Regenguss zwei Gestalten näherten. Die zwei großen Männer in gelben Regenjacken boten ihnen ihre Hilfe an. Sie forderten die beiden auf, sich in den Pick-up zu setzen, während sie das Auto anschieben wollten. Sehr bald befand sich ihr Wagen wieder auf festem Boden, die beiden Helfer aber waren offenbar blitzschnell verschwunden, schienen sich in Luft aufgelöst zu haben.

Besucher der »Zone« berichten in schöner Regelmäßigkeit von fremdartigen nächtlichen Lichtern oder Feuerkugeln, die ihre Farbe wechseln und bewegungslos am Himmel verharren, um sich dann plötzlich mit großer Geschwindigkeit zu entfernten. Zwei Rancher, die von einer Party heimkehrten, wollen vom dunklen Himmel ein hellglänzendes Licht herabkommen gesehen haben, das sich beim Näherkommen als Flugobjekt entpuppte. Diesem sollen humanoide Gestalten entstiegen sein, die von einem unwirklichen Licht umgeben gewesen wären.

Der Journalist Luis Ramirez Reyes dürfte seinen Besuch in der »Zone des Schweigens« im November 1978 so schnell nicht vergessen. Als Begleiter eines Journalistenteams, das einer sensationellen Geschichte auf der Spur war, hatte er sich, zusammen mit einem Fotografen, eines Tages von der Hauptgruppe entfernt, um sich, auf der Suche nach einer dort errichteten *Biosphäre* – einem künstlich angelegten Lebensraum mitten in der Wüste – nur von seiner Intuition leiten zu lassen. Sie besaßen, falls sie sich verirrten, weder Wasser noch Nahrungsmittel, um in der Wüste überleben zu können. Und es sah ganz danach aus, als ob dies der Fall war.

Plötzlich sah Reyes drei Gestalten, die auf sie zukamen. In der Hoffnung, dass die drei ihnen den Weg zur Biosphäre zeigen könnten, wies er seinen Begleiter an, langsamer zu fahren. Der aber fuhr an den Fremden vorbei, so als ob diese gar nicht vorhanden wären. An den drei Personen, die er gesehen hatte, war nichts Ungewöhnliches, denn sie waren wie Einheimische gekleidet. Reyes fragte sich besorgt, ob er womöglich eine Art Wüstenkoller habe, ob er bereits halluziniere. Seine Verblüffung wuchs, als ihnen beim Weiterfahren in einer anderen Gegend die drei Gestalten erneut begegneten. Mit Nachdruck forderte er den Fotografen, der die Fremden offenbar immer noch nicht zu sehen vermochte, auf, sofort anzuhalten. Reyes fragte die drei Fremden, ob sie ein anderes Fahrzeug, das dem ihren glich, in der Gegend gesehen hätten. Die Angesprochenen verneinten dies und begründeten ihren Aufenthalt in diesem Wüstenabschnitt mit der Suche nach verirrten Tieren. Sie konnten Reyes aber den Weg zur Biosphäre beschreiben. Dort angekommen, erwähnte Reyes gegenüber dem Leiter der Anlage, Harry de la Pena, ihr Erlebnis in der Wüste. De la Pena versicherte ihnen, dass sich in diesem verlassenen Wüstenabschnitt außer dem Biosphären-Team kein Mensch und auch kein Weidetier aufhalte.

Es liegen glaubwürdige Berichte darüber vor, dass in der gleichen Gegend schon öfters merkwürdig gekleidete Wesen gesichtet wurden, die von ihrem Äußeren her so gar nicht zu den dort lebenden Menschen passten.

Vielleicht waren es Besucher aus jenen parallelen Existenzebenen, über die auch Wissenschaftler allmählich zwanglos zu diskutieren beginnen. Es könnte sein, dass die »Zone des Schweigens« genau wie Beaver Sands tatsächlich interdimensionale Portale sind, durch die es gelegentlich zu Kontakten mit anderen Seinsbereichen kommt. Vielleicht gehorchen diese Regionen aufgrund ihrer geologischen und mineralogischen Besonderheiten physikalischen Gesetzen, die wir noch nicht verstehen und uns deshalb fremdartig, unwirklich erscheinen. Das Rätsel, das die »Gateways« zu anderen Dimensionen umgibt, harrt noch der Lösung.

Nachwort: Calderóns Welt

Zeitreisen durch kosmische schwarze Löcher bzw. winzige Wurmlöcher, wie sie der Autor in seinen viel beachteten Bestsellern *Zeittunnel*, *Zeitschock* und *Jenseits der Ewigkeit* aktuell beschrieben hat, sind wegen des heute unvorstellbaren technischen Aufwands bzw. des erforderlichen gewaltigen Energiebedarfs, wenn überhaupt, angeblich erst in Tausenden von Jahren realisierbar. Kausalitätsprobleme und eventuell auftretende Anachronismen – Verstöße gegen den gewohnten Zeitablauf – dürften weitere Hindernisse sein, mit denen sich »Zeitfahrer« auseinander setzen müssen, um unerwünschte Ereignisse in der irdischen Zukunft tunlichst zu vermeiden.

Bekannte Zeitreise-Experten wie die Professoren Frank Tipler von der Tulane University, New Orleans, Paul Davies, Michio Kaku, Richard Gott, David Deutsch und viele andere Spitzenwissenschaftler stellen neuerdings Zeitreisen in die Vergangenheit per High-Tech-Computer, so genannte »Himmelsmaschinen«, in Aussicht. Sie argumentieren, da sich die Geschwindigkeit von Computern derzeit alle 18 Monate verdoppele, müsste es in absehbarer Zeit möglich sein, Milliarden von selbst in Details völlig real erscheinenden, abrufbaren Vergangenheitssimulationen zu schaffen, die wir dann virtuell besuchen und wie echte Welten erleben könnten.

Sollte zukünftigen Generationen dies gelingen, würden sich auch Mensch-Simulationen womöglich für echte, reale Menschen halten, die wie wir denken und handeln. Dann wären wir selbst und unsere Umgebung vielleicht auch alle nur Simulationen. Der heutige Mensch: das Kunstprodukt einer Superzivilisation aus der Zukunft? Wir müssten in der Folge das Menschsein, unser irdisches Leben und das Danach ganz anders werten als bisher. Irgendwie scheinen wir Menschen des 21. Jahrhunderts so etwas zu ahnen. Ein Hauch von »Götterdämmerung« liegt in der Luft. Vielleicht hat der größte spanische Dichter Pedro Calderón de la Barca (1600–1681) Recht, wenn er in seinem berühmten Drama *Das Leben ein Traum* sinniert:

»Was ist Leben? Raserei!
Was ist Leben? Hohler Schaum,
ein Gedicht, ein Schatten kaum!
Wenig kann das Glück uns geben,
denn ein Traum ist alles Leben
und die Träume selbst ein Traum.«

Begriffserläuterungen

Abduktionen (engl. abductions): Angebliche kurzzeitige Entführungen von Personen durch Ufonauten, meist um an den Betroffenen medizinisch-biologische Untersuchungen oder Experimente vorzunehmen; ihr Realitätscharakter ist umstritten.

Aleph: Name des ersten Buchstabens im Alphabet der heiligen Sprache. In der Kabbala bezeichnet er den Ort der totalen Erkenntnis. Der Mathematiker Georg Cantor bezeichnete den Begriff des Über-Unendlichen als Aleph.

Amygdala (Mandelkern): Sie sitzt an einem Ende der Hirnstruktur. Hier laufen die Sinneseindrücke aus allen Teilen des Großhirns zusammen und werden mit Gefühlen »getränkt«.

Anoxie: Völlig unzureichende Sauerstoffkonzentration im Gewebe.

Apporte: Das psycho-physikalische Herbeischaffen von Objekten (ohne erkennbaren Kontakt zu diesen), die von anderen Orten, evtl. auch aus anderen Zeiten, stammen.

Archetypen: Urtümliche Bilder, die bei Senkung des Bewusstseinsniveaus auftreten können. Die A. treten aus dem kollektiven Unbewussten hervor, in dem Urerfahrungen der Menschheit gespeichert sind.

Astralkörper (Astralleib): Ein der Physis eines jeden Lebewesens zugeordneter hypothetischer feinstofflicher Körper. Unter besonderen, konventionell-physikalisch nicht erklärbaren Bedingungen soll er von medial Veranlagten vorübergehend sichtbar sein.

Außerkörperlichkeit: Zustand des Ausgetretenseins des Astralkörpers (außerkörperliche Erfahrung; AKE).

Besessenheit: Krankheitsbild auf der Grundlage des Glaubens, eine andere Wesenheit (Gottheit, Dämon, Bewusstsein eines Verstorbenen) habe geistig Besitz von einem Lebenden genommen, beherrsche ihn.

Bewusstseinspersönlichkeit: Das immaterielle körperunabhängige Bewusstsein eines Menschen wird wegen seiner Fähigkeit, den Tod des biologischen Körpers zu überdauern, als eigenständige Persönlichkeit – als Bewusstseinspersönlichkeit – bezeichnet. Und sie vermag nach Ansicht unorthodox argumentierender Wissenschaftler durchaus in unsere Welt hineinzuwirken (vgl. »Minilab«).

Bilokation (Gleichörtlichkeit): Die Fähigkeit, an zwei oder mehreren Orten zur gleichen Zeit zu weilen.

Bio-Computer: Gelegentlich werden Lebewesen aufgrund ihres komplexen Aufbaus auch als Bio-Computer bezeichnet.

Biomimetik: Abgeleitet von *Biomimese*, was so viel wie »das Leben nachahmen« bedeutet.

Bionik: Wissenschaft, die technische Probleme nach dem Vorbild der Funktionen von Körperorganen zu lösen sucht.

Bioplasma: Ein der Physis korrespondierendes Energiefeld (früher: Ektoplasma); hypothetischer biologischer Plasmakörper.

Biosphäre: Hier ein geschützter Überlebensraum in einer klimatisch lebensfeindlichen Umgebung (z. B. in abgelegenen Wüsten- oder arktischen Regionen).

Cryptide: Fabelwesen (z. B. Bigfoot, Monster, Loch Ness-Ungeheuer usw.)

Cyberspace: Totalsimulation einer Computerrealität; Integration des Bewusstseinsmenschen in ein künstlich geschaffenes, real wirkendes Computer-Szenarium.

Delpasse-Experiment: Mit Hilfe der so genannten Grey-Walter-Apparatur konnte der Physiker und Kybernetiker Dr. Jacques Delpasse glaubhaft nachweisen, dass das Bewusstsein klinisch Hirntoter (keine Hirnstromkurve mehr nachweisbar) noch aktiv war und Schaltvorgänge auszulösen vermochte.

Direktstimmen: Paranormale Manifestationen, bei denen während Séancen »Jenseits«-Stimmen vernommen werden. Hören mehrere Personen die Stimmen gleichzeitig, dürften, wenn Manipulationen ausscheiden, keine Halluzinationen vorliegen. Um Betrug auszuschließen, lässt man das Medium den Mund voll Wasser nehmen.

DNS: Desoxyribonukleinsäure; wichtiger Bestandteil der Zellkerne.

Doppelgänger: »Sichtbares« feinstoffliches Double einer Person, das vom materiellen Körper räumlich etwas versetzt bzw. an einem anderen Ort erscheint; d. h., eine Person wird von (mehreren) Zeugen an zwei Orten gleichzeitig gesehen (Bilokation).

Einstein-Rosen-Brücke: Hyperraum-Verbindungssystem zwischen schwarzen und weißen Löchern, die Raum-Zeit-Sprünge zwischen unterschiedlichen Stellen im eigenen Universum bzw. zwischen differenten Welten bzw. Realitäten ermöglichen.

Ektoplasma: Frühere Bezeichnung für Bioplasma; ein hypothetisches, dem biologischen Körper entsprechendes, durch ionisierte Teilchen charakterisiertes Energiefeld.

Endorphine (endogene Morphine): Körpereigene Peptide mit opiatartiger Wirkung.

Erscheinungen: Hierunter versteht man paranormale Manifestationen. Sie können sich als »Gesichte« (Illusionen oder Halluzinationen mit paranormalem Inhalt) oder als quasi-materielle Phantome bemerkbar machen. E. (sog. »ghosts«) entstehen ausschließlich in unserem Bewusstsein und lassen sich nicht konventionell-physikalisch erklären.

Exorzismus: Theologisch: Rituelle Austreibung von Teufeln und Dämonen, aber auch von »bösen Geistern« Verstorbener (vgl. Besessenheit).

Extras: Paranormal entstandene Gesichter, Gestalten auf Fotos, die beim Fotografieren nicht zu sehen waren, wenn Doppelbelichtungen und sonstige Manipulationen nachweislich auszuschließen sind.

Fernwahrnehmung (engl. remote viewing): Hierunter versteht man im Prinzip Hellsehen auf Distanz. Die Wahrnehmung fremder Örtlichkeiten aus der Ferne, z. B. für bestimmte Ausforschungsaufgaben, auch nach vorgegebenen Zielkoordinaten (z. B. für militärische und Spionagezwecke).

Gateways: Torwege; hier Öffnungen zu hypothetischen anderen Dimensionen/Realitäten.

»Ghost«-Feuer: Auch Phantom-Feuer. Wahrnehmung scheinbar brennender Gebäude, die es an den betreffenden Stellen gar nicht gibt. Der Wahrnehmungsvorgang spielt sich offenbar nur im Bewusstsein der Zeugen ab.

Halluzinationen, autoskopische: Wahrnehmung des eigenen Double.

Hellsehen: Paranormales Erfahren von Gegenständen oder Sachverhalten in Gegenwart oder Vergangenheit ohne Vermittlung fremdpsychischer Organisationen (nach Bonin).

»Himmel«, holographischer: Nach David Bohm ist unsere Welt in ihrer Gesamtheit holographisch aufgebaut. Nächsthöhere Dimensionalitäten, die unser Bewusstsein beim Tod des biologischen Körpers ansteuert, werden theologisch-vereinfachend als *Himmel* bezeichnet.

HMP-Waffen (engl. High-power Microwave): Mittels Hochleistungsmikrowellen kann man auf Distanz elektronische Steuerungssysteme von Flugzeugen und Waffen ausschalten.

Holodeck: Künstlicher Lebensraum in einem gigantischen Raumschiff, in dem die Nutzer für Unterhaltungszwecke holographische Simulationen jeder gewünschter Realität abrufen können (SF-Serie *Star Trek*).

Hologramm: Hier im übertragenen Sinn: Projektionen aus parallelen Welten oder anderen Realitäten.

Holoversum: Nach D. Bohm holographisch aufgebautes Universum.

Hyperkapnie: Erhöhter arterieller Kohlendioxid-Partialdruck, meist infolge einer Minderbelüftung.

Hyperphysik: Physik unter Einbeziehung höherdimensionaler Zustände, also auch des Bewusstseins (Bewusstseinsphysik).

Hyperraum: Nur mathematisch erfassbares Gebilde jenseits unseres vierdimensionalen Universums (gelegentlich wird die vierte Dimension mit einbezogen). Heute gilt es als sicher, dass alle paranormalen und paraphysikalischen Manifestationen über den H. ablaufen.

Hypoxie: Verminderter bis unzureichender Sauerstoffgehalt der Körpergewebe; fließender Übergang zur Anoxie.

Incubus (theolog.)*:* Teufliche Wesenheit, die wollüstige Träume bewirkt und mit Schlafenden verkehrt (Incubi mit Männern, Succubi mit Frauen).

Interdimensionale: Für uns unsichtbare und nicht vorstellbare, aus mehr als drei (materiellen) Dimensionen bestehende Wesenheiten, die im Hyperraum angesiedelt sind. Kontakte mit solchen Wesen will man im englischen Scole gehabt haben (vgl. *Jenseits der Ewigkeit*, E. Meckelburg, LangenMüller 2000; ISBN 3-7844-2774-X).

Interpenetration: Gegenseitiges Durchdringen. Materie durchdringt konventionell-physikalisch nicht erklärbar Materie.

Kehlkopf, ektoplastischer: Hypothetischer unsichtbarer Kehlkopf, mit dem so genannte *Direktstimmen* (vgl. Direktstimmen) hervorgebracht werden.

Klopflaute: Spiritualistisch: Bewusstseinspersönlichkeiten Verstorbener übermitteln durch Klopflaute (jedem Buchstaben entspricht eine bestimmte Klopfsignalfolge) jenseitige Botschaften.

»Kontrollgeist« (auch: Kontrolle): Nach spiritistischer Auffassung der Geist eines Verstorbenen, der Botschaften aus dem Jenseits vermittelt. Animisten verstehen hierunter Teilpersönlichkeiten des menschlichen Unbewussten.

Künstliche Intelligenz (KI): Der Zweig der Computerwissenschaft, der sich damit befasst, Computer so zu programmieren, dass sie Aufgaben ausführen können, die Intelligenz erfordern.

Levitationen: Das konventionell-physikalisch nicht erklärbare freie Schweben von Personen und Objekten. Der Autor vermutet dahinter das Wirken biogravitativer Stützfelder hoher Konzentration, die die Gravitation teilweise außer Kraft setzen (vgl. auch Kapitel 7.2 in diesem Buch, Levitationen im »Minilab«).

Materialisationen: Das Hervorbringen filmartiger, transparenter oder auch materiell wirkender Gebilde, die offenbar unter Einwirkung des Bewusstseins auf Bioplasmafelder zustande kommen.

Mehrfach-/Spaltpersönlichkeiten: Begriff aus der psychiatrischen Fachliteratur. Gespaltenes Bewusstsein eines Patienten führt dazu, dass er unterschiedliche psychische und physische Verhaltensformen annehmen kann. Viele Verhaltensforscher, Psychologen und Psychiater sind heute der Auffassung, dass solche Patienten von den Bewusstseinen Verstorbener übernommen wurden (Dr. E. Fiore).

Mind-uploading: Wörtlich: das Hochladen des Bewusstseins im Computer; Speicherung und Konservierung von Bewusstseinsinhalten.

Minilab: Gut abgesicherter aquariumsähnlicher Behälter, konstruiert und gebaut von dem Amerikaner Ed Cox, in dem sich unterschiedliche Objekte befinden, die angeblich von jenseitigen

Intelligenzen sichtbar beeinflusst werden. Die psychokinetischen Manifestationen werden von einer außerhalb des Behälters aufgestellten Filmkamera im Bild festgehalten. Ähnliche Experimente wurden auch in objektbestückten, gut gesicherten Flaschen durchgeführt (Mini-Minilabs). Die Hochsicherheitsbehälter wurden in verschlossenen Kellerräumen (sog. Isolationsräumen) aufgestellt.

MPD (Multiple Personality Disorder): Ein Geisteszustand, in dem das Bewusstsein eines Menschen in völlig unterschiedliche Teilpersönlichkeiten aufgespalten ist, die sich nicht nur im äußerlichen Verhalten, sondern auch physisch merklich voneinander unterscheiden können (Besessenheit).

Nahtod-Erfahrungen (NTEs): Paranormale Wahrnehmung im Zustand des vorübergehenden klinischen Todes. Die Erlebnismuster ähneln einander, was für ihre Echtheit spricht.

Nanoroboter: Roboter in Nanoabmessungen, die sich z. B. medizinisch (z. B. zum Reinigen verstopfter Arterien), aber auch für Spionagezwecke einsetzen lassen.

Nanotechnik: Befasst sich mit der Entwicklung winziger Bauteile und Geräte. Ein Nanometer ist der milliardste Teil eines Meters. Ein Nano-Partikelchen ist etwa eine Million mal kleiner als der Punkt am Ende dieses Satzes. Ziel der Nanotechnologie ist es, neue Eigenschaften von Objekten auf der Nano-Ebene und deren Ursachen zu verstehen und dieses Wissen in technische Entwicklungen umzusetzen.

Neuronen: Nervenzellen mit Fortsätzen.

Neutrino: Masseloses, ungeladenes Elementarteilchen.

»Open air«-Erscheinungen: Erscheinungen (Phantome) von Personen oder Fahrzeugen, die im Freien auftreten. Auch sie existieren nur im Bewusstsein der Wahrnehmenden, sind also immateriell.

Ordnung, implizite/explizite: Prof. Dr. David Bohm, Universität London, unterscheidet in dem von ihm konzipierten ganzheitlichen Weltbild zwischen einer impliziten (eingefalteten) und einer expliziten (entfalteten) Ordnung. Der impliziten Ordnung gehört alles an, was nicht direkt wahrgenommen werden kann, alles im Hyperraum Verborgene. Alles andere Sichtbare – die materielle Welt – gehört zur expliziten Ordnung.

Oz-Faktor: Eine Art innere Feinabstimmung, wenn das Bewusstsein eines Wahrnehmenden alle äußeren Geräusche abschaltet, um eine Botschaft, die auf ihn einwirkt, zu empfangen (z. B. an Orten, wo es zu paranormalen und Ufo-Manifestationen kommt).

Parallelwelten: P-Welten sind hypothetische Universen, die dimensional oder zeitlich versetzt, parallel zu unserer Welt existieren; sie koexistieren mit uns.

Persönlichkeiten, multiple: Auch Mehrfach- oder Spaltpersönlichkeiten; vgl. unter MPD.

Phantome: Andere Bezeichnung für *Erscheinungen.*

Plasma: Hier biologisches Plasma (Bioplasma); früher *Ektoplasma.*

Poltergeist: Spontane, wiederkehrende Psychokinese (auch: Spuk), gekennzeichnet durch unerklärliche Geräusche und physische Belästigungen (Objektversetzungen, Levitationen, Apporte, Bilder drehen sich um ihre Aufhängung, Befestigungselemente werden ohne Berührung aus der Wand gerissen, Glühbirnen zerplatzen, Auftreten von Wasserschwällen, Bränden usw.).

Präsenzen: Man versteht hierunter nicht sichtbare jenseitige Wesenheiten. Sie werden rein gefühlsmäßig erfasst; man glaubt ihre Anwesenheit zu spüren.

Psi-Halluzinationen: Paranormale Halluzinationen äußern sich anders als pathologisch indizierte Halluzinationen. Grundsätzlich wird zwischen visuellen, Hör-, Berührungs- und Geruchshalluzinationen sowie *Präsenzen* unterschieden.

Psychokinese (PK): Bewegungen und/oder Veränderungen von Materialien und Gegenständen unter Einwirken des Bewusstseins. Hiermit lassen sich auch viele psychosomatische Phänomene erklären. Interaktion zwischen Bewusstsein und Materie. Beim *Minilab* besteht zwischen dem Bewusstsein (namentlich bekannter) Verstorbener und Objekten eine energetische Verbindung.

Psychomanteum: Meist schwarz drapiertes Spiegelkabinett, in dem Personen durch unentwegtes Hineinstarren in einen dort aufgehängten Spiegel in veränderte Bewusstseinszustände gelangen, die ihnen Einblicke in andere Realitäten vermitteln und sie Bilder Verstorbener wahrnehmen lassen soll.

Quantencomputer: Eine projektierte, weit fortgeschrittene Computergeneration, die für uns optimale Entscheidungen treffen könnte.

Q. bezögen ihre Daten sowohl aus der Vergangenheit, als auch aus den auf Parallelweltebene bereits existierenden Zukünften.
Quantenmechanik: Sie beschreibt das Verhalten von Elementarteilchen, Atomen, Molekülen, Festkörpern usw.

Rapport: Unmittelbarer psychischer Kontakt zwischen zwei Personen, so z. B. die paranormale Beziehung zwischen Hypnotiseur und Hypnotisiertem.
Realität, virtuelle (VR): Ein gedachter oder Informationsraum, der, genau wie unser Bewusstsein (Gedankenwelt), jenseits unserer Raum-Zeit (im Hyperraum) existiert.
REM (Rapid Eye Movement): REM-Phase ist der Schlafzustand, der durch schnelle Augenbewegungen charakterisiert ist – die Traumphase.
Remote Viewing (RV): engl. Bezeichnung für *Fernwahrnehmung.*
Riemann-Oberflächen: Sie setzen sich aus einer vorgegebenen Anzahl von Schichten zusammen, die (hier vereinfacht ausgedrückt) weder über- noch untereinander liegen; sie koexistieren nur.
Robot Bush: Aus Prof. Hans Moravecs Buch *Mind Children.* Vorrichtung zum Aufzeichnen geistiger und emotionaler Aktivitäten. Nach Moravec müssten sich all unsere Gedanken, Erinnerungen, Emotionen und andere geistige Aktivitäten Neuron für Neuron aufzeichnen und anschließend kopieren lassen. Es käme dies einer Art elektronischer Unsterblichkeit gleich.

Schreiben, automatisches: Ein motorischer Automatismus in Trance, oft im veränderten Bewusstseinszustand.
Schwarze Löcher: Unsichtbare Gravitationsfallen im Universum, die durch den Gravitationskollaps entarteter Sterne – Neutronensterne mit mehr als drei Sonnenmassen – zustande kommen. Man vermutet, dass die materieverschlingenden schwarzen Löcher, um die sich der Raum abkapselt, mit materieausstoßenden *weißen Löchern* in Verbindung stehen.
Spin: Eigendrehimpuls der Elementarteilchen im Atom.
Sprechen, automatisches: Sprechstil und -inhalt erwecken den Anschein, als bediene sich eine fremde Intelligenz der Sprechwerkzeuge des Mediums.
Spuk: Sich wiederholende, spontane psychokinetische Manifestationen. Man unterscheidet zwischen *personengebundenem Spuk,*

meist durch Pubertierende und Sterbende ausgelöst, sowie *ortsgebundenem Spuk*, der in unregelmäßiger Folge immer am gleichen Ort in Erscheinung tritt.

Sufismus: Dachbegriff für die Mystik im Islam.

Superstring-Theorie: Sie sieht ein zehndimensionales Universum vor.

Synapsen: Kontaktstellen zwischen Nervenzellen bzw. zwischen diesen und der Zellmembran anderer Zellen.

Telepathie: Eine nicht durch die uns bekannten Sinne vermittelte Erfahrung eines fremdpsychischen Vorgangs. Übertragen werden Eindrücke, Ideen, Stimmungen, Bilder, Namen usw.

Teleportation: Das auf paraphysikalischem Wege erfolgende Versetzen eines Objekts oder Menschen an einen anderen Ort (vgl. Minilab-Phänomene; u. a. automatisches Versenden von Briefen aus dem verschlossenen und versiegelten Minilab).

Telepräsenz-Roboter: Diese Roboter werden über Kabel oder Funk von einem entfernten Ort aus mittels Datenhelm und -handschuh ferngesteuert. Der Operateur hat das Gefühl, vor Ort selbst anwesend zu sein.

Träume, luzide: Träume, bei denen der Träumende weiß, dass er träumt.

Transcendentals: Wesenheiten aus anderen Dimensionen/Realitäten.

Tulpas: Erscheinungen, die lebenden oder auch gedachten Personen oder Gottheiten entsprechen sollen (hervorgerufen durch magische Praktiken tibetischer Schamanen).

Überwelt: Gemeint ist die Hyperwelt, die aus mehr als vier Dimensionen besteht.

Unschärferelation: Auch Unbestimmtheitsrelation. Begriff aus der Quantenphysik. Ort und Impuls von Teilchen lassen sich normalerweise nie gleichzeitig genau messen. Je genauer der Ort festgelegt ist, umso ungenauer lässt sich der Impuls bestimmen und umgekehrt.

Vakuum: Leerer Raum zwischen den Materiepartikeln.

Virtual Reality Engineering: Einsatz von Cyberspace-Systemen in Bereichen der Wissenschaft, Technik usw.

Vorauswissen: Auch Präkognition; Hellsehen in die Zukunft.

Wahrnehmung, außersinnliche (ASW): Das gesamte Gebiet paranormaler Erfahrungen (Telepathie, Hellsehen, Präkognition usw.).

Weißlichtmethode: Eine von der amerikanischen Psychiaterin Dr. E. Fiore entwickelte Methode, um Besessene von den sie in Besitz genommenen Fremdentitäten (Bewusstseine Verstorbener) zu befreien.

Wurmlöcher: Grundeinheiten der Vernetzung, die im dreidimensionalen Raum zeit- und entfernungsunabhängig alles mit allem verbinden. Durch die ständig auftauchenden und wieder verschwindenden Wurmlochverbindungen bewegen sich Signale, die eine sofortige Kommunikation zwischen allen Teilen des Raumes erlauben.

Zeitschleifen: Eine Art Umweg durch die Zeit. D. h., der hiervon Betroffene hat eine bestimmte Handlung getätigt, ohne hierfür Zeit in Anspruch genommen zu haben. Er befindet sich, zeitlich betrachtet, in einer »Warteschleife«, außerhalb seiner gewohnten Raum-Zeit-Realität.

Zenerkarten: Ein aus 25 Karten und 5 Zeichen bestehendes Kartenspiel, das für quantitative ASW-Experimente benutzt wird. Mit ihm kann man feststellen, ob jemand über paranormale Fähigkeiten verfügt.

Zustand, hypnagoger: Dämmer-Zustand zwischen dem Noch-wach-Sein und dem Einschlafen bzw. zwischen dem Noch-Schlafen und Aufwachen. Dieser Zustand begünstigt erfahrungsgemäß Astralkörperaustritte.

Literatur

1 »Ghosts« – Wanderer durch Raum und Zeit

What Did Happen to Flight 93?; The Power House, Sept. 1, 2002

United Flight 93, Where and What is Shanksville? 2003 Newsweek, Inc.

Flight 93: Forty Lives, One Destiny, Port Gazette, 28. 10. 2001,

The Guardian, 10. 1. 1987

Meckelburg, E.: »PSI-Agenten«, München 1994

2 Unser Bewusstsein – Geistkörper ohne Verfallsdatum

Bohm, D.: »Wholeness and the Implicate Order«, London 1980

Davies, P.: »Die Urkraft – Auf der Suche nach einer einheitlichen Theorie der Natur«, München 1990

Herbert, N.: »Quantum Reality«; London 1980

Meckelburg, E.: »Zeittunnel«, München 1991

Jahn, R., Dunne, B.: »Margins of Reality«, Orlando 1987

Meckelburg, E.: »Wir alle sind unsterblich«, München 1997

Moravec, H.: »Mind Children«, Havard 1990

Moser, F.: »Bewusstsein in Raum und Zeit«, Graz 1989

Puharich, A.: »Byond Telepathy«, London 1962

Rucker, R.: »Die Wunderwelt der Vierten Dimension«, München/Wien 1987

Sutton, Ch.: »The Secret Life of the Neutrinos«, New Scientist 117, Nr. 1595, 14. 1. 1988

Talbot, M.: »Das Holographische Universum«, München 1992

Warnke, U.: »Diesseits und Jenseits der Raum-Zeit-Netze«, Saarbrücken 2001

3 Exkursionen im holographischen Universum

Bedford. J., Kensington, W.: »Das Delpasse-Experiment«, Düsseldorf/Wien 1975
Bethards, B.: »There is no Death«,1985
Guggenheim, B. u. J.: »Trost aus dem Jenseits«, Bern/München 1997
Lange, M. K.: »To the Top of the Universe«, Venture Inward 4, Nr. 3, 5/6, 1988
Meckelburg, E.: »Wir alle sind unsterblich«, München 1997
Mitchell, J. L.: »Out-of-Body Experiences«, New York 1987
Monroe, R. A.: »Journeys Out of the Body«, New York 1971
Monroe, R. A.: »Far Journeys«, New York 1985
Moody, R.: »Leben nach dem Tod«, Reinbeck 1975
Myers, F. W. H.: »Human Personality and Its Survival of Bodily Death«, London 1904
Ring, K.: »Life After Death«, New York 1985
Ring, K.: »Den Tod erfahren – das Leben gewinnen«, Bern/München/Wien 1975
Rogo, S.: »Psychic Breakthroughs«, New York 1983
Sutton, Ch.: »The Secret Life of the Neutrino«, New Scientist 117, 1595, 14. 1. 1988
Warnke, U.: »Diesseits und Jenseits der Raum-Zeit-Netze«, Saarbrücken 2001
Talbot, M.: »The Holographic Universe«, New York 1991
Taylor, S.: »In the Spirit«, New York 1993
Whiteman, J. H. M.: »The Mystical Life«, London 1961
Whitton, J. L., Fisher, J.: »Life between Life«, New York 1986
Woodson, M.: »If I Die at Thirty«, Grand Rapids 1975

4 Stippvisiten aus dem »Off«

Korrespondenz mit Crawford, M., Dutton, Ala. am 5. 2. 2004
Denning, H. M.: »True Hauntings«, St. Paul 1996
Devereux, P.: »Fairy Paths & Spirit Roads«, New York 2003
Evans, H.: »Visions, Apparitions, Alien Visitors«, Wellingborough 1984
Gurney, E. et al.: »Phantasms of the Living«, London 1886
LaBerge, St.: »Lucid Dreaming«, Los Angeles 1985

Korrespondenz mit A. Ladyzhenko, Minsk, 5., 7. und 12. Nov. 2003
Lechner-Knecht, S.: »Raum-Zeit«, Gümlingen 1986
Martin, H.: Persönlicher Kontakt mit »Metamind«, Bellsouth (USA)
Meckelburg, E.: »Transwelt«, München 1992
Meckelburg, E.: »Hyperwelt«, München 1998
Nassau, E.: »How to Combat Psychic Attack«, New York 1957
Persinger, M.: »Geophysical variables and behavior: Differential contributions of geomagnetic activity to paranormal experiences concerning death and crisis ...«, Perceptual & Motor Skills, 76, 555–562
Randles, J.: »Sixth Sense«, London 1987
Schurz, J.: »Unser Gehirn«, Stuttgart 1975
Scott, C.: »The Ghost of Tunnel Hill«, FATE 8/2002
Talbot, M.: »Mysticism and the New Physics«, London 1980
Warnke, U.: »Diesseits und Jenseits der Raum-Zeit-Netze«, Saarbrücken 2001
Watson, L.: »Der Unbewußte Mensch«, Frankfurt 1979
Wolf, F. A.: »Star Wave«, New York 1984
Wolf, F. A.: »The Physics of Dream Consciousness: Is the Lucid Dream a Parallel Universe?«, 2. Lucid Dreaming Symp., Proceedings Lucidity Letters 6, Nr. 2, 1987
Wolf, F. A.: »Parallel Universes«, London 1990

5 »Ghost«-Spektakel – Die Vielfalt des Erscheinungsphänomens

Bonin, W. F.: »Lexikon der Parapsychologie«, München 1976
Devereux, P.: »Haunted Land«, London/USA 2001 und 2003
Devereux, P.: »Fairy Paths & Spirit Roads«, London 2003
Grimes, J., Wilkes-Barre, Pa. (USA): Korrespondenz Juni 2004
Guggenheim, B. & J.: »Trost aus dem Jenseits«, Bern/München/Wien 1997
T. Hall Quast: Korrespondenz Mai 1980–1981
Jarvis, D. G.: »Too Hot to Handle«, FATE 6/2002
Keen, M.: »Physical Phenomena at the David Thompson séance«, 25. 10. 2003 und persönliche Korrespondenz mit Autor
Lechner-Knecht, S.: »Raum-Zeit – Kreuzfahrten ins Zwischenreich«, Gümlingen 1986

Menezes, A., Hayward (Kalif.): Korrespondenz August 2003
Montrose, L., Poynor, (Tex.): Korrespondenz Oktober 2003
Parks, L., Wister (Oklahoma): Korrespondenz März 1980
Prescott, H.: »The Ghost Who Wasn't Dead«, FATE 12/83
Pye, C. in: »Journal of the Society for Psychical Research«, Vol. XXXXII, 1942
Randles, J.: »Mind Monsters«, Wellingborough 1990
Schaer, H., Zürich: Diverse Korrespondenzen: Sein Bericht zum Sitting mit David Thompson in Haywards Heath (W-Sussex) am 15. 12. 2003

6 Wenn die Realität zerbricht

Castañeda, C.: »Reise nach Ixtlan – Die Lehre des Don Juan«, Frankfurt 1976
Foerster, H. v.: »On Constructing a Reality«, in: *Environmental Design Research*, Stroudsburg, Pa. 1973
Heisenberg, W.: »Physics and Philosophy«, New York 1958
Jung, C. G.: »Ein Moderner Mythus«, Zürich/Stuttgart 1958
LeShan, L.: »Von Newton zu Psi«, Reinbek 1986
Little, G. L.: »Grand Illusions«, Memphis 1994
Meckelburg, E.: »Hyperwelt«, München 1995
Moser, F.: »Bewusstsein in Raum und Zeit«, Graz 1989
Piaget, J.: »The Child and Reality«, New York 1973
Warnke, U.: »Diesseits und Jenseits der Raum-Zeit-Netze«, Saarbrücken 2000

7 Psychopiraten – Einflüsse aus der virtuellen Welt

Cox, E.: »Psi Physics«, Rolla 2004
Crabtree, A.: »Multiple Man: Exploration in Possession and Mutiple Personality«, New York 1985
Denning, H. M.: »True Haunting«, St. Paul 1996
Fiore, E.: »The Unquiet Dead«, New York 1987
Goleman, D.: »Probing the Enigma of Multiple Personality«, New York Times 21. 5. 1985
Gomez, E., Westminster, Colo.: Korrepondenz Dez. 2003

Martin, H., *Metamind,* Savannah: Korrespondenz 2004
Meckelburg, E.: »Wir alle sind unsterblich – Der Irrtum mit dem Tod«, München 1997
Naegeli-Osjord, H.: »Besessenheit und Exorzismus«, Remagen 1983
Restak, R.: »People with Multiple Minds«, Science Digest 92, 6/1984
Richards, J. T., Prof. Dr., Western Studies Assoc., Rolla: Korrespondenz 2004
Richards, J. T.: »A Voice Against the Wind: John G. Neidhardt as Critic and Reviewer«, New Frontiers Foundation, Inc., Oregon 1986
Schwarz, B., Vero Beach, Florida: Korrespondenz 2004

8 Die Realität der Interdimensionalen

Combs, B. J., St. Petersburg, Florida: Korrespondenz 2004
Cooper, J. L., Milwaukee (USA): Korrespondenz August 2004
Corrales, S.: FATE 1/2001
Denning, H. M.: »True Hauntings«, St. Paul 1996
Imbrogno, P. J.: »Contact of the 5th Kind«, St. Paul 1997
Meckelburg, E.: »Der Überraum«, Freiburg 1978
Randles, J.: »Mind Monsters«, Wellingborough 1990
Talbot, M.: »Das Holographische Universum«, München 1992

Widmung und Dank

Dieses Buch widme ich vor allem meiner lieben Familie und meinem Schwiegersohn, dem Physiker Dr. Otto Beyer, der sich unermüdlich um die computertechnische Umsetzung meiner Texte bemühte.

Dank gebührt auch meinen Freunden in aller Welt, die mir mit Rat und Hilfe zur Seite standen und mit meinen Ideen symphatisierten, mir in verzweifelten Situationen Mut machten: Prof. Ronald Bryan, Texas A & M University; Paul Devereux, England, Buchautor; Prof. Robert Jahn und Dr. Brenda Dunne, Princeton Engineering Anomalies Research Laboratory (PEAR); Dr. Peter Hattwig, Redaktion DEGUFORUM, Bad Kreuznach; Peter Krassa, Wien, Journalist und Autor; Andrej Ladyzhenko, Journalist und Verleger, Minsk (Bjelorussland); Dr. Rudolf Rezabek, Übersetzer, Prag; Prof. John T. Richards, Rolla (Missouri); Dr. jur. Hans Schaer, Zürich; Dr. Berthold Schwarz, Facharzt für Psychiatrie und Parapsychologe, Vero Beach, Florida; Physiker Prof. Dr. Ernst Senkowski, der sich um die Instrumentelle Transkommunikation (ITK) große Verdienste erworben hat; Paul Stonehill, Journalist, Lektor, Buchautor, Kalifornien; Verlegerin Orith Tempelman, Matten/Interlaken (CH), die meine Ideen in ihrer Zeitschrift *Wendezeit* einer breiten Leserschaft nahe bringt.

Das Zustandekommen dieses Buches verdanke ich meinem Verleger Herrn Dr. Herbert Fleissner, der Verlegerin Frau Brigitte Fleissner-Mikorey, der Verlagsleiterin Frau Dr. Brigitte Sinhuber und meinem für neue Ideen immer zu begeisternden Lektor Hermann Hemminger. Allen lieben Kolleginnen und Kollegen im Verlag sowie im Außerdienst, die unmittelbar oder mittelbar am Zustandekommen des Werkes beteiligt waren, möchte ich für ihren Einsatz ein herzliches Dankeschön zurufen.

Ernst Meckelburg

Register